眾神的食物

THE FOOD OF GODS

食氣三部曲

DIVINE NUTRITION

1

潔絲慕音 *Jasmuheen*——著
林玲如 繆靜芬——譯

以神性養分「**普拉納**」為食，
從此不再受制於「**身體**、**情緒**、**心智**、**靈性**」四大飢餓。

作者序——

向內在的神致敬

開始整理這本書的資料時，我突然明白一件事，那就是每個人都飢渴著什麼，而這種匱乏原本是能夠使內在飽足的養分，如今卻導致了我們這個星球上許多疾病與失調。我同時理解，缺乏適當的教育也助長了這樣的失調與疾患，只因為許多人不知道如何親近取用這個養分的源頭，這個養分能夠為我們帶來共同渴望的身體、情緒、心智與靈性的健康！

多年來許多研究著作，都跟平衡身體養分以及如何創造身體健康有關，但鮮少有研究或著作，能夠同時滿足細胞層次與靈魂層次的飢渴，也很少人分享能帶給我們深度滿足的簡單實用工具。

我先前已經撰寫了兩本以神性養分為主題的系列書籍*，在這一本書中，我將會介

---

* 編按：潔絲慕音出版過二十本以上書籍，其中最重要的三本書由潔絲慕音親自精選成為食氣三部曲，包括《眾神的食物》、《普拉納課程》、《與眾神共振》。

紹一種簡單易懂的方法，用以滿足我們各個層次的飢渴，同時介紹一個基礎系統，假如有人已經準備好要將自己調頻到相對應的頻率當中，那麼這個系統便能幫助這樣的人從攝取實體食物的慣性中解脫，當然如果這是他們所追求的目標的話！然而，本書所呈現的方法論、生活方式、靜心等也適用於所有人，唯一的差別是，對於那些希望繼續享受實體食物所帶來愉悅的人，為了健康、敏感性與資源永續等種種因素，建議您改為素食。

在《眾神的食物》這本書中的研究與建議，適用於任何渴求愛、健康、快樂、和平與豐盛的人，在神性養分計畫當中，我把身處這樣飢渴狀態的人歸類為第一階；而第二階是當我們能夠滿足這些飢渴並獲得健康、幸福感、和平與豐盛的層次，在第二階當中，我們能夠應用適當的工具來獲得所需要的滋養，並將我們所渴求的這些吸引進個人的場域中；在神性養分計畫的第三階中，我們學習琢磨讓自身更加精微，學習如何從攝取實體食物的需求中解脫，讓自己的生命更加自由地存在於紫羅蘭色的光譜當中，優游自得於腦波西塔—德爾塔波（Theta–Delta wave）之間。

熟知我個人經歷的讀者們知道，我自出生以來便已歷經各種訓練，自一九九三年起我開始了另一種體驗式的研究，並同時記錄下我的體驗歷程，從那時起，我踏上這個旅程，進入「眾神的食物」場域，雖然二十二年來，我都是帶著覺察進入這個場域當中，接收無盡的愛之流與療癒指引，但這個場域所提供的普拉納養分依舊是項有待探索的禮物；我曾在《來自普拉納的滋養——新千禧世紀的身體養分》（*Pranic*

Nourishment–Nutrition for the New Millennium）（又名《以光維生》〔*Living on Light*〕）與《光之大使——世界健康與飢餓計畫》（*Ambassadors of Light–World Health & World Hunger Project*）當中談到了這個內在的旅程，以及它如何在個人層次與全球層次與我們產生關聯。

在這本書當中，我從「次元生物場」（Dimensional Biofield）科學的角度來看神性養分這個主題，當然也進一步談到我最喜歡的主題——每個人內在的神性（佛性），這份內在的力量是全然強大、全愛、全知並且無所不在的，這份力量驅動了我們的呼吸，引領我們，並且在各個領域創造生命，滋養並支持所有降世的眾生，這份力量同時也以神聖母親之愛的面貌表達祂自己，我將這樣的表達稱為聖母頻率（Madonna Frequency）場。我將我的忠誠、愛與時間奉獻給這份力量，因為知曉祂就是愛祂，與祂合而為一更能讓所有疑惑消失，讓我們內在的菁華本質去感受什麼是真正的滋養與滿足。

在這個階段，《眾神的食物》旅程已經是種全然的體驗，並能引領我們深入次元生物能的場域，也就是瑜伽士們所稱的「終極實相」，那是一個超越我們邏輯心智所能理解的境地。生物場指的就是包圍各種生命體的放射狀氣場，或者當兩個以上的生命體彼此接近時所產生的氣場。

我個人在這個研究領域的任務如下：

一、親身經歷並對自己證明，我的肉體可以單純地靠普拉納或神性養分的滋養而健康地生活，並且免除所有的自我懷疑，好讓我能挺身面對所有的爭議與質疑（這是一開始我沒有預見的）。

二、彙整所有我能找到的研究資料以支持這個神性養分的旅程，並把它變得簡單易懂。

三、為人類健康與世界飢餓提供一種解決方案。

四、藉由分享新研究而在靈性領域與主流科學醫學領域之間，持續架構起一座橋梁。

五、交付一種安全實用又簡單的方式給有興趣的大眾，以獲得根本的自由——免除依賴世界各種資源的自由、免除疾病的自由、免除飢餓的自由、選擇的自由，以及最終免除我們在情緒、心智、靈性層次發生厭食症的自由。

然而，這個領域並非任何個人要去征戰的孤獨旅程，因為銜接這個世界的不同區塊是一種全球性的進化。

每個人都有各自的角色要扮演，而我們也各自攜帶大規模巨變當中的一小塊拼圖，在這一小片拼圖當中，個人進化的自然旅程由此展開，當適當時間到來時，我們現在所發現的，將會被接納成為日常生活的事實，對這個領域抱持開放態度的個人的探索，再加上標準化研究，兩者加乘，將會使這個事實顯化成為可見的實相。

我所能要求的是，所有一切都是帶著心中的敬意與善意來完成，如果我們都以榮耀與正直來尋求各方皆贏的解決方案，我們的世界將能進入真正的文明狀態，而飢餓、貧窮、戰爭、暴力等等都將成為過往的歷史。

《眾神的食物》裡的資訊，是我們的腦波處在西塔—德爾塔波狀態下，利用直覺接收到的訊息，所以某些內容，只可被能進入同樣頻率管道，並且希望體驗這項特殊禮物的人所驗證，我也將會介紹基本的次元生物場科學的資料，以銜接這些不同的領域。

至於要驗證我所建議的訊息要花多少時間呢？端視科學進展而定，不管有什麼樣活生生的證據，當愈來愈多人能夠轉進神聖之愛的頻率中獲取滋養，我們內在世界與外在世界就會愈快進入和平的狀態。

心理學家與靈學家們提供了豐富的文獻，談到如何滿足人類某些飢渴，以及隱含其中的緣由，然而我們必須將焦點聚焦在提供工具與資料數據上，以此來談我們所能取用的最純淨滋養來源，也就是我們所說的「神性養分」、「眾神的食物」。

為了更深入這個主題，我們需要假設本書讀者有如下的信念：

一、你相信有個力量是全知、全能、全愛且無所不在的，這個力量也存在於每個人的內在，如果沒有這樣的信念，本書中所要談的內容，對你來說就會變得很牽強，即使是次元生物場科學這個面向的內容，能提供某些讓你思考的材料。

二、你對於這個力量的認識抱持著開放的態度，並能信任你的內在本能、運用你的洞察力，因為我們所探索的領域只能用你的直覺去確認是否為真。

本書是我第十八本論及靈性相關主題的著作，許多基本的神祕學教導已經收錄在我的另一本書《與眾神共振》（*In Resonance*）中，如果你涉獵過其他靈性書籍，閱讀這本書對你來說就會容易些，當然我也儘量用相對簡單的方式來介紹本書的研究內容。

建議您採用「體驗與觀察」的方法，書中所建議的靜心冥想與設定編碼都是安全的，應用這些編碼能夠為您的生命帶來正向的效益。為了提供一個實用可行的方法，來轉換人類生物系統進入神性養分的頻率當中，我也複述了某些來自我其他著作中的內容，對於已經讀過這些書籍的讀者們，請諒解這些必要的重複。

撰寫本書之初，我被兩難的思考拉扯著，是應該介紹——一個能保證健康快樂的簡單祕方，但同時背負神性養分主題爭議的——第二階滋養方式，或者要深入第三階普拉納滋養這份禮物的科學領域。但是當架構本書的旅程真正啟程之後，我很直覺地渴望結合科學與靈性這兩大領域，並希望這份渴望能讓我同時達成這兩大目標。

然而我們至今依舊面臨的問題，在於當今科學對於靈性領域所知太少，無法做出必要的評估。首先，科學家必須擴展他們的意識，來獲得他們應該知道的內容，並且在真正理解靈性領域之前，更進一步探討與重視量子物理學領域；其次，要知道這些領域並不穩定，它們是看似靜止但同時又不斷變化的，即使是「觀察見證」一個事件都會影響並改變這個事件。

次元生物場科學是一門理解生命在各個次元存在的科學，包括第一、第二、第三、第四、第五、第六、第七等各次元。人類的生命波動是神存在的一種形式，同時同步存在於所有次元當中，只是仍然有許多人認為自己只生存在第三次元裡，對於那些渴望更多更深入的人們，本書是為你們所寫的。

第十二章　最棒的禮物　345

每個人生來就帶有神性成長的種子，這是一顆潛力十足的種子，等待著受到薰陶而綻放開花。眾神的食物最大的獎賞，就在於創造一個具滋養作用的神性場域，置身其中，我們終將與自己的神性本質完美地共振。

【神性養分計畫練習索引】

第一章

人人都有四大飢渴

每個人都飢渴著什麼，不管這個事物有沒有辦法被定義，大多數人的飢渴都很容易辨識，有許多人渴望愛，有些人渴望財富，我們對於健康與快樂的渴望也宰制著我們的時間，有些人渴望著報應的發生，有些人則大聲嘶喊渴望和諧與和平，或者渴望正義、真理、仁慈能夠戰勝，以避免送他們所愛的人上戰場。

有些人渴求肉慾上的滿足，有些人卻是追求靈性上的滿足，並且準備好用啟蒙教化當做食物，就像其他人每天食用日常飲食一般，驅動這樣的人的飢渴是一種更難解釋的層次，飢渴會根據它的深度與驅動它的欲望種類，以不同的面貌呈現，不管生命中出現什麼樣的問題，只要劃破問題的表面，你將會發現某個人正在飢渴著某項事物。

渴望權力的人看見征服他人，渴望知識的人看見我們成長，渴望財富的人看見利用剝削他人，渴望利他主義的人看見財富重新分配，渴望溝通的人看見我們與他人聯手，渴望實質食物的人看見我們總是匱乏，渴望智慧的人看見我們更深入自己的內在，並且生命會應用這些來作為真正的考驗，渴望真理則帶領我們發現原來聖杯就在我們的內在，而且這個聖杯承裝著靈藥，這靈藥便是我們的靈魂。

對於大靈的渴望揭露出我們的「內在神性自我」（DOW, Divine One Within），這內在的神性、佛性，就像是掌控一部非常複雜生物機器的電腦，這台電腦在支持生命力的場域裡運作著，指揮六．三兆細胞，並且在一個特定速度頻率中振動，經由生命中的各種條件，決定了我們所體驗的各種實相。

要滿足這些巨大的飢渴，已經消耗了許多領袖、聖賢與好奇之士的時間，但卻很少人真正花時間或用更深的方式來看待這場遊戲，有許多人因為追逐求生層次的渴望而耗損太多精力，以致於無法找到足夠的養分使生命真正茁壯繁盛。而那些做得到的人，有可能是原本就帶著使命而來，或是曾經歷生命中的重大改變，而偶然發現並了解這個生命真正養分的遊戲。

追尋完美生命滋養方式的人們有個共同的發現，那就是每當我們的飢渴被餵養飽足之後，另外一種飢渴就會浮現出來，在生命的複雜拼圖上加上一層又一層，餵養我們所有的飢渴變成一種非常耗時的熱情與藝術。需要耗費時間、注意力、意志力、欲望、焦點、夢與心計，同時也需要消耗金錢、能量、合作關係、與他人聯手的關係，需要溝通與設定，而且需要非常好的基本技能才能夠完成。

要能成功地滿足欲求，好讓我們能夠免除各層次的飢渴狀態，需要一種全人的教育，來滿足我們希望了解真正的自己是誰這個需求，即便我們的生命是來自一個六．

三兆細胞的生物機制所產生的各種功能，忽略生命中的任何一個面向就像是活在黑暗中、否認我們有視覺的存在一般，如果我們從未有過視覺能力，也不會知道錯過的究竟是什麼了！但只要我們的視覺能力存在，那麼我們就需要進行更大的調整！事實上是我們的內在神性自我或純粹的神聖本質，想讓我們知道祂的存在，因為祂是這個生物機制背後的支持力量，讓我們呼吸、活著。

雖然內在神性自我的存在，經由所有的細胞與原子強化了創造性的頻率，但是祂在次元生物場科學中的存在，已經變成是一種更弱的跳動。我們把焦點放在哪哩，那裡就會生長，因為我們已經忽視我們系統的老大很長一段時間了，轉而用各種物質層次的方式去關注感受我們的各種飢渴，這個內在神性自我的能量場，因而被調整成一種更接近「基礎維生」的狀態。

這個基礎維生狀態的內在神性自我讓我們呼吸，聽從我們的念頭，也讓我們在學習成長的過程中遊戲、實驗、受苦，一直到我們開始問問題：「我是誰？為什麼我在這裡？我這個生命存在是否有更高的目的？我們全體人類是否能在地球上和平共存？」或問：「我們要如何才能和平相處？」或者是類似的事情。相對來說，我們的內在神性自我還處於冬眠狀態，尚無法完全釋放其全部的潛力，除非這個內在神性自我收到邀請才能改變這種狀態。

值得慶幸的是，每個人類的生物系統，都已經配備了完美無限的生命養分供給系統，因為我們的內在神性自我能夠讓我們的飢渴飽足，當我們帶著意識覺察，跟著優雅的生命之流與內在神性自我的力量一起工作時，祂會自然開始扮演指揮官的角色，我們的生命就會轉變成輕鬆與喜悅的流動，在那樣的狀態下，沒有任何事物會被視為是問題，每件事都在一個完善的整體之內，以和諧與平衡完美地運作著。

當我們想以愛、健康、財富來滿足我們的飢渴時，除非我們能夠用內在神性自我來滿足天生的飢渴，不然我們永遠不會感受到那個飢渴真正被滿足，每一個生命體都被設定要去了解自己內在的神性自我，因為內在神性自我是我們生物系統的創造者，某些人稱這股力量為「神」；但是除非能夠記起來並且帶著意識覺察與這股力量融合，否則這股力量不會成形；而一直要到這個時候，我們的飢渴才能真正被滿足，聖哲們認為這樣的生命營養吸收，才是真正能夠取用眾神的食物。

辨識我們的飢渴

基本上，飢渴可被歸類成四大種類：

身體的飢渴、情緒的飢渴、心智的飢渴、靈性的飢渴。

當然也有群體的飢渴與全球的飢渴。

事實上，除非所有這些飢渴獲得滿足，否則我們總會感到某種焦躁不安，因為每個人類在細胞層次，都已經以知識與工具被編碼來滿足所有的飢渴，換句話說，我們是帶著完整配備而來，我們的生命是可以自給自足的，這些知識與技巧開始運行的時機，會經由生命旅程中的特定舉動或欲望而發生。

身體的飢餓是一個比較明顯的例子，它以胃的空虛感受來呈現，除非給它食物，否則那種感受會一直在那裡。根據選擇食物種類的不同，我們的身體可以維持健康與再生力，或者也可能因為需要處理來自非天然食物或飲品中的毒素，而進入超載狀態。雖然已經有大量的研究在修正實體營養素的觀念，但是這本書希望把主題帶入另一種層次，利用另一種我們身體能夠取用的生命養分來維持健康、免除疾病；好消息是當我們取用這種類型的生命能、養分時，它同時也會滿足我們情緒的、心智的、靈性的飢渴，因為這是我們內在神性自我原本就帶有的特質，並且內在神性自我同時也掌握了一把鑰匙，能開啟通往無限生命養分資源的這扇大門。

我們會感到飢渴的原因各異，就像身為人類每個人都不同，有些因素可以回溯到某些前世體驗未被滿足。有些人就是永遠覺得不夠，例如有些人孩童時期覺得沒有被愛，他有可能在情緒上沒有安全感，於是產生了對愛與認同的飢渴，或者有些母親在孩子年幼時選擇離開職場，可能會對於心智面的刺激感到飢渴；也有些人則是飢渴於創造力的出口；青少年通常渴望在世界中能解開一切束縛，好讓他們去體驗這個世界所能給的一切，而遲暮之年的人們可能渴望再度擁有青春。

同樣地，在靈性層次，有些靈魂渴望能夠在密度更高的世界擁有一個肉體生命，但有些靈魂卻是渴望著離開這樣的世界。

有各種各樣的飢渴存在，以及各種造成飢渴的原因，為了能夠了解其中的一些原因，首先要探討我們阻止自己獲得生命能的理由是什麼，這對我們而言是有幫助的；再來，可以探索人類覺察力的自然週期，這份覺察力會決定我們對於某些訊息是敞開或者封閉，這類的訊息被我歸類為傳統或者非傳統的生命養分來源。

在進行神性養分計畫之前，我將先深入探討我們所能取用滋養方式的三個階段，雖然我個人不喜歡以分類法來進行探討，那會造成我們物種的分離，但為了達成本書的目標，分類會讓後續的內容更加易懂。

神性養分計畫第一階

第一階的生物系統總是種處於飢渴狀態中，平均壽命約七十歲左右，在晚期會經歷系統逐漸崩壞的過程，易受肉體、情緒、心智、靈性等不同層次的疾病影響，而且其健康、快樂、和平、豐盛的程度容易起起落落，處在第一階段的人，腦波大多數時間是在貝塔波狀態中。

神性養分計畫第二階

第二階的生物系統則已經在各個不同層次獲得足夠的滋養，所以每個個體都能體驗飽滿永續的健康、快樂、和平與豐盛，通常第二階段的人，傾向於讓腦波維持在阿法波到西塔波中間的狀態。

神性養分計畫第三階

第三階的生物系統已經獲得更高程度的自由，不再需要去消耗許多地球上的資源，如果他們希望的話，他們能夠停止攝取實體的食物而依舊維持身體的健康狀態，免受疾病的困擾，甚至有些第三階段的人能夠自死亡與老化的過程中解脫開來，一個第三階的生物系統也可能使用他們的超自然能力，腦波經常性地維持在西塔波與德爾塔波之間。

第二章
神性養分、腦波模式與超自然能力

為了理解「眾神的食物」以及「神性養分」所帶來的禮物，需要查看自己腦波模式所在的範圍。因為經過十年的體驗與研究，我發現有兩個祕法是能夠讓我們成功地進入這個實相裡的，首先個人的頻率取決於我們的生活型態，其次就是我們的腦波，而腦波也會影響個人的頻率。腦波每秒運轉的循環，或者說它的速率，以及波的振幅，決定了我們是否在生命中獲得最好的滋養，如果能用特定的方式來調頻，它也能帶來另一種滋養來源，但這部分在西方世界還很少深入探討。

二〇〇二年有次訪問印度期間，我有幸會見蘇迪爾．夏醫生（Dr. Sudhir Shah）與他的研究團隊，當時受益良多，覺得這是理解神性養分這個旅程非常重要的一次連結，那時我已經被引導撰寫本書，並將書的焦點放在未來的研究，尤其是來自神性滋養領域的主題還有許多需要探討，當下蘇迪爾．夏醫生在腦波上的研究激發了我，促使我進入一個更新層次的理解，為了接納眾神的食物作為自身純粹的養分，我們需要更進一步理解，身體與大腦是如何運作的，後面將會更深入談到腦波的部分。

腦波模式與神性養分計畫

簡單地說，腦波的主要模式有以下四種：

- 貝塔波（Beta）：14赫茲到30赫茲──神性養分計畫第一階。
- 阿法波（Alpha）：8赫茲到13赫茲──神性養分計畫第二、三階。
- 西塔波（Theta）：4赫茲到7赫茲──神性養分計畫第二、三階。
- 德爾塔波（Delta）：0.5赫茲到3赫茲──神性養分計畫第三階。

雖然現在有許多研究探討不同的腦波狀態，並且比較修行瑜伽士與未受訓練者之間腦波模式的差異，但還有一些尚待探究的領域如下：

當人類系統的頻率趨緩，但是波動的振幅卻加大時，該腦波波型就可以存在更長的時間，換句話說，當一個人選擇讓自己的生命頻率錨定在西塔波的狀態時，會發生什麼事呢？並且，要如何做到將腦波錨定在特定頻率呢？

這些將在本書稍後的章節討論，現在先來看看將自己的生命頻率錨定在西塔波狀態時，會帶來什麼樣的禮物。

超自然能力

研究發現當一個人能維持在西塔—德爾塔波之間的狀態時，下面這些特質就會顯現在人身上，這些特質有時候會被稱為超自然能力：

- 預知力（Pre-cognition）：能預先感知即將發生事物的能力。
- 心靈感應（Telepathy）：接收非語言傳達的心智溝通能力。
- 分身現象（Bi-location）：同時身處兩地的能力，或者是能夠傳送自己的全息影像投射至另一個地方。
- 超覺知力與同理心（Clairsentience and empathy）：能感知或感覺到另一個人的感知或感覺的能力。
- 靈視力（Clairvoyance）：能以第三眼在不同的次元之間看見的能力。
- 藉由觸摸或遠距方式療癒他人的能力。

在西塔—德爾塔波之間的狀態，潛藏著我們潛在的超自然能力，當我們進入這個境界之後，同時會讓我們內在的神性養分資源開始流動，在形而上的靈性世界裡，這份流動將能驅動這個人進入更深的層次，在人類進化的過程中深化他們靈魂當初所同意扮演的角色。

當一個人的腦波狀態能長時間維持在西塔—德爾塔波之間時，不只能揭開意識與潛意識之間的屏障，重新設定整個生物系統變得更有效率，而且也會開始深入其他實相場域，在其他實相場域中，下列這些事對我們來說將變得更加真實：

- 神性光輝（Divine radiance）：能夠增加或減少氣場所散發出去的光芒，好讓我們的存在能夠用一種健康的方式來滋養其他生命。
- 神聖意圖（Divine intentions）：在共同創造中，理解我們意圖與意志所帶有的真正力量，並明智地將之應用在對眾生有益之處，如此一來也將獲得宇宙間眾多力量的支持與滋養。
- 神聖指引（Divine guidance）：能進入一個內在系統裡，從中獲得可靠的協助。
- 神性豐盛（Divine prosperity）：能夠取用所有的豐盛能量，來充滿我們需要被滿足的所有層次。
- 神性傳輸（Divine transmissions）：有能力與同樣安住於西塔—德爾塔波之間的個人或存有們，以同感或心靈感應的方式雙向溝通。
- 神聖共同創造（Divine co-creation）：有能力進行創造並付諸行動，這樣的創造激發釋放最高潛能，使之顯化到實相中。
- 神聖恩典：一種難以用言語形容的能量，能帶來不可思議的體驗，像是潤滑生命道路的油脂。
- 神性溝通（Divine communication）：與內在的神以及內在世界的聖哲密切交流。

- 神聖顯化（Divine manifestation）：有能力辨識出造物者的意志，並依照神聖計畫的目標來進行顯化的工作，這個神聖計畫的目標，就是我們必須帶著意識覺察共創地球上的天堂。
- 神性喜樂（Divine bliss）：在情緒、心智、靈性層次獲得真正的滋養與飽足。能在普拉納愛之流中獲得神性養分的餵養，並因此獲得從實體食物中解脫的自由。
- 神聖啟示（Divine revelation）：能進入真知真見的境界，超越受限制的感知力與實相。

當我們能夠進入神性養分的頻率管道，就能開展前述這些潛能。

當我們調頻進入聖母頻率，就會獲得這些我稱之為「禮物」的特質。聖母頻率是神聖之愛與慈悲的頻率，聖母頻率所遞送的是真正的眾神食物，即使這個說法在科學上完全無法解釋，但在靈性上的真相卻是如此。如果生命選擇接受真正的神性滋養來維持健康狀態，擺脫實體食物、維他命等補充品時，最能描述這股營養能量的說法，便是「純淨的神聖之愛」，我深信當一個人的腦波長期維持在西塔—德爾塔波模式時，這股神聖之愛的能量就會被自動激發啟動。

有次我遇見一個人對我說：「為什麼你老用神性、神聖這個詞？神性的這個、神聖的那個，你說我們都是神聖的存有，對你來說這也許是真的，但我絕不是什麼神性或神聖的。」

其實，當時我可以引用〈約翰福音〉第十四章第二節裡，耶穌所說的話來回答：「我當去到我父的家裡為你準備居所，在我父家裡有許多住處，當那天來臨時你將會知道，天父與我同在，天父在我之內而我在你之內，你即是神。」但這樣的說法只能讓抱持基督信仰者印象深刻，那麼相信福慧圓滿無上智力而非我們熟知的神的那些佛教徒該怎麼辦？這又跟測量腦波的科學與神性養分有什麼關聯？

當這個居所準備好或調整到相應的頻率，此時神性養分就會流入並在我們內在釋放，尤其當我們帶著意識覺察來為腦波調頻至西塔—德爾塔波的狀態時。

那神性又是什麼？

神性是一種狀態、一種體驗、一種敬畏的感受，同時也是當我們發現，自己原來是來自一個真正昇華存有在我們的內在臨在時，所感受到的認同、奇蹟與激賞。神性存在嗎？每個人都能體驗得到嗎？這完全是看我們內心的想望與接收的能力而定，最令人驚豔的是，如果我們相信神性並請求祂對我們顯現，祂的確會在我們有意識地調頻到西塔波頻率時，在中途與我們相遇，因為在這個領域祂能更加無拘無束地表達與顯現。

我喜歡邏輯的遊戲，我喜歡信任與信仰的遊戲，我喜歡那個說我們的觀看會改變事件本身的量子遊戲，我喜歡我們能去測試「我們是神顯化在形體裡」的那個說法，假如我們全都這樣深信不疑，也能在這些領域再度調頻的話，我們意識聚焦之處將會帶來生命。我喜歡這個概念，這意謂著如果我們能夠集體聚焦在同樣的事物上，那麼就能在地球上共同創造出任何我們想要的東西；我也喜歡去體驗當這個世界被創造出來時的浩瀚無垠，知道神無所不在，也存在於我們內在，正因如此，一切自然是神性、神聖的。若我們是神顯化在形體裡，那麼當今的靈學家或形而上學者的角色，就只是去吸收適當的養分來支持我們。我也喜歡一個事實——當我們選擇適當的滋養方式，擁有超自然能力將變成我們生命中非常稀鬆平常的一件事。

檢視所謂「自然、正常」這個概念是很有趣的一件事，或者應該說，看看什麼是在現狀中能夠被接受的；當今世界普遍認為，疾病與生物系統的崩潰與衰退是「正常」的，活到七十歲時死亡被認為是「正常」的，經驗情緒極大的起伏是「自然」的，容忍暴力以及孩童受苦都被當作日常事件。在我們學習如何停止阻擋內在神聖滋養的流動之時，我個人傾向把這些現象視為異常，而非日常事件。我們所需要做的，是用教育來啟發與理解，做出更多支持這個看法的選擇，當我們理解人類覺察力的自然循環時，要做出這樣的選擇就會變得更加容易。

第三章

人類飢渴與覺察力的循環

正如世界上許多靈性人士或形而上學者，我出生時即帶著一種內建的飢渴，渴望能進入西塔波的生命頻率，但當時太多個人因素讓我忽略了這些內在驅動力。然而在靈性世界裡，這些飢渴有著各式各樣的成因與自然的循環，這些因素都呈現在本章末的圖1裡，這些我們可以把它視為生命中的不同時期，當我們能夠理解圖中呈現的內容，就更容易理解與處理這些內在的驅動力。

第一時期：腦波在貝塔波的頻率，人總會感到飢餓

神性養分計畫第一階

這顯然是大多數人類意識所在的區段，「外求成為第一名」中的「我需要在這生存下去」的時期。我們生活中有許多的選擇，於是我們的當務之急總是：「我該在哪

工作？」「我該在哪生活？」「我該跟誰結婚？」「我該生小孩嗎？」「生幾個小孩？」等等，然後我們可能就進入這些生活中，緊接著就是得要盡可能好好照顧自己與家人，此時我們可能為日常生活掙扎著。全世界有超過三十億以上的人口是以一天不到一美元的方式生活著，也可能我們在物質生活上過得還不錯，但是內在卻有那麼一點空虛。

在這第一時期，我們的腦波在14到30赫茲之間，而我們注意力的焦點大多被「我、我、我」的心智狀態耗損著，當我們處在這個頻率波段時，「神性養分」及「以光維生」的概念看起來是很荒謬、不可行的，或認為那是專屬於瑜伽士與開悟者生存的夢想世界，基本上那是我們無法想像的選擇，也不存在於我們的實相中。

第二時期：進入阿法波的頻率，人偶爾感到飢餓

神性養分計畫第一、二階

一旦我們求生的渴望被滿足之後，即使偶爾還得面對求生狀態，人類就會開始尋求繁榮興盛，而不再滿足於單純的求生存而已。此第二時期的發生，經常源自缺乏情緒層次、心智層次與靈性層次的滋養，甚或有時是因為歷經瀕死經驗，此時我們會問的問題像是：「我是誰？」「為什麼我在這裡？」「人生應該不只是付帳單與養家而已？」

這類型問題的出現來自我們內在那個無限、全知的神性存在，祂在此體驗人類生命並希望我們能早日醒來、更有覺察力。當我們用這樣的方式思考，就會刺激我們的腦波模式進入阿法波的區段，使意識狀態變得更能內觀與沉思，開啟一扇門讓更高的真知灼見流經這個肉身。

在這個時期，我們也會進入「我與他們」的瑜伽士二元意識，此時我們理解到自己並非宇宙的中心，其他人也存在並且有他們的需求，我們可以與其他人和平或不和平共存，在這樣的覺察階段，選擇會變得更明顯，我們可能開始瞥見一個事實——我們不是「受害者」，而是主宰自己命運的大師。在第二時期，我們的腦波模式會錨定在8到16赫茲的頻率範圍裡，當承受壓力時則偶爾掉回貝塔波的區段，一旦掉回貝塔波，會覺得壓力更大。藉由經驗得知，在這個時期靜心冥想、讓自己暫停並做出不同的抉擇，將能回到那個令人感覺舒服自得的阿法波頻率中。

在這個時期，我們通常已經覺察到新鮮的食物是更好的選擇，甚至可能轉換為素食，將身體視為聖堂廟宇，規律運動，知曉瑜伽與規律靜心冥想的益處，並花時間獨處與沉思，也許我們在對他人或自己更仁慈並富有同情心的同時，能更加覺知我們所接收到的滋養。

這時期我們開始理解，我們的生活反射出自己的意識狀態，在個人成長的議題變得更加重要之際，我們能夠掌控自己意識覺知力的旅程。此時，誠實的自我評估與某些問題可能會消耗我們，例如：「我真的快樂嗎？」「如果不是，為什麼呢？」「我能做什麼來改變這個情況？」甚至進入「中年危機」都有可能促使我們進入阿法波區段，此刻我們通常可能感覺或經驗到生命中更高力量的指引，或者會遇見許多無法解釋的「巧合」或共時性事件。

第三時期：進入西塔波頻率，人極少感到飢餓

神性養分計畫第二、三階

當我們花愈多時間讓自己的腦波錨定在阿法波時，且覺察到我們能以同情心與其他人和諧共處，我們的內在就會變得愈平和與滿足，尤其當我們學會傾聽並信任內在的聲音或第六感直覺時更是如此，因為那些指引是來自最真實的自我——我們的內在神性自我。

此時期我們進入更加合一的意識場中，甚至感覺到與萬物合一的感受，彷彿我們是一個神性有機體當中的一顆小細胞，與此慈悲、智慧與充滿愛的覺知一起脈動著，此時我們也理解，把時間與注意力放在哪，就會直接影響吸引什麼樣的體驗進入我們的生命中，更加理解意念所帶有的顯化力量，並因此謹慎地選擇心念，來創造我們能在其中繁衍茂盛並放大格局的生活模式。在第三時期，我們已經訓練自己看出神在萬物之中存在，並看出所有創造物的完美，以及所有生命的自然循環，當我們去感受生命的奧祕與二元性時，分離感已經消失，而能真正理解內在神性自我的永恆不朽，死

亡僅僅是種幻象。

此時期腦波模式很穩固的錨定在西塔波4到7赫茲的頻率波段中，在這個區段裡，接收神聖啟示與神聖預言會變得更常見，也經常能拜訪我們內在世界中的神聖存有們，當第六感直覺與第七感「知曉」的能力啟動之後，只要能夠調頻到與它們相同的頻率，便能與它們接觸。而「調頻」可藉由設定的力量，加上以意志與意圖作為覺察的指針，最後是否能夠成功連結上這些神聖存有們，取決於我們內心純淨的程度，因為最終那些神聖存有純淨的心將被我們所吸引。我們花愈多時間安住在這個頻率中，就愈會希望能夠做出回饋，去服務、奉獻、做利他的事，讓我們的臨在能帶給這個世界正面的貢獻。

在西塔波頻率的世界中，薩滿變成狂喜大師，瑜伽士變成神聖世界的學生，他們得到的是真正的力量，在我們開始見證萬物之浩瀚的同時，也理解到，當我們以為知道得愈多，愈明白所知之極其有限。

第四時期：安住在西塔波領域，人不再感到飢餓

神性養分計畫第三階

在這個時期，我們所有的疑問都消失，因為我們的內在被如此強大的養分灌溉滋潤，所有的飢渴都不再存在。我們的身體浸潤在大量的光、愛、喜悅與神性狂喜中，

每個細胞都共振著相同的頻率，這個頻率所代表的即真正的神顯化在形體中。在此時期，我們的情緒體浸潤在全然無條件的愛的臨在當中，發現我們正在體驗一種更深刻的知曉，以及一種對於所有受造物美麗、完美與浩瀚無邊的敬畏；我們的心智體對於這個領域不見得保有意識覺察，這需視有多深入德爾塔波的頻率而定，然而沐浴在這個波段中將會永久地改變我們，當進入這麼深層的境界時，已經無法解釋我們的體驗，沒有任何言語能夠表達。

在這個時期，我們經常擺盪在西塔波與德爾塔波之間，當我們逐漸融入德爾塔波頻率之時，很難有欲望繼續留在現實世界中去發揮或參與任何事情，事實上當我們沉浸在德爾塔波時，對於現實世界的覺察力通常會消失。這裡就是「一切萬有」與完美意識的王國，是眾神安住的家園，最純淨的滋養與創造的可能性，在其中永恆無限地流動著。

眾神的食物是一個永恆的謎，當我們的腦波頻率模式與深度的德爾塔波共振之時，就會發生於我們整個生物系統中，如前所述，這是一種精微的滋養形式，能夠餵養人類的靈魂與所有的細胞，在靈性領域的詞彙裡，此來自德爾塔波最純粹本質的能量，稱之為「愛」。若以次元生物場科學的詞彙來描述，這純粹是一種腦波模式，可以打開內在世界的許多門戶，當這些門戶打開且被設定之後，就能夠將我們所有的原子浸潤在一種至高無上形式的養分裡，這樣的養分稱為「神性養分」。

此即我們所知的「嗎哪」、「普拉納」、「氣」與「宇宙生命原力」，在煉金術的層次來說，這個德爾塔波的本質也會以「恩典」波動的形式來表達，透過共時性與和諧的流動來呈現看似奇蹟與巧合的事物。這是可以被鎖定與體驗的，德爾塔波的恩典波動為生命往上提升一個層次，提供我們所需的最純粹滋養。

第五時期：徹底的自由

神性養分計畫第三階

在此應該增加另一個時期，也就是獲得真正自由的時期，當我們探索過第一時期到第四時期且對其益處有所體會之後，可能會發生下列三種情況：

一、首先，我們學會從阻擋神性養分流動的事物中解脫開來。

二、其次，如果我們尚未完成在這個實相世界的工作，有直覺會引導我們牢牢地錨定在西塔波頻率裡，成為一位發散光芒的典範，以完美無缺的方式精通一種可以滋養這個世界的方式，並由此中心出發，再度學習如何以慈悲服務眾生，此時「我」已經消失，取而代之的是「我們」。

三、最後，若已經完成當初靈魂同意在此實相需完成的事，當發現自己已經能夠錨定在西塔—德爾塔波之間的頻率，我們或許會被賜與離開這個實相的機會。過去我常開玩笑地說，當這樣的時刻來臨時，神會派一輛宇宙大禮車來接我們，但在那時刻真正到來之前，應該放輕鬆好好地享受，並且繼續盡情地去做來到這個實相世界所要做的事情。接著發生的狀況是，會變得如此被愛與光充滿，而那就是眾神的食物，我們因此融入一個純粹之愛的頻率中，引導我們離開身體，換句話說，我們被賜與一個機會離開肉體形式，揚升到一個純粹光的王國裡。

人類覺察力循環的前四個時期

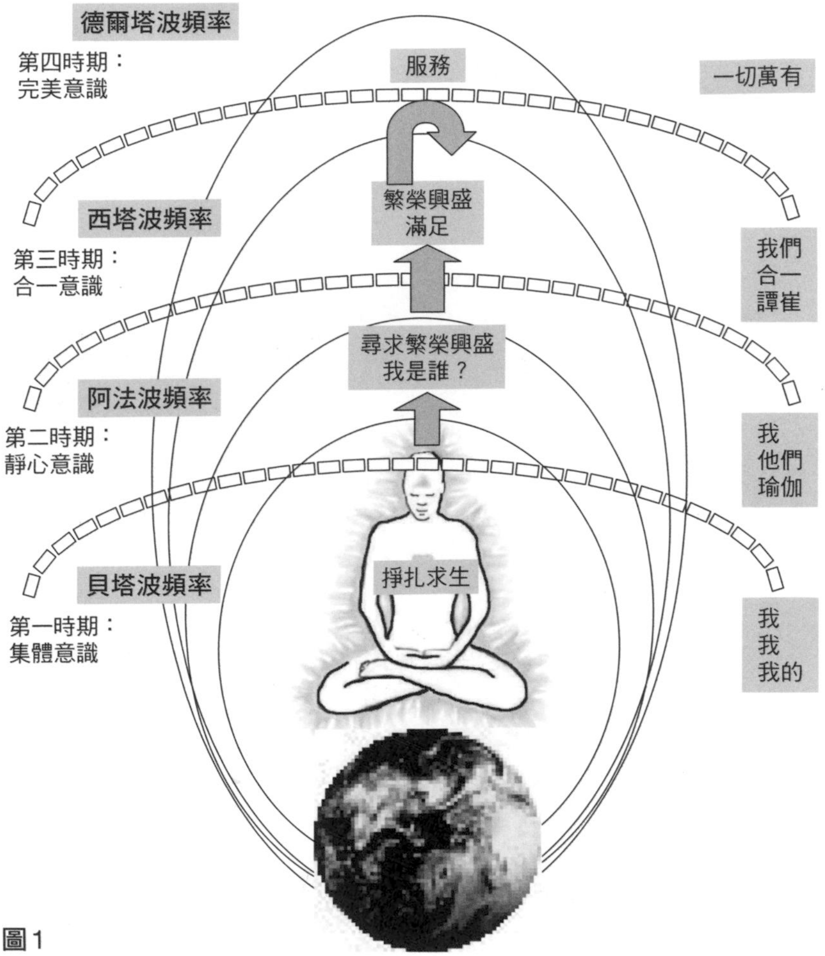

圖1

第四章
掃除滋養的阻礙——枯萎的人生

一位經常出現在電視上的大師，同時也是名主持人歐普拉常客的菲爾・麥克格羅博士（Dr. Phil McGraw），在他的著作《自我重要性》（*Self Matters*）一書當中提到，只有那些選擇傾聽真實自我（內在神性自我）聲音的人，才會真正感覺到人生的充實感。至於他們的「虛擬自我」，也就是指文化制約塑造的「自我」，沒有能力給予我們所需要的。他在書中說道，我們的虛擬自我通常太忙於滿足所有別人對我們的期望，最後結果是我們與我們的本性完全失去連結。我相信若是持續忽視這個真實自我，將會導致情緒體、心智體、靈性體進入厭食症的狀態，使生活中的健康與快樂程度降低。忽視真實自我是導致許多問題的首要原因，例如當今世界上各種疾病，缺乏全面性的覺察力，以及因為不相信它的力量而限制了其適當滋養我們的能力。

生活中有許多因素妨礙我們進入神性養分的管道中，除了在食用身體所需物質時經常同時攝入有毒物質之外，「恐懼與批判」也會成為感覺與思考系統中的有毒阻塞物。恐懼死亡、恐懼改變、恐懼異於常人，或批判自己與他人，所有這些都會阻礙真實自我無條件之愛的養分流動。

缺乏滋養意謂著我們經常與死亡共舞，因為這樣的匱乏使得生活枯萎；而缺乏人際接觸與愛的滋潤，會使我們的神性自我無法發揮最大的潛能。由於沒有覺察到它的力量以及在我們生活中的重要性，我們往往選擇限制我們的內在聲音，也限制了它所提供的食物，忘記它就在那裡，或者將我們的神性（真實）自我當作外在的神祇，認為祂只會和修士、祭司或神職人員交談，而沒有將之視為我們的一部分。我們因為這個物質世界的焦點而忽視它，在需要時尋找它能提供的答案，然後又像一個負心、不懂感恩的朋友將它推入心智的深谷裡。只有沐浴在西塔—德爾塔波的頻率時，它才能從我們無知舉動所形成的牢籠中被釋放出來。我們選擇的生活型態，使我們不斷地面對死亡與疾病，彷彿我們的人生並非來自創造力豐盛、慈愛且不斷供應我們氣息的生命本源。

我們的身體健康、心智與內在喜悅的萎縮之所以發生，有可能起因於我們的疏忽、某些預先篩選過的經驗，這些都是後天習得的結果，換句話說，即使是我們的無知也可以是一種食物的來源，因為無知讓我們做出某些選擇，從這些選擇當中我們先歷經重大的苦難，繼之從中獲得新的學習。

生命的循環包含我們在其中，地球作為一個行星生命的循環，是因為太陽提供的食物而保持活力，一個太陽的生命循環則是受到銀河中央太陽的餵養，內在與外在銀河的生命循環，宇宙的循環在許多宇宙之內被保持著並且不斷地開展，所有這些大大小小的循環都是時間上的週期。神的一個心跳、一個呼吸，創造了聲音、文字與神奇的生命韻律，當某些人在追尋膚淺問題的明顯答案，而另一些人在追尋他們細胞與靈魂的滋養之時，這些聲音、文字、韻律都會持續存在著。當某些人封鎖了對真實滋養的呼喚，還有其他人對真正的滋養保持敞開，這樣的遊戲不斷地進行著，同樣的這也是時間當中的週期而已。所有的一切都完美開展，沒有所謂好壞對錯，只是生命另一種韻律，而且每一種韻律都會自我調整，反射出我們心智中的意識狀態。我們選擇接受滋養的方式，與宇宙對此的全盤計畫無關；我們所受的苦難與學習，同樣也都與它無關，我們活在此時此刻，能夠潛入這個宇宙計畫的深處並穿越它，才是真正重要的。

要批判自己或別人很簡單，問問我們自己為何要阻擋來自孕育萬物本源的滋養，是因為對於這個本源的無知、傲慢、純粹失憶，或只是因為缺乏全人的教育？我們不斷使之發生的死亡與疾病，在稱之為生命的學習循環中，何嘗不是一種完美的安排？我們的感官覺知或許因為貝塔波頻率之故變得如此遲鈍，使得我們對於祂的真正呼喚如此麻木無感。然而，當愈來愈多的人記起本源，我們的選擇就會變得愈清晰——我們可以在祂的力量之內呼吸並且綻放盛開，也可以忽視祂，去體驗「正常的」週期循環，眼睜睜看著生命枯萎與死亡。

瀕死之舞

二〇〇三年開始之際，我的腦海裡充滿了關於死亡的問題，有那麼多的死亡就在我的門口徘徊，許多我摯愛的人們正慢慢步向死亡或已經過世，瀕死的寵物、瀕死的父親、瀕死的婚姻、瀕死的生活，雖然聽起來是很艱難的歲月，但也有許多值得感激之事，因為我正目擊一場盛宴，見證改變、人類情感與控制、評估與認可、質疑與公正處理一切的盛宴，至少我還有許多工具可以應用，我能用這些工具來調整自己的頻率，好讓我能以最小負面的方式來度過，這些工具將在本書中與大家分享。

太多的憂鬱對靈魂從來不是好事，特別是恐懼，對改變的恐懼，對未知的恐懼，會將我們的能量場置回非常典型的貝塔波頻率的靜態循環裡，那幾乎像是在火刑柱上的一場火，在較不開明的過去，由盲目的狂熱主義主導釘死在十字架上受難，那是時間上較為黑暗的一段週期。然而，當我們能夠真正放下，同意做出改變並往前走時，死亡卻能帶來新生。婚姻也像生命一樣，可以藉由給予其所需的滋養而重獲新生，但是當兩個人都能傾聽他們真實自我的聲音時，這段關係才能夠真正如繁花盛開。適當餵養我們自己的第一步，是能辨認出我們尚未獲得滋養，然後鼓起勇氣改變現狀，好讓我們獲得滋養，並且不會妨礙所需的轉化，因為某個事物的死亡總是伴隨著新生。

能夠體驗與見證在死亡之際所發生的親密連結，也是一種喜悅，因為那是真我與誠實的時刻，去評價與重新選擇，去珍視且手牽手，直到某個點為止，因為真正的瀕死之舞與重生之舞兩者，都是要獨自跳完的。

對失落的恐懼、對死亡的恐懼，可能會妨礙我們去愛，且進一步妨礙我們接受滋養的方式，多年前當我以愛來埋葬我們的第一隻寵物鼠的時候，我最小的女兒宣稱：「夠了！我再也不養其他寵物了！牠們最後都會死，我再也受不了這樣的痛苦了！」然而我當時知道，她感受到的痛苦會讓她的心退縮，使她無法體驗無條件的愛所帶來的滋養能將她的心再度充滿，所以當天下午，我就帶兩隻新的寵物鼠寶寶回家，讓我們能再一起愛牠們。

我的寵物鼠夢蒂一直是最忠實友愛的朋友，從目光交會的那一刻起，我們就對彼此著迷，牠的眼睛與鬚毛對我說著：「嗨！」「天啊！遇見你真好！」至少那是牠在我的內在所引發的感應，當時我的內在小孩在興奮期待中咯咯地笑著，我知道我們會變成很好的朋友，而後來一切果如預期。

人生中有許多時刻，我們必須以神的恩典去應對，而瀕死之舞即是其中之一。看見夢蒂在相當於牠的九十多歲之際步履蹣跚，棕色的毛髮參雜灰白，牠的眼神告訴我牠累了，這些觸動了我靈魂中喜歡照顧人的那一面；然後當我將愛傳送到牠小小的身軀時，我感覺到牠的身體更有力量與飽滿，看見這一幕是很神奇美妙的，那幾乎像是非常溫柔的吸血鬼吸取愛的能量，一次愛的爆炸所給牠的能量，又多給了牠幾年的壽命，至少以老鼠的時間方式來計算是如此的。那我們怎麼可以不給我們摯愛的人真正的食物（愛）呢？每次夢蒂鑽到我的手裡，我會雙手合掌輕輕將牠包圍，用手指頭輕撫牠的眉頭，這樣的時刻總是會提醒我，人類與動物之間的連結有多珍貴。這項珍貴的禮物是一種純然的喜悅，能夠在這個場域裡與另一個智能生命連結並共同遊戲，老鼠是相當聰明的生物，牠是第一個回應佛陀呼喚的動物。

對於與另一種智能物種互動感興趣的人，或者只是為了體驗多一點無條件的愛做為滋養的人，養隻老鼠當朋友是個相當好的主意，首先牠們是個會玩又會工作的典範，會尋找、回應、找樂子，牠們總是準備好要玩遊戲，夢蒂很喜歡我把牠放成四腳朝天的樣子，四隻腳在空中，我會去搔牠癢或撫摸牠，我很確定當我碰觸牠抖動的肚子時，有許多滋養的氣從我的指尖流向牠，讓牠沉浸在其中。我們的手可以如我們期望的那麼神聖且具有療癒力，許多時刻我們都能辨認出手的療癒力並使用它，我們的手甚至有能力導引眾神的食物。

當夢蒂停靠在我的心輪上時，我會更加敞開心輪讓我的愛充滿牠的能量場，彷彿是一座大燈塔的光束照向牠一樣，而牠總是坐在我的心輪上一飲而盡，我用非常舒緩的方式對牠說話，告訴牠我在海邊的新家，那是我開始獨自生活的地方，因為我那瀕死的婚姻與飢渴的自我，將能在海邊徘徊的沉靜時光裡再度重生。

遠離科技，我的暫停時光是種福氣，我的心再度開始釋放它的喜悅，我知道夢蒂也需要一些海邊空氣，且在牠知道自己的需求之後，有更多與我相處的時光，死亡的過程有商量的餘地嗎？這也許是可能的！然而看著某人歷經瀕死之舞，知道你什麼都不能做，只能給予他們任何方式的愛與支持，是一種非常特別的體驗；發展一種敏感度去覺察別人的需要並餵養它，也會幫助我們內在發展滋養自己的能力。

＊＊＊

當我靠在瀕死父親的床邊，我們關愛地凝視對方的眼睛，在眼中辨認出我們自己靈魂的倒影，我與父親的關係是很美好珍貴的，尤其在我母親過世之後，我們一起度過許多美好的時光，這份連結就像天下許多父女一樣。我母親在世時，總是能讓父親的眼神散發出光采，當她過世之後，父親的內在好像有一部分也隨她而去，他似乎變成一個被拋下的不完整個體。父親遇到後來的妻子之後，再度給他幾年快樂的時光，然後他覺得活夠了，希望往前走到下一步，於是開始跟他的神討價還價、請求、祈禱，而現在他的時刻終於到來。

「我很平靜！」他總是這麼說：「而她也是！」當他關愛地看著他的妻子步履蹣跚地走向病房走廊時。

「這間醫院還不錯。」我們都同意這點，對於不知道下一把擲出的骰子會造成什麼樣的變局來說，這裡是個準備完善的地方。

「醫生明天想要對你們全部的人說話，我沒辦法再多說了！但是我知道，我很平靜！」他嘆了一口氣，彷彿很高興知道時辰已定，該是準備走的時候了。

「醫生告訴我說不會痛，而且也不會有癡呆的症狀。」

「是的，我同意！這樣比較好，你的身體只是會慢慢變弱。」我們猜測出他的檢驗結果，並在沉默的同意中彼此點點頭，後來我問說：「你不想再試試看對付這個了嗎？我相信病灶可能會縮小甚至消失的！」我邊說邊指著網球般大小的腫瘤，現在已經堵住他的胃的入口，並且侵入食道了。

「不！我很快樂而且很平靜。」他這麼回應。

「這是個新冒險。」我們異口同聲地說，然後像兩個小孩那樣咯咯笑著。

「你會緊張嗎？」我問。

「不會，我很快就可以再見到他們了……你媽媽、保羅、妮娜。」

「還有你媽媽與姊姊。」

「是的！」他咧嘴笑著。

「你會怕嗎？」我問並且說：「其實真正要做的就只是放手而已。」

「只有火。」他回答，而我知道他並非指在地獄中受苦，因為地獄這個概念不在他的念頭裡。

「好，我答應你。」

「答應什麼？」他問。

「在我們把你送進火化的火焰之前，我會再檢查確定你的眼睛沒有在眨呀眨的。」

我們大笑並且異口同聲地說：「一言為定！」

我眼角的餘光看到護士就在一旁，也許她會覺得這樣的對話有點奇怪，然而我們卻早已為這個時刻準備許多年了。

一個疲憊飢渴的靈魂是如何離開他的人類肉體的？比較進步開化的方式是，例如喇嘛可以在靜心中以意志力來決定離開，其他大多數人，就是讓身體隨著時間日漸衰敗，而一切確實也都隨著時間慢慢地衰退，除非身體能適時獲得使其久保活力的滋養，有時候配置好的時間與學習的遊戲會同步，就像一本書一樣，當書已經被讀完，其中的訊息在每次翻頁時都已經被披露，最後便注定要闔上。

我一直想著生命的不同週期，有些時候某些包袱會將我們拖垮，或者當一個章節已經被消化完畢時，我們生命突然又展開新的一頁，以一種新的方式接受滋養並感覺自我的完整，「我對於自己是誰以及我所創造出的事物感到滿意。」這句話，是我們在生命中最終都需要去檢視的。

「他還有多少時間？」我問醫生，當他後來告訴我們有哪些選擇的時候。

「三或四個月，要看他做出什麼樣的選擇，我們必須讓他獲得足夠的營養，防止體重下降，否則的話他會一直消瘦下去，然後併發症纏身。」

後來當我親吻並擁抱我的父親，幫他坐起來享用冷掉的卡布奇諾的時候，他看著我並微笑。

「下個月，我下個月要走！是的，我想應該是下個月！」

「我不知道我們是不是可以這樣自己決定？或者有本日曆說，『喔，對！有個叫阿尼的傢伙，他現在隨時都能走了，他當初什麼時候打卡進來上班的？啊哈！他什麼時候該打卡下班呢?嗯!再三十天?再四十天?』這樣聽起來還挺進步開化的,像是裁員文件都送來了。」我父親靜靜地笑了笑,然後閉上眼睛休息。

我就這樣看著等著,爸爸也看著等著,每一天他都變得更虛弱一點,有時候他充滿歡笑,臉上盡是熟悉的擠眉弄眼,有時候他一路嘮叨、步履蹣跚地用兩隻又老又累的腿走著,叨唸著以前如何健步如飛。我看著這個曾經高大驕傲的維京血統男人,從前每晚當我在老留聲機前聽古典音樂聽到睡著之後,是他抱著我到床上睡覺,一個溫柔的巨人陪我進入夢鄉,在額頭輕輕吻我一下,彷彿我是一個奇怪稀有的怪物,一個男孩子氣的女孩,經由他而意外來到這個人世,原本在我姊姊之後,他們已經不打算再生了。

當我看著他時,看到的是一個無微不至的男人,有次花了好幾個月的時間改造一輛生鏽的二手腳踏車,最後將它變得閃亮煥然一新,作為我七歲的生日禮物。我記得他很愛唱歌,用他嘹亮男高音的嗓子,讓他工作間的牆壁都繚繞迴響著他的歌聲,而且經常是他在好幾哩之外唱歌時就這樣,好像水泥都長了耳朵來聽歌劇,或者磚頭都吸收了他歌聲中的熱情。

當我坐在海灘邊新公寓的陽台上寫書時,花了許多時間追憶,《眾神的食物》這本書該是我專心的焦點,而我正審視著什麼才是真正的滋養。

如果用愛心準備的食物嚐起來更美味,而且更有營養的話,那若就把「愛」當作食物呢?

當然，純粹無條件的愛是最滋養的食物。

如果去比較這兩種人，一種有食物的滋養並且生活中有滿滿的愛，另一種則是有很好的食物但生活中沒有愛，這樣會有什麼差別呢？

給心的食物呢？

給心智的食物呢？

還有最後，給我們靈魂的食物呢？

細胞與靈魂，有沒有同時給這兩者的完美滋養方式呢？

當溫柔的海風吹拂過我的臉龐，這些是閃現在我腦海裡的問題，我嘆了口氣，感謝我還有時間思考、活著，而非忙忙碌碌過日子。

＊＊＊

滋養我們自己的渴望，遠從出生之前就已經開始，它像是印記一樣從另一個時間被帶到這裡，分子重新組合產生一個新的形體，古老智慧說每個新生命攜帶所有原子的一半，是來自我們先前形體的重新組合，就像被丟棄的舊衣服，再度被收集起來重新裝扮我們。

若先不談這些信念，從我們離開子宮的那一刻起，我們就受到被餵養欲望的本能驅動著，渴望母親愛的滋養，渴望母親身體奶水的餵養，渴望被她的撫觸、她的聲音、她的氣味餵養，然後我們所有的感官慢慢地甦醒過來吸收來自世界的食物，但是這常常要花數十年的時間去發現到底是什麼真正餵養、滋潤了我們，以及是什麼使我們枯竭，讓我們情感上變得冰冷且蒼老。

在這個世界上有許多相互矛盾的信號，所以第一種真正的食物其實是來自一種洞察力，傾聽內在的「知曉」，當我們能傾聽的時候，我們便被餵養了，當我們忽視它，我們就會感到飢餓，對於誕生在貝塔波頻率中的大多數人來說，從我們誕生的那一刻起，我們已經開始走向死亡。

見證一個新生命來到這個世界上的過程，依舊有許多備受祝福的事情，許多母親發現她自己是抱著敬畏與驚奇的心情迎接她的新生兒，這種愛的感覺使她的心與靈魂滿溢，餵養大地之母所賜與她撫養新生命的本能。

見證死亡的過程也有許多備受祝福的事，完成和結局會開創一條通往新開端、新體驗的道路，而這樣的過程能夠餵養我們的靈魂，因為靈魂真正的食物就是體驗生命，並且分享、照顧生命所帶來的一切。

給「心智」的食物，通常是以問答的形式呈現，不管是大問題或小問題。給「心」的食物，則是愛的波動，氾濫流過我們的內心深處，將靈魂攜帶的天賦釋放出來，因為我們的靈魂被設定成必須處在愛的波動中，才會顯露真正的本質，如同物以類聚的道理一樣，我們的心與靈魂都被設定需要用愛來餵養。

如果生命死亡時像放假，而活著時像在上學，這麼一來，死亡也可以算是一種食物，因為它餵養我們休息的時間——後退一步，從形式中解脫開來，然後評量一下生命這場遊戲，準備規劃下一回合。真正的食物滋養我們，給我們所需的化學物質，也給我們內在洞見，給我們生長的力量。眾神的食物是沒有所謂層次或程度之分的，它滋養我們生命存在的所有層面。我們真正需要學習的是擴展自己的觀點。

我們思維方式的擴展，從有限的思維變成橫向思維，再變成無限的思維，很顯然是能帶給心智滋養的，因為人類心智有極大的能力，而我們在心智世界被滋養的狀態，取決於在哪個層次運作。很多人都被無意識的欲望與需求驅使，從來不真正知道他們是誰，也沒有停下來問自己許多事情的動機是什麼。

有許多人被潛意識實相驅使，為各種飢餓感尋找餵養它們的食物，卻很少吸收足夠眾神的食物，好讓我們能夠安住在超級心智的狀態，只有在無私的時刻或調頻進入仁慈與悲天憫人的頻率中的時刻例外，因為像慈悲、悲天憫人、仁慈、無私、無條件的愛等等，這些我們內建的更高情緒頻譜，與更高層次的思維，在心智世界是聯手出現的。也就是這些念頭在對我們說：為什麼我們在這裡？我們是否能夠和諧生活？我們是否能夠和平共存？我們是否能夠安然相處？而當我們真誠地想知道答案時，包圍在我們周遭的智能宇宙就會提供我們所需的資源，好讓我們能夠將之顯化並用以生長，這些念頭同時也會喚醒並滋養我們的內在神性自我。

掌握心智的力量vs不斷攻擊他人

在十幾歲青春期的時候，我遇到了一位印度大師，我跟隨他超過十年以上，當時不只飢渴著想知道他能教導什麼，同時也渴望接近從他身上散發出的能量，那是一種看不見的力量，似乎觸摸並餵養了我的靈魂。然而隨著時間的推移，我漸漸理解他說的都是同一件事，只是用生活中不同寓言與類比來呈現而已。來自眾神食物的滋養就像那樣，它用不同的包裝與形式來到，取決於我們的需求，而真正的智慧就像那位大師重複的訊息一樣，總是非常簡單，一旦我們懂了，就是懂了。

當我兩歲的時候，我飢渴於那些不帶有恐懼頻率的食物，因為我們餐桌上的肉食都是未經祝福的屠宰而來，我的某些前世也曾對此習以為常，當時兩歲的我無法表達這種直覺的排斥，只能以孩子能做的方式去反應並掙扎著希望大人聽懂我的話，當然我的母親以為我的健康需要依賴肉食，她擔心如果沒吃肉的話會營養不良而變得瘦弱甚至死亡。缺乏對其他蛋白質來源的認知，讓我們的衝突一直持續著，而她堅持忽略我的真實自我的發聲，導致了另一個層次的慢性死亡，於是我在靈性層次開始飢餓。當我們忽視內在神性自我的指引時，靈性層次的飢餓就會發生。

在我成長的過程中，家庭生活滋養了我的創意與智力，我那溫柔親切的母親總是用親手做的食物餵養我們，然而我卻飢渴著想要更多。這花了我幾十年的時間才明白當時的飢渴是什麼，青春期的我好像什麼都不缺，充滿愛的家庭、健康的身體、在校成績優良，在同儕中受歡迎而且有很多朋友，敏捷的思考與健全的推理技巧，個性獨立，甚至有滿滿的愛。我花了許多時間去抽絲剝繭到底這個飢渴從何而來，然後穿越過宗教地雷區才完成，發現原來這是來自靈魂的飢渴，彷彿我的靈魂有一個聲音在沉默中不斷地對我大聲哭喊，不斷說著：「還有很多！還有更多！我要你擁有它，我需要它，你需要它！」

第六章討論各種滋養的來源，在我終於找到如何餵養、滋養自己所有面向的各種方式之後，我卻見證了許多人的自殺傾向。

例如，讓自己的心念總是持續耽溺在負面事物、批判與不斷攻擊他人中，只要不滿足我們的期待就對別人失望，這種心智層次的自殺行為，就如同我們總是選擇看見半空而非半滿的半杯水。

當生活中的事件排山倒海而來時，我們選擇去感受壓力，卻忽略靜心與隨之而來的禮物，也就是沐浴在阿法—西塔波頻率中時可以感覺更加超然，採取主動作為而非被動回應。持續不斷選擇以憤怒、憎恨或恐懼的角度，詮釋生活中的事件，這樣的狀況可被視為情緒層次的自殺行為。此外，許多研究成果顯示，許多食物會導致癌症與縮短壽命，若選擇用這樣的食物餵養身體，也可以視為是一種自殺行為。

當然，上述這些也可被視為是種批判，我們都有自由意志去選擇要如何思考、感覺與行動，若我們被教導可以做出不同的選擇。教育是關鍵，這意謂著去教育大眾：

我們不只是心智體、身體與情緒體的總和而已；還要教育大眾，所有不同層次的飢餓都需要適當的滋養，並且在滋養的同時也要尊重各個不同的工具。一旦這樣的教育傳播出去，藉由實用的工具，我們做為存在於形體中的眾神，就責無旁貸要選擇我們在實體世界所渴望的生活，是由我們自己決定的，在這個過程當中，我們的個人層次與全球層次的需求都需要被納入考量。

四十年來，我渴望開悟並體驗聖哲們所分享的狀態，在追尋的過程中，我個人所擁有過的體驗並非少見，許多被同樣渴望驅動前進的人們，卻不見得了解這樣的體驗。當我成功地滿足所有的渴望之後，隨之而來的一件事情，就是我也不斷受到其他人的攻擊，他們批判我太異於常人，當我們尚未完全掌握自己的力量時，這種批判會被吸收進入我們的能量場變成毒素，讓我們感覺到孤立、低劣或不被接納，反過來阻擋個人神性養分的流動。因為若要讓神性養分能夠自由的流動，自我接納與愛自己是必須的，因此在後面的章節中，會談到如何在我們的能量場中化解這些投射的能量。

吸收vs放射

這股滋養之流的阻塞，也可能起因於我們的生物系統超載，吸收了來自外界會乾枯耗盡而非滋養我們的能量。當我們變得更加敏感，並經常調頻進入神性養分的頻率中時，我們勢必要檢視自己是如何活在這個世界並且與人互動。作為一個能量系統，我們經常放射與吸收來自內在與外在世界的頻率，當學習有效地在不同的能量場與次元生活時，許多問題便隨之而來。

例如，是否所有的生命體都會發散能量。

- 我們必須吸收——隨機且經常是受限的——來自貝塔波甚至阿法波的印記嗎？

並不需要。

- 當世界上大多數人都維持在貝塔波的頻率脈動中時，個人還有可能因知曉西塔波與德爾塔波的益處，而讓自己純粹存在於此頻率中嗎？

是的。

- 我們能處於任何場域中而不會感覺難以負荷嗎？

是的。

- 我們可以用正向頻率在所有層次吸收我們所想要的嗎？

是的。

- 相較於隨機吸收各種能量進入我們之後再將之轉化，是否經常性地放射能量流進這個世界，並以這股能量去轉化它所接觸的事物是更加容易的？

是的。

我們要如何做到這一切？藉由應用本書的工具。好消息是因為次元生物場科學的機制，在一個場域中我們能夠選擇並控制什麼是我們希望吸收或放射的。有任何證據嗎？是的，當我們應用這項科學時，我們的生命總是變得更加正向美好，那些都是實實在在的親身經歷，很容易就能讓我們信服。

當愈來愈多的人調頻對準神性滋養的頻率，整個地球也會受到更好的滋養，而這個改變是可以經由舒曼共振來測量的，集體意識舊有的貝塔波以及連帶的地球頻率本身，已經證明變化發生了，現在已經進入大約七．四赫茲的阿法波共振頻率。這意謂著兩件事情：首先，地球的頻率正在提供一種滋養的基礎，讓人類能沐浴在其中、迎頭趕上並個別與之融合；其次，我們的地球能量網格（grid）工程師、風水師與光之工作者，在過去數十年所做的地球療癒工作，帶來了正向的結果，讓有這方面洞察力的人能夠看見。

這個改變還有一些其他因素的促成，例如印度瑜伽士瑪赫西（Maharishi）的組織、一直在支持研究次元生物場科學的人們，藉由靜心與生活型態的選擇保持內在門戶敞開，逐步由阿法波進展到西塔波與德爾塔波。根據每位次元生物場研究者刻劃的印記，讓貝塔波場域被純粹阿法波、西塔波與德爾塔波頻率充滿。每一位次元生物場研究者，以帶著覺察的方式改變這個場域的能力，將會因他們個人的頻率而異，而他們的主要頻率又取決於他們的日常生活型態。然而，地球上人們的主要頻率依舊是貝塔波與阿法波混合，若要維持一個充滿西塔波與德爾塔波的場域，好讓我們在其中生存且蓬勃興盛，只要能夠使用特定最簡化卻最有力量並且保證有效的工具即可。

我們所擁有的第一個頻率控制工具是我們的心態，藉由詢問自己：「我們希望去吸收能量，還是放射能量？」來改變我們的心態。每一個生命體都會放射出能量，當我們從這個世界盲目地吸收能量時，我們內在場域的主要頻率就會改變，有時滋養我們、有時消耗我們，但是希望如何被影響以及要吸收什麼，是完全由我們來選擇與決定的。

如果吸入太多汙染能量進入心智體、情緒體、身體的話，我們可能會覺得壓力很大、生病或者情緒低落，然後逐漸變得不快樂。即使我們是有選擇性的吸收，過著特定但經常受限的生活型態，最後還是可能變成能量不平衡的狀態，內在空間被貝塔波密集地刻劃上印記，那樣的方式是不再適合我們的。有時候當我們已經調頻到阿法波的頻率中時，我們還是可能感到飢渴，因為我們的整個生命狀態已經擴展，自然會渴望獲得更多滋養的西塔波頻率，以及與之相應的實相。

我們對這些頻率的包容性總是在變動與擴展，一旦從強加在身上的諸多限制中走出來，在身體、情緒體、心智體、靈性體上都會發生相同的效用。舉例來說，一個每天運動的人身體遠比一年只運動一次的人強健許多；一個每天靜心的人，有更高的敏感度與能力來吸引阿法波、西塔波、德爾塔波，遠比經常從事貝塔波活動且從不靜止下來的人高出許多。這也是為什麼在貝塔波場域裡從不靜心，也未曾體驗神聖自我、愛的波動流經他們的人，無法理解神性養分的遊戲，亦無法活在那樣的光中。

貝塔波場域裡充斥著貧窮、暴力、社會不公，各種情緒的高點與低點，通常是一種人為與自我造成的混亂，但貝塔波場域中的人，還是能夠增加他們去看、聽、感覺的能力，接受其他頻率的滋養，只要他們能夠改變生活型態，多做靜心、掌握心智的力量，甚至是練習瑜伽。

阿法波頻率所揭示的是生活的禪，允許我們待在低潮期，在那裡冷靜並重新定位自己人生的方向，評估失衡的狀態，並為了眾人的益處而重新選擇。活在阿法波頻率能提升我們健康與快樂的層次，也是直接、覺察地餵養我們靈魂的第一步。

西塔波頻率所帶來的巧合似乎不再是隨機的，徜徉在此的時間，吸引了許多充滿象徵符號、深刻且有意義的事件發生，因為這個波段帶有創造無限可能的潛能，一個充滿恩典的場域，那是真正的滋養與愛。所有的聖哲與信使也都是穿越過這個波段而來，而所有的神聖書籍經典也都在這個波段裡誕生。

德爾塔波頻率帶來所有一切，在此領域湧出的是聖經裡神的天堂與伊甸園，德爾塔波同時也是神、大天使們與純粹知識的家園。

當靜心接通了內在門戶、心輪與頂輪的開口時，能讓我們的內在場域在能量層次被調頻好，經常對準德爾塔波與西塔波頻率，如此一來，便提供一個堅固的基礎，讓各種元素在我們周遭聚集與回應（這些靜心位於第六、七章）。

一旦這些內在門戶開啟，系統被接通，一個全新且強大的能量放射就會開始主導這個遊戲，此時心態必須做出調整——「行走在人世間，想像我們穩定地放射傳遞神聖之愛、神聖智慧與神聖力量，穿透我們身體每一個細胞、毛孔與原子，傳遞至外在世界裡。」

由於所有生命網絡都是互相連接的，藉由一個比蜘蛛絲還要精細的能量矩陣串連，我們都知道，當我們聚焦在某處時就是在餵養該處能量，在取用神性養分並維持其健康流動的這個面向來說，我們的心態與態度就變得非常重要。

關於進入西塔—德爾塔波方面，我想補充一個重點，那就是心的純粹程度，意思是我們的情緒體需要跟隨著誠懇、謙遜、臣服與惻隱之心的信號一起脈動，許多事情是無法教導的，只能透過我們與其他活生生的人們互動，在「人生」這個大教室裡面學習。不幸的是，這個互動也可能讓我們的心門關上，並且充滿各種阻礙神性養分流動的情緒，這是宇宙裡共振的法則（見本章末圖2）。

在西塔—德爾塔波中汲取養分這件事，需要特定方式的微調來確認可行，且端視一個人所渴望達成的境界以及注定達成的境界而定，如同我們已經分享的，可以取決於以下因素：

- 我們的場域有多敞開？
- 因神性養分可以在許多不同層次出現，所以要看我們是哪些部分需要被餵養？

基於我們生存在一個大多重男輕女世界裡這樣一個事實，我個人認為，真正能夠提供我們身體、情緒體、心智體與靈性體各個面向均衡養分的來源，是聖母頻率場域，除非我們在所有這些層次都能受到全面的滋養，否則戰爭、暴力與混亂，會依舊留存在我們的日常生活世界裡。

然而，不管此刻世界如何運行，我們還是能夠控制我們的場域。我們可以選擇在生活中，吸收來到眼前的所有一切，直到我們的能量場彷彿變成一鍋大雜燴蔬菜湯；或者可以清理我們的場域，並且接通神聖養分管道，開始放射來自神聖之愛與智慧的滋養頻率到這個世界上。吸收或放射，就是一個選擇，善加利用本書提供的工具，將能幫助我們做出相應的選擇。

稍後會特別談到特定的生物場工具，用來防衛我們自己免受那些不再能滋養我們的頻率侵擾，也會細說如何「編織一個場域」，意思是如何創造出一個特定的能量場帶來真正的滋養，以及如何再度編織一個已經存在的場域，好讓我們身處其中時，能更好地接收到沐浴在西塔—德爾塔波頻率所帶來的益處。

圖2：

因為場域裡的信號而阻礙我們獲得滋養，不管累積什麼，我們都會放射出去進入周遭場域裡，加上能量可擴展、可收縮的特質，它會吸引類似的頻率，最後回到源頭的身上——也就是我們。

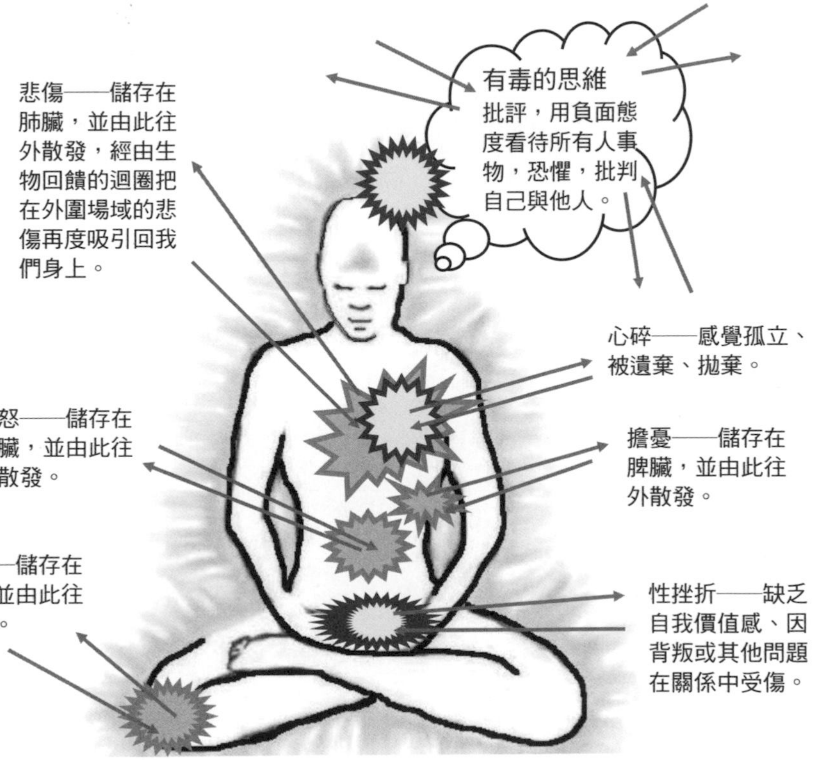
批評，用負面態度看待所有人事物，恐懼，批判自己與他人。
悲傷——儲存在肺臟，並由此往外散發，經由生物回饋的迴圈把在外圍場域的悲傷再度吸引回我們身上。
心碎——感覺孤立、被遺棄、拋棄。
憤怒——儲存在肝臟，並由此往外散發。
自傲——儲存在膝蓋，並由此往外散發。
性挫折——缺乏自我價值感、因背叛或其他問題在關係中受傷。

當我們的細胞與器官累積愈多未解的有毒情緒，當我們愈久沒去檢視有毒的思維，也就愈加阻礙自己的能力，無法去吸引、保有，並放射我們所需的不同層次滋養，以維持情緒體、心智體與靈性體的健康，選擇正向的思維模式，並且將我們的生物系統浸潤在紫羅蘭色的光中，將能再度調整我們的細胞來吸引一個更加滋養的場域。更多相關內容參見第六章。

第五章
普拉納的滋養——如眾神般進食

應運而生的所有一切總是有其歷史，有時有些看似新穎的事物卻被發現是很古老的，神性養分這條路徑即是如此，以及它所能帶給身體、情緒體、心智體與靈性體的禮物也包含在內。當新訊息來到這個世界時，總是會先被嘲笑，緊接著遇到抵抗，到最後才會被接納，當我提倡神性養分這種新生命狀態選擇給這個世界時，就是遇到了這樣的狀況，但我仍持續堅持著，我分享給這個世界的知識是安全的，並且有潛力將人類帶領至一個真正自由的境地，在飲、食、睡眠、老化、致病甚至死亡這幾個方面都獲得自由（譯註：即指可做可不做，非指完全不從事），這是神性養分計畫的第二階，西塔波—德爾塔波頻率場域的生活方式所帶來益處的全部潛力，尚未充分探討，我確信還有更多其他禮物會來到，特別是在我們能夠進行大幅度的場域調頻之後。

回頭看過去十年我所遇到的人們，不管是挑戰我的或啟發我去做更多研究的，都讓我更深入內在，並更深入地了解神性養分與普拉納的力量，我對這些人致上最衷心的感謝。

當然，回想的時刻每件事情看起來都比較簡單，而那些「要是……該多好啊！」的喟嘆，會永遠在我們的夢中揮之不去，「要是當初知道我現在知道的該多好啊！」「要是當初我有去做那件事該多好啊！」「要是當初準備得比較周全該多好啊！」

我曾經說過，當初要是知道自己注定要踏入「眾神的食物」這個領域的話，首先我會想要變成一個醫生，然後再去做一名修士，這兩種身分能用更有利的角度來應對這個多疑的世界，當然也有例外的狀況，天真爛漫的純粹信仰，是進入神性養分場域第三階的條件之一，也許過多智力知識會將我們的心的大門闔上。

純然信任與挑戰的勇氣

這個世界的拓荒者與先驅，總是被要求要具備勇氣、信任與信仰，以挑戰自己的命運、擴展界線，並且挑戰現狀；保持個人的平衡與正直，是一件很有趣的任務，究竟是該有顆勇者之心或該保有純然的天真。

當我首次公開分享——神性養分計畫第三階的個人體驗研究之時，有人說我的天真保護了我，現在回想起來那樣的描述是很真確的，因為信仰讓許多人能在人生的浪頭上衝浪，而沒有察覺到隱藏在改變浪潮之下的抵抗力。

回想起來，我的旅程在一開始就很清晰明確，要把焦點帶回神性的力量，「眾神的食物」所提供的自由，遠比從實體食物獲得滋養的需求中解脫開來還更多，神性養分頻率能夠提供愛、療癒與指引的這個事實，很不幸地在大眾回應以普拉納為食的這個現象時被忽略。我在本書中嘗試要將這個焦點帶回給大眾，並且提供一個安全、有步驟的計畫，給渴望能夠走上這條路的人，接通進入神性養分的頻率管道中。

有沒有比這更簡單的方法？或許有。

我們是不是全然的了解？這不是個渺茫的機會，而是到目前為止我們了解的。我們是不是推薦更多體驗、科學與醫學方面的研究呢？這是無庸置疑的。

這些拓荒者、先驅們都很完美？不，大多數人都只是凡人，在生命不斷前行的路上還在學習著，我們對於探索生命之謎抱持著開放的態度，並帶著堅強的意志與純淨的心，走上這條人跡罕至的道路。

人們經常說，如果能在他們被賦予任務之前，就能以邏輯來了解計畫的所有動機、步驟、目標、結果，並且一切攤開在陽光下，該有多大的幫助啊！不幸的是，在服務奉獻的實相裡，探索眾神所在的領域，事情很少能夠這樣完成的。在每一位靈性戰士的生命裡，信任的旅程與信仰的旅程兩者攜手並進，這也是開啟更高王國的鑰匙，眾神的王國是一個融合誠摯、謙卑與臣服能量的境地。只有在生活中真正去實踐之時，這些美德才會遞送到我們家門前，而想要體驗更多的渴望，以及能夠讓我們調頻至神性養分頻率管道的紀律，也都是我們需要的鑰匙，最終的益處值得我們一切的努力。

有人說沒有所謂宿命，人生是我們創造出來的，而及時充分利用眼前的機會永遠是我們可以選擇的事，不管是想在個人層次或全球層次有所收穫皆然。然而，在眾神的世界裡，凡是被夢見的就能被顯化為實相，並且通往這個目標的大道，隨著時間的推移已經都鋪展開來。有些路徑已經有人走過，但卻很少被完整探索，因為創造的可能性的確是沒有邊際的，每一條路徑都變成一個場域，散發出吸引力，散發邀請給那些渴望在此探索的人，因為共振（共鳴）法則總是會讓有相同意念的人物以類聚，讓相似的場域能夠融合且共同發揮。

以正直誠信行事的人永遠不會有遺憾，尤其是當他們帶著最純淨的心，同時渴望將最有益處的事物帶給所有人的時候。然而，這依舊無法抵擋純淨的心受到來自他人的憤怒、無知與困惑的干擾，尤其是那些每每將新事物或更純粹觀點視為挑戰的人。事情就是如此，一直以來都是這樣，未來可能還是一樣。這將會挑戰許多產業，包括醫療、製藥甚至是全人照護產業，當我們進入這個滋養的場域時，所有的疾病與不和諧都會消失。當神性養分更廣泛地被接納，進入這個場域的方法也更普遍時，許多在醫療與營養產業工作的人，最終會面臨失業的狀況，因為不管是個人層次或全球層次，需要這些專業人士服務的需求，將會隨著時間的進展逐漸下降。而這僅只是我們進化的自然路徑，也是我們擁有的天生智力的證明，讓我們能夠不斷的學習與成長。

生命的喜悅之一，是我們確實能夠學習，能夠不斷精煉、昇華事物，能夠讓事物變得更美好。對某些人來說，因為缺乏準備或其他原因，在他們試圖嘗試我所指稱的啟蒙過程時，一直都遇到問題，這也引導我去尋找一種更簡單、挑戰性較低的計畫，好讓人們在實行計畫時能夠確保成功地進入神性養分的領域。

在繼續探討我們所能獲得的不同形式滋養之前，我想澄清一下「以光維生」與「神性養分」實相之間的不同之處。

這些可以被總結為以下幾點：

- 我們在神性養分中要聚焦的最重要差別，是祂有能力在所有的層次來餵養我們。
- 即使選擇繼續享受實體食物帶來的愉悅，我們依舊可以增加神性養分在我們生物系統的流動，並從中獲益。允許神性養分之流在我們的生物系統中增加，意謂著我們的情緒體、心智體與靈性體都能夠獲得餵養，如此一來，在本書中所分享的準則與技巧，將能讓所有人都受益，讓我們從個人層次、全球層次、情緒、心智與靈性的厭食症中解脫，獲得自由。
- 提供這個領域實行的工具與相關研究，是我生存在這個世界的使命，因為我知道，當我們學習從免費且更純粹的源頭來滋養自己的方式，到某個程度之後，這個星球將會繁榮興盛、百花盛開，成為所有人的天堂；若只是把我的生命放在「吃或不吃」的議題上，實在是太受局限，尤其是對我來說，我已經見證過——當人們進入眾神的食物與神性養分頻率管道時，可以達成什麼樣的生命狀態。
- 一旦已經增加這個神性養分之流的強度，且將之導向一個提供我們純淨且永不枯竭的來源，來滋養我們的情緒體、心智體與靈性體，我們就能夠選擇接受來自這個神性養分之流的一個額外禮物，那就是祂滋養我們身體細胞的能力，而這就是神性養分計畫的第三階，但很少人選擇走到這一步。對我來說，這個能力是眾神的食物領域裡非常小的一部分，而我感覺到，我們必須將焦點放在所有祂能帶來的禮物上。雖然這可能是未來大多數人類可以接受的選擇之一，但目前西方世界依舊處在拓荒期當中，還有很多研究工作需要進行，所有拓荒先驅的工作都需要「實驗室老鼠」或受測者，或許身為讀者的你就是其中一位。

● 普拉納、氣或者靈氣中談的宇宙生命原力，所有這些都有它們的根本振動頻率，或者基礎頻率、純粹的愛與光，當這些充滿我們的生物系統時，它們能刺激我們內在相同的事物並將之釋放出來，就是這些頻率能夠供給滋養我們的身體、情緒體、心智體與靈性體。

為了理解生命在所有的層次是如何被滋養的，必須同時看一下我們能夠取用的傳統與非傳統來源，這些滋養來源，能夠餵養任何對於神性養分計畫第二階與第三階有興趣的人，但是要在第三階能夠成功，必須實行第十一章中的所有建議。

第六章

滋養的來源、種類與工具

人類生物系統可以從許多不同的來源獲得滋養，以獲得肉體、情緒體、心智體與靈性體的健康快樂，有些來源是傳統式的，其他來源則是比較非傳統式的。傳統的滋養來源很容易被現狀所理解，並會被接納為「正常」，這也是因為我們的教育背景與社群習慣所使然。而非傳統的滋養來源，通常是被靈修者與那些古老奧義教派所熟知與應用，我將下列稱之為第一、二階滋養來源。

五種第一、二階養分來源

有些比較顯而易見的第一、二階營養來源如下：

● 一(1)、傳統的以實體食物為食：包括維生素、礦物質等營養素的滋養來源，以維持身體系統的健康狀態。

● 一(2)、非傳統的以「普拉納」為食：與上述相反的非傳統來源即是普拉納滋養，這是一種能夠接受來自內在神聖之愛與神性之光做為營養來源的能力，若要能成功使用這項滋養來源，需要應用許多後續談到的工具。

● 二(1)、傳統的以愛為食：愛這種食物能滋養我們的情緒體，而且大多來自一對一的愛情與親密的接觸，通常是與一位伴侶或愛人。研究顯示，當嬰兒在獲得食物的同時也獲得大量擁抱的話，他體重增加的速度會遠快過獲得相同食物但是較少獲得擁抱的嬰兒。

● 二(2)、非傳統的以愛為食：與普通的以愛為食相較，「無條件的愛」更應該算是非傳統的滋養來源，我之所以將之稱為非傳統，是因為在人類一對一的愛戀關係中，無條件的愛是非常少見的，然而無條件的愛在所有滋養來源當中是最滋養的食物。大部分的人發現，無條件地愛他們的寵物或朋友，遠比愛他們的家人或伴侶更容易些；缺乏無條件的愛，意謂著我們未被滿足的期望與批判，可能會創造出疾病，或者阻塞神性養分的流動。

● 三(1)、傳統的以親情為食：這個傳統的滋養來源指的是我們的血緣家庭，多年來人們因為缺乏家庭親情滋養，總是使得諮商師、療癒師們門庭若市。以靈學層次來說，由於我們與血緣家庭之間的業力連結，我們接收到這個來源的滋養，通常是透過我們與家人們的互動，經由學習的體驗讓我們的情緒體、心智體與靈性體獲得成長。舉例來說，孩童時期受到忽視的孩子長大後可能進入娛樂圈工作，在這個工作裡當他們站上舞台時可能滋養了數以百萬計的人，同時他們的「內在小孩」也因為大批觀眾的接納而獲得情感上的餵養，由此來平衡他們孩童時期的匱乏感。

● 三(2)、非傳統的以親情為食：是指當我們從全球四海一家的實相裡所獲得的滋養，這意謂著能夠在我們遇見的每個人身上感受到連結，彷彿他們是我們的血緣親人般重要，並且具有滋養我們的潛能，這也是耶穌所說「愛鄰如己」概念中的一部分，此點在人類邁向合一境界的今天是非常必要的。每個人都知道，將朋友含括在內的大家庭所能帶來的滋養，對待所有人甚至把動物也當作摯愛的兄弟姊妹一般，這樣的情境能夠提供給每個人不可思議的養分供給。然而這需要精通掌握心智的力量，因為我們必須選擇慶賀彼此的差異，而不是用那些看似熟悉的口號——若你所思所行如我，我就能理解你並接納你，進而對你更友愛——來批判彼此。

● 四(1)、傳統的以成功為食：成功乃指所獲得的財富與地位，能夠餵養我們生物系統的情緒體與心智體層面，尤其在西方世界的事業成功更是聚焦在這些層面。在過去數十年的商業公司體制裡，許多人都抱持著「人不為己天誅地滅」的態度，只顧拿取卻不付出回饋，也不檢視這些行為對全局所帶來的衝擊，難怪全球同理心的匱乏加上富裕老大哥模式的操作，其反彈的後座力也就導致了當前恐怖主義的盛行。

● 四(2)、非傳統的以成功為食：來自一種更加平衡的運作方式，知道真正的成功來自能夠同時共創健康、幸福、和平與繁榮，最重要的是，要用能夠滋養所有人的方式來完成。

● 五(1)、依統的以性愛為食：傳統性能量交換的方式創造了感官的愉悅，也能夠創造新生命，但卻無法如同非傳統滋養來源那樣，充裕地滋養我們的生物系統。
● 五(2)、以神聖性愛為食：稍後我們將會討論這個主題，是將愛與靈性能量加入性能量，並提供一個靜心工具使之更加完善（參見技巧11）。

我經常說西方最知名的四位神祇是金錢之神、名望之神、權力之神與性愛之神。這四位神祇每天都被許多希望充滿安全感、平靜、愛與幸福的人膜拜著，問題是這四位神祇無法給予我們所需的真正滋養，也因此我們在個人層次與全球層次，都發展出情緒上、心智上與靈性上的厭食症候群。

第二、三階非傳統養分來源

我們的身體意識渴望能夠健美、健康與強壯，因為我們的生物系統被建造時，是被設定為能夠自我再生、健康與長壽的。腦下垂體與松果體是身體的主要內分泌腺體，這兩個腺體原始的設定運作，僅是產生維持生命必須的荷爾蒙來支持這個生物系統，就像身體裡所有的細胞一樣，然而這兩個腺體也經常聆聽我們的思緒並聽從命令，作為指揮我們生物系統的大師。隨著時間的推移繼之而來的，是這些腺體開始產生與死亡相關的荷爾蒙，反映我們處在當今社會裡的生命信念——「我們必然步向死亡」。

肉體、情緒體、心智體與靈性體最大的滋養來源，來自於每日生活型態的選擇，要能創造身體健康，取決於一系列的因素，這領域也有許多人做了相關研究，例如我們知道飲用純淨的水、食用新鮮的食物（最好是素食）、規律運動、以靜心冥想來紓解心智與情緒壓力等等，對我們都是非常好的。身為靈修者，我們知道花時間在大自然中靜默，藉由去除生物系統的老舊程式與重新編寫程式，來掌握心智與自我的力量，以及聆聽神聖虔敬的音樂與唱頌梵咒，對於創造心智健康與情緒健康都有極大的益處；加上每日無私的服務與祈禱，我們已經擁有一種最基本的健康生活型態祕方（這些細節都在《四體健美：生物場與喜樂》（*Four Body Fitness: Biofields and Bliss*）一書中詳論，也就是我們稱之為「甜美生活型態計畫」中的生活型態八大要點，參見技巧5）。

即使當我們藉由適當的飲食、運動與紓壓的各種習慣，讓身體的飢渴獲得相當程度的滿足，好讓身體保持健康與快樂，仍然需要重視我們的情緒體、心智體與靈性體的飢渴，而前一段所敘述的生活型態將能夠使其獲得滿足。

所以，在簡短地強調之後，深入來談其他非傳統式的滋養來源，以及如何保持覺知地調頻進入西塔—德爾塔波的頻率，有許多的滋養來源與簡單工具可供我們應用，好讓我們能夠因為受到這個場域的餵養而獲益更多。

簡短闡述以下幾項例子：

●呼吸——使用「愛的呼吸」靜心，與源自古印度吠陀系統的「神聖呼吸」工具，這兩個技巧都能增加氣與普拉納在身體中的流量，並且擴展我們細胞的能力來吸引與放射來自西塔—德爾塔波的氣。

●內在微笑——這個技巧能夠幫助我們的器官與生物系統，預備連接西塔—德爾塔波頻率，並保持與之連結。內在微笑能將器官與生物系統，調頻至無條件的愛頻率中。

●身體之愛——這是能夠再次擴展我們的原子與細胞的方法，用以接納與接收更多的神性養分。

●生活型態之愛——這是提供給肉體、情緒體、心智體與靈性體一個完美飲食的計畫，其中包括飲用水、食物與運動，創造一個生物系統能夠完美的調頻至西塔—德爾塔波頻率場域裡，接受這個頻率並適應其能量，同時不會燃燒消耗生物系統的電路。此種生活型態也可以應用做為清理淨化與排毒的計畫，其轉換的過程可應用「3變2、2變1減餐」（參見技巧6）與「肉食↓素食↓純素↓果食↓神性養分普拉納」。

●取用來自太陽能、風、大地以及行星的普拉納來獲得滋養。

●療癒之音、梵咒、程式設定編碼——這些工具能使情緒體與心智體調頻至西塔—德爾塔波頻率，好為我們自己這些面向取用適當的滋養，這包含道家的六字氣訣（譯

註：道家六字氣訣指的是「吹、呼、唏、呵、噓、呬」)。

● 承上唱頌特定的梵咒，以及特定的設定密碼如「完美的健康、平衡、體重、形象」。
● 小周天（Microcosmic Orbit）滋養工具。
● 內在神性自我力量工具——紫羅蘭之光、神性花蜜、腦下垂體與松果體活化啟動。
● 心的純淨。
● 狂喜與元素平衡。
● 女神食物的滋養。

上述列舉一些非傳統來源的滋養，是本章的焦點，用以作為滋養工具來滿足我們各式各樣的飢渴，後面將會詳論各點，以便在連結每種滋養來源體驗時，能提供適當的工具。每種技巧都需要好好釐清，並且條列重點來協助更完美的修煉，我也提供了這些技巧原始的出處，以方便你更進一步的探索。

第十一章當中，對於希望從實體食物獲得滋養的需求中解脫的人們，我也會說明這種生活型態的特定重點。但是下述的非傳統來源滋養方式，則適用於任何希望享受健康、幸福、和平與豐盛的人們，當我們能接收真正的滋養時，這些就會自動到來。

第二、三階非傳統滋養輔助工具及練習

一、呼吸

呼吸是可以用來餵養與調整生物系統，最具力量的工具之一，不但免費，並且能隨時掌控，使用不同的呼吸技巧來達成目標，包括替我們的生物系統鎮靜與減壓，或者經歷靈魂出體體驗，藉由身處兩地的技巧，旅行穿越內在空間，甚至進行「星光體旅行」，以及微調我們的能量場頻率，感受聖哲們的臨在等等。與呼吸相關的技巧有很多，但針對神性養分計畫而言，推薦以下兩種技巧：

【神性養分計畫．技巧一】愛的呼吸

設計這個技巧，是為了讓我們調頻進入神聖之愛的頻率管道中，也就是眾神食物流動的管道，我把這個技巧稱之為「愛的呼吸」靜心，請看圖3並跟著下面的步驟做，每天早上與傍晚至少做五到十分鐘，或者一直做到已經感覺到自己的存在就是全然的愛，所有你做的一切都來自愛。只要記得，儘量每天早上做以下的靜心，連續做一個月或更多時間之後看看自己的感覺如何。

● 步驟一——想像在你的內在世界當中，連接上一道純粹的愛之光，從神聖母親的心流動到你的心輪。

● 步驟二——深深地吸入這份愛之光，同時聲明「我是愛」，不斷地以最誠摯的心反覆唱頌這句梵咒「我是愛」。

● 步驟三——慢慢地呼出這份愛，然後再進入你的身體，不斷地以最誠摯的心反覆唱頌「我愛」，同時觀想這份愛充滿了每個細胞，並從你的氣場往外流向這個世界。

● 告訴你的身體「我愛你、我愛你、我愛你」，直到身體感覺到輕微癢癢或刺刺的感覺，如技巧三。

這個練習能夠使你的細胞與原子敞開，接收純粹的神聖母親之愛，這份愛能強化你的神聖之心，並使你有能力去吸引、保有與放射這份愛到世界上，它同時也將你的腦波頻率，從貝塔—阿法頻率轉變至西塔—德爾塔頻率場域。

如果你曾經在某些人身邊感覺不舒服，或對他們抱持著批判的態度，這是一個很好的技巧，讓自己變得對他們更有慈悲之心。這也是一個很好的技巧，提醒我們，真正的自己是誰、我們是什麼，尤其是當我們的面具與角色身分完全卸下之後。

這絕對是個「試試看去體驗有什麼不同」的工具，但需要能聚焦並以自我要求的紀律去練習。這也是訓練心智一項很好的工具，訓練心智能保持靜止與聚焦的狀態，許多人甚至沒辦法讓念頭聚焦在呼吸上超過一、二分鐘，往往很快就分心想著工作、購物或其他事情，然而若要能找到並進入眾神食物的頻率管道，做為掌握自己心念的大師是絕對必要的。對於沒有受過訓練卻要一探心念靜止的藝術的人來說，尤其是西方人特別需要這種類型的訓練，來做為獲致內在與外在平靜的先決條件。

【神性養分計畫‧技巧二】神聖吠陀呼吸

流傳超過五千年之久的古吠陀神聖呼吸技巧，能夠達成幾個目標，首先是連結內在神性自我，是祂使肉體生命能夠呼吸與存在，祂在這裡正在歷經身為一個人類的體驗，並透過肉體、情緒體、心智體的運用來進行。如果沒有內在神性自我的能量，我們不可能也不會存在，當我們能隨著祂的呼吸一起律動時，便能開始瞥見祂真正的力量。使用神聖呼吸這個技巧，就像是對你的內在神性自我問：「祢在那裏嗎？我真的很想感受到祢。」

- 安靜地靜心一段時間。
- 然後，用你的鼻子做接連不斷的深呼吸，在吸氣與呼氣之間沒有暫停，以此確實進行循環式呼吸。
- 一旦呼吸形成規律的韻律之後，將覺察力放到呼吸背後的那股能量，然後純粹觀察與感覺呼吸的韻律。
- 記得你現在正聚焦在那股使你呼吸的內在力量，當你發現祂的韻律時你會知道的，因為你會開始感覺到祂的愛正透過你脈動著。

● 過一會兒之後，你將不會再聚焦在接連不斷的深呼吸上，反之你會感覺到彷彿自己是被一個力量呼吸著。

經過訓練之後，你能很快地在四到五次呼吸之間，找到內在神性自我的愛所帶來的喜樂，想像你能夠讓自己非常快地轉換進入喜樂的境界。

對於受過靜心冥想訓練的人，建議當你們處在某個嘈雜環境，像是交通尖峰期的時候，做上述兩種呼吸法，這個聚焦的訓練，對於瑜伽士或在大自然寧靜環境中靜心的人來說都很簡單，然而當今許多人住在繁忙的城市裡，要讓自己體驗常態性的內在

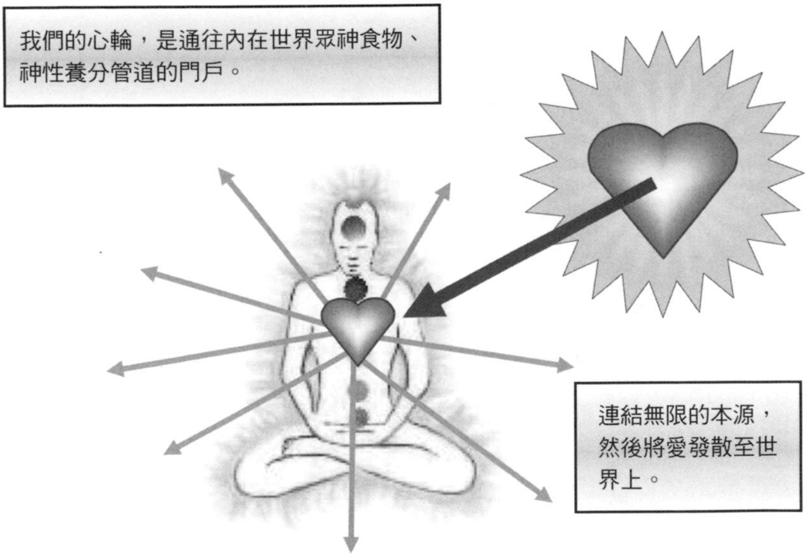
我們的心輪，是通往內在世界眾神食物、神性養分管道的門戶。
連結無限的本源，然後將愛發散至世界上。

圖3

平安，有時會是一種挑戰。對於現代的瑜伽士來說，在任何情況下都能維持其內在平安，也是一種基本訓練。[1]

二、內在微笑

內在微笑這個技巧來自道家的修練，藉由替每個器官調頻至無條件的愛的滋養頻率中，讓我們的器官與生物系統準備好去連結西塔—德爾塔波頻率場域，並與之保持連接。這個技巧同時也打開一些內在的門戶，通往一種更有覺察、更正向的身心溝通體驗當中。

【神性養分計畫．技巧三】內在微笑

- 安靜地坐著，然後想像你在你的身體之內，彷彿你的意念用某種方式帶你進入身體裡面，然後看見你的肺在你眼前。
- 想像你同時發送開懷燦爛的微笑到你的二片肺葉。
- 想著你有多麼感激你的肺為你這一生所做的一切工作，過濾你呼吸的空氣，從周圍的大氣中為你萃取「氣」或普拉納粒子。

- 當你對著你的肺微笑的同時，不斷重複地說「我愛你、我愛你、我愛你」或「謝謝你、謝謝你、謝謝你」。
- 對著你的大腦、心臟做同樣的微笑，然後接著對你的腎臟、肝臟與你的性器官，直到你對全身的所有器官都做了同樣的微笑。
- 每天都做這個練習，你的器官很快會開始感覺到被感激與被愛，然後非常快速的開始與你新的程式設定編碼共同運作。

三、身體之愛

這是再次擴展你的原子與細胞能力的一種方式，用以接納並接收更多的最純粹形式的神性養分，也就是愛。

注❶：在印度女性的瑜伽士（yogi）會被稱為yogini，但在本書中我選擇不去做性別的區分，因為對我來說瑜伽士與男女性別無關。

【神性養分計畫．技巧四】寵愛身體

每天早上與傍晚花五分鐘的時間，告訴你的身體：你愛它，以最誠摯的方式不斷複誦「身體我愛你、我愛你、我愛你」，當你很誠摯地這麼說著，真正的打從心裡感激你身體的每個部分，從頭部到腳趾頭，這樣做一段時間之後，你的身體會開始感覺到一種刺刺癢癢的感覺作為回應，彷彿在說：「是嗎？你真的愛我嗎？」而你的回應當然是：「是的，我真的愛你！」

雖然這是一個很簡單的工具，但卻是我們擁有的當中最有力量的其中一種，用以獲得身體生物系統的協同運作，並共創其健康與幸福。在靈學領域，愛是所有改變與擴展的基石。

四、生活型態

這是提供給肉體、情緒體、心智體與靈性體一個完美飲食的計畫，其中包括飲用水、食物與運動，創造一個生物系統能夠完美調頻至西塔—德爾塔波頻率裡，接受這個頻率並適應其能量，同時不會燃燒消耗生物系統的電路。此種生活型態，也可以應用做為清理淨化與排毒的計畫，其轉換的過程可應用「3變2、2變1減餐」（參見技巧6）與「肉食→素食→純素→果食→神性養分普拉納」。

【神性養分計畫．技巧五】甜美生活型態計畫

成功接受西塔—德爾塔波滋養，並取用這個純粹的眾神食物的首要步驟之一，就是如同先前所言，採用「甜美生活型態計畫」的祕方，簡要的說，甜美生活型態計畫是在日常生活中實行以下八個要點：

（一）冥想
（二）祈禱
（三）掌握心智的力量
（四）素食
（五）運動
（六）服務奉獻
（七）花時間在大自然當中靜默
（八）運用神聖音樂與唱頌梵咒

上述的要點在《四體健美》一書中已經詳細論述，在這裡多加一些說明：

這整本書所寫的靜心技巧，能夠確實使我們的情緒體、心智體、靈性體領域有效地調頻，打開正確的頻率通道，接受西塔—德爾塔波頻率場域的餵養。靜心冥想能夠讓我們進入靜止的狀態，體驗內在神性自我的力量。

祈禱，不只能夠療癒，而且這個與我們稱之為神的宇宙電腦之間的日常溝通，能夠保持我們內在的普拉納能量之流更加強大，因為這是宇宙的共振法則，讓物以類聚，當我們聚焦在神性，就能讓所有神性或神聖的一切，因為我們聚焦的注意力而受到餵養。

掌握心智與設定的力量，是這個生活型態中最複雜的部分，在次元生物場科學當中，光線運作的方式就像電腦硬體一樣，受到特定軟體程式的操控與引導，而這些軟體就是由念頭、意志與意圖所組成。在次元生物場科學中有一個基礎的事實，是所有對於眾生有益的念頭、話語與行動，都會受到最純淨、最強大的能量場所支持，看以下所談到「完美健康、完美平衡、完美體重、完美形象」的程式設定，需要能夠成功地接受神性養分的滋養，對於心念的控制以及這個世界感知力的導向，是否能夠成功接受神性滋養是很關鍵的。

採用素食飲食能夠讓我們調頻至善良與慈悲的頻率裡，而這正是西塔—德爾塔波頻率場域的一部分，素食的飲食方式不但能夠增進健康，也能減少快速消耗這個世界的資源，與蔬果、穀物相較之下，要將動物類食品送上餐桌所要消耗的資源有二十倍之高，在能夠完全精通掌握我們的生物系統之前，素食飲食對我們來說是比較健康的，而這也已經過實證。繼續支持無謂屠殺生靈，將會創造出一種阻塞，阻擋我們進入最純粹的眾神食物的頻率，因為這會稀釋來自這個頻率管道的能量流。

運動能讓我們保持肉體層次的強健，並因此讓我們能夠吸引、保留與放射更多來自西塔—德爾塔波場域的頻率，我們會因此成為這些頻率更清澈、更強壯的傳導體，並且更能夠為這個世界帶來更大的影響力。

服務奉獻也能夠讓我們保持在善良與慈悲的頻率管道裡，並且吸引夠多的愛與支持，進入我們個人的能量場域中。

花時間在大自然中靜默，也是最棒的靈魂食物之一，因為它能讓我們獲得真正的內在平安、寧靜與個人時光，並且獲得來自大自然、樹木、陽光與大地的普拉納粒子滋養，這也是太陽瑜伽（Surya yoga）修煉的一部分。

使用神聖音樂與唱頌梵咒，能夠讓我們保持在西塔—德爾塔波頻率場域中，因為這兩項都能夠讓我們的肉體、情緒體、心智體紓壓，並且讓我們能夠感受與辨識神性存在最純粹的形式，稍後的章節將詳細討論療癒音樂所帶來的影響。

甜美生活型態的八要點促進了所有層次的健康狀態，並讓個人的能量場調頻至神聖之愛與神聖智慧的頻率管道，假以時日能夠讓我們的腦波模式錨定在西塔—德爾塔波的頻率場域中。緊接著影響我們個人的頻率基調與頻率範圍，並吸引更多的恩典進入我們的生命中，使我們做出更喜悅更輕鬆的轉變，進入個人的天堂與眾人的天堂，這是當我們獲得眾神食物滋養之時所獲得的真正禮物。這個生活型態計畫對於神性養分計畫第二、三階而言，是一個必要條件。

創造一個健康合適的生物系統，是進入神性養分管道的必要步驟，我們能夠從創造健美的身體開始，藉由飲食的調整、規律運動與飲用潔淨飲水，這些已知對身體有益的轉變。坊間有許多關於身體清理與排毒的書籍，這兩件事對於準備身體來接收普拉納能量之流是必要的，相關內容會在第十一章詳談。

現在開始這樣的準備過程，建議可立即採取應用下面幾個要點：

【神性養分計畫．技巧六】飲食最少化（3變2，2變1餐）

這個技巧的意思是指如果你現在一天吃三餐，則減低成為兩餐，或者如果你目前一天吃兩餐，則減少成為一餐。研究已經證明，當我們攝取食物的熱量如果減半的時候，我們的壽命會增長百分之三十，同時這也意謂著當我們一天吃兩餐而非三餐時，我們立刻減低對地球資源百分之三十的消耗量。

我們的身體也會覺得更舒服，因為它花在消化的時間減少，如果選擇健康的飲食方式，我們的身體也會開始慢慢啟動排毒的過程，必要的話體重會降低，但萬一我們做了本章「完美體重」的程式設定的話，則可能有例外的情況（參見技巧10）。

【神性養分計畫．技巧七】飲食轉換

肉食↓素食↓純素↓果食↓神性養分普拉納

這個飲食轉換技巧，意謂著立即停止食用紅肉，然後當你能夠適應時，也許是三到六個月的時間，再停止食用其他動物肉品與海鮮類。

接著，當你已經調整成為無紅肉、無雞肉及無魚肉類型的飲食之時，換句話說，你已經不再食用任何有臉孔的動物時，那麼就可以停止食用其他來自動物的產品，例如起司、蛋、奶油、蜂蜜等等，成為吃純素的人，對於目標訂在神性養分計畫第二階滋養的人，你可以讓自己定格在這個階段，但是對於那些不排斥進入神性養分第三階滋養的人來說……下一步就是當你準備好之後，開始進入只吃生食，之後再進入只吃水果，最後是只飲用輕食液體，例如水、藥草茶，以及只吸收普拉納。這個飲食轉換過程可能花到五年的時間，端視你目前的飲食習慣處在什麼狀態與階段而定。

你用愈慢的方式去轉換，對你情緒體的調整來說就會愈容易，對身體系統一般的排毒過程也會比較容易，然而單單飲食方面的準備，並不足以讓我們接通進入神性養分的頻率管道，本書推薦的所有技巧都需要應用上，尤其是與循序漸進接通神性養分頻率管道計畫有關的靜心冥想，以及第十一章中談到的能量網格工作及程式設定編碼。

當一個人調頻進入善良與慈悲的頻率管道時，選擇素食飲食往往是一種自然而然的選擇，特別是當他們在其他飲食選擇方面受到良好教育的話，就能夠做出更有覺察力的選擇，不再支持屠殺生靈。

值得注意的是，對於那些只對神性養分計畫第二階滋養有興趣的人來說，雖然他們已經能夠體驗健康、快樂、和平、繁榮這些目標，若能進一步實驗生食甚至純粹果食的飲食方式，對他們的生物系統來說也會帶來極佳的益處，因為更清爽、更輕盈的肉體，能夠更敏銳的在所有層次都有更好的覺察力。如果你決定要花時間體驗純粹果食的飲食，你會需要讓自己接通紫羅蘭之光頻率管道，以接收你所需要的所有營養成分（參見技巧12、13、14），對於那些希望斬斷自己劣根性的人來說，同時會在煉金術（轉化）層次獲得許多獎賞與回饋。

五、以陽光為食

這一項可能是我所提供的資訊當中研究得最透澈的領域，印度的蘇迪爾．夏醫生與他的團隊，花費數年研究來自太陽能滋養及其如何在身體中運作的方式；蔡國瑞（Choa Kok Sui）大師則是在他發展以普拉納作為療癒能量的過程當中，研究來自大地與行星的普拉納。他們兩位的研究都在《光之大使》一書當中探討過，還有其他多位以普拉納為研究領域的醫生博士們的研究也都在該書當中。

最近我請教蘇迪爾．夏醫生，是什麼機緣引領他進入研究以太陽能作為滋養的這個領域，他回答說：「大自然！我曾經有個機會監看聖者希拉拉坦馬內克（Shri Hira Ratan Manek），以耆那教修練法進行長達四百一十一天的長期斷食，那是以科學方法為基礎的監看過程，那次經歷引導我去研究──當一個人不是攝取一般飲食與熱量的時候，能夠維持身體生命的其他方式，而那只有一種解釋，就是利用來自宇宙的能量。」

他在這個主題上的第一個假設寫道：「在宇宙所有能量來源當中，太陽是最強大且容易取得的來源，且自古以來聖哲智者們已經將之視為能量來源，包括耆那教尊者大雄（Mahavira）、西藏喇嘛以及其他聖者。他們再次證明太陽的能量是如何被接收的：我們的大腦與心智是整個人類身體裡最強的接收器，而視網膜與松果體（第三眼或笛卡爾稱之為靈魂的寶座）內有感光細胞，因之被視為感光器官，如同植物界因為葉綠素與光合作用而欣欣向榮，直接依賴太陽光的照射，我們推測，太陽的能量應該也在我們內在發生類似的光合作用。

「經由複雜的方式與獨特的路徑，這個能量必定進入了身體，有一條神經路徑是經過視網膜到下視丘，被稱為視網膜下視丘路徑，這條路徑將光亮與黑暗循環周期的訊息帶到下視丘的視交叉上核，從視交叉上核沿著松果神經將神經脈衝傳送到松果體，這些神經脈衝抑制了褪黑激素的產生，當這些神經脈衝停止（在夜晚或黑暗中當光線不再刺激下視丘的時候），這個松果體抑制機制也消失，此時褪黑激素就會分泌，松果體（或第三眼）因此變成感光器官，並且是人類身體很重要的生物時鐘調節者，關於尚未被探討的太陽能量進入後合成與轉化的過程，可能有一部分就是發生在這裡。

「我們也應該小心地檢視這個面向，因為這裡保留了一個空間來探索這個重要的議題——是否每一個人都能夠利用太陽的能量？如果是的話，他們能夠有效地利用它嗎？只有時間能夠回答這個問題，但是因為每個人有不同的基因編碼，每個人的身體有不同的能力，因此某人可能很容易就接收這個來自太陽的能量，並且用更好的方式轉化並儲存它，以更有效率的方式來利用它，甚至重複利用它；而另一個人則可能無法做到相同的程度。因此進行實驗是必須的，可能的話，最好是以隨機方式選擇志願參與者跟一個作為對照組的群體。然而，暫且不論這個部分，有可能許多人能在監督之下很成功地進行這個實驗，在實驗之前，身體健康檢查特別是視網膜眼科檢查是必須的。唯有在嚴格的醫學介入指導之下，這樣的實驗才有可能具說服力。」

蘇迪爾．夏醫生彙整他關於太陽能滋養的研究如下：「如果這個理論能夠被推廣，就能夠改變人類的命運。首先是糧食危機將能解除，藉由在身體裡活化這個至高無上的能量，使得在電學、化學與磁力層次的轉化發生，這個人不只能夠免除疾病的困擾，並且能夠獲得良好的健康狀態，以及充滿活力的能量場，他的光采甚至會讓他的敵人印象深刻，足以化解對方的敵意。隨著心智能力的增進，這個人也許能夠使用高達百分之九十到百分之百的腦力，而不像我們現在一般只用到百分之三到百分之十而已。這將帶來和平與繁榮，因為沒有食物的需求，負面思考與病態感覺將會停止，也因此永恆的和平將隨之而來。

「這個狀況也會為一般常態的卡路里計算帶來質疑，這個方式將為以一般卡路里為基礎的科學帶來挑戰，它的局限性會被凸顯，與此同時，肥胖與營養不良的複雜問題，卻能夠輕易地用太陽能的概念去解釋。對於體重過重的人們，其中一種可能性是，雖然他們沒有吃過多的食物，但他們仍然從宇宙來源接收能量，而這解釋了他們體重過重的問題。宇宙能量的概念，可以在身體、心智、超心智與靈性的層次，被使用來作為人類整體的提升。有關當局應該立即進行大量的科學研究工作，包括生物科學家與醫藥專業人士等，這樣他們才能夠回答所有相關的問題。」

蘇迪爾．夏醫生的完整報告可在以下網址免費下載：

http://www.jasmuheen.com/wp-content/uploads/2011/06/LIGHTAMBASSADRYRESEARCHBOOKLET.pdf

【神性養分計畫．技巧八】取用陽光為食

為了能夠取用太陽能或來自植物與大地的滋養，在非常實際的層面建議如下：

- 每天黎明破曉與黃昏時刻，花幾分鐘的時間直視太陽，你的身體會經由皮膚毛細孔與眼睛吸收來自太陽的養分，這個滋養的光會直接被帶入你的大腦，經由下視丘進入松果體與腦下垂體。
- 當你躺在海水中時——將身體浸入海洋充滿離子化粒子的水中，印度瑜伽士非常推薦將這個技巧與太陽能滋養一起做，這是非常滋養的。在海灘上做「太陽瑜伽」也同樣非常滋養。

● 定期在海邊或山裡散步，吸收風中的普拉納，同時深呼吸來吸進海邊或山裡的新鮮空氣。

● 擁抱樹木，尤其是巨大健康的樹木，用心輪與樹木連結，並且送愛與光給它，同時請求形成雙向能量流動與支持的連結，好讓樹木能夠體驗你在這個世界上的體驗，而你也獲得它的力量與普拉納能量場的滋養。樹木與所有植物生命，都帶有生機盎然的智慧場域，發生存在於跟人類生物系統不同的分子結構範圍之內，它們以群體意識的方式運作，不像我們有個體性，而且它們喜歡接收我們的二氧化碳，就如同我們能從它們產生的氧氣當中受益一樣。

● 若要取用大地的普拉納，就每天打赤腳在泥土地上走路，並且有意識地從雙腳吸入普拉納能量流，同時回饋能量給大地。藉由觀想當你雙腳踩在大地上的每一步，純粹的神聖母親之愛從它的心流動到你的心，進入你的身體，往下到你的雙腳，並從雙腳流出回到大地裡，因為大地母親渴望這個回流的能量將會被善用。這建立了一個很好的施與受的生物回饋循環機制，吸收普拉納然後回饋愛與感謝，因為你想感謝大地把各種元素借給你——它們的分子與原子，在生命初始時創造身體，並不斷供給營養給身體。[2]

六、療癒之音

一、用道家的療癒之音來進行情緒調頻與器官清理；二、使用程式設定編碼包括完美健康、完美平衡、完美體重、完美形象。

一、道家療癒之音

【神性養分計畫．技巧九】療癒之聲

道家與儒家，是過去兩千年來形塑中國人生命觀的兩個主要傳承，廣泛地說，道家的生命觀影響了中國人個性裡的接納、道法自然與無為的面向，這個態度抵銷並同時補償了源於儒家性格裡的道德與責任意識，道家對於神祕學與玄學抱持著正向的態度，而務實的儒家傳統雖然不否認這些存在，卻將之視為無關緊要。

道家的奠基者老子在歷史上依舊是個模糊的身影，關於他生平的主要來源，是一本約在西元前一百年寫成的傳記，據說他是法院官員，並對星象與占卜提出建言，同時負責保管神聖書籍，而「老子」這個名字似乎代表一種特定類型的聖哲，而非某個

注❷：更多太陽瑜伽在第九章。

人的名字，其相關書籍似乎背後有一群作者。

道家的六字氣訣（譯註：道家六字氣訣：「吹、呼、唏、呵、噓、呬」），被發展運用於釋放我們經常儲存在各器官裡較稠密的情緒頻率，眾神食物的滋養頻率被保留在每一個細胞與原子裡，如果我們的細胞充滿來自「吞忍與累積」未解情緒的毒素，或來自不良飲食的化學毒素，太多負面與批判性思維的毒素，那麼神性養分管道裡的精微能量頻率有可能因此淤積阻塞，被淹沒在更稠密、更粗糙的能量裡。成功的滋養需要潔淨的細胞與器官，如同宇宙共振法則讓物以類聚，每個細胞的頻率愈純淨，每個細胞能夠吸引來並放射出去的能量場也就愈純淨。

圖4

道家大師們發現每個健康的器官都有各自的顏色、聲音與頻率，而器官會因為肉體、情緒體、心智體的毒素而變弱，他們也發現有六個來自宇宙的療癒之音，能夠幫助恢復、平衡、清理這些重要的器官，促進氣在身體裡的循環流動，方法就是疏通並化解在每個器官周圍的冷卻囊——也就是筋膜裡淤積滯留的熱。

道家大師們分享這個方法，藉由使用特殊的聲音、觀想、色光與意念，我們可以改變每個器官的混合頻率，例如「呬」這個音，發音時將舌頭抵在牙齒之後，會作用在肺部，許多人知道我們的悲傷與哀慟就是儲存在肺部；「吹」這個音能從腎臟與的膀胱釋放恐懼的情緒；「噓」這個音能從肝臟與膽囊釋放出憤怒的情緒。

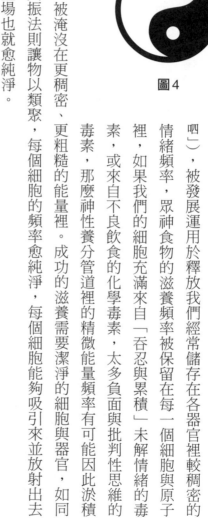

建議你閱讀由謝明德師父（譯註：Mantak Chia，為泰國清邁道花園創辦人，其出版著作多為英文）所撰寫的手冊《宇宙之音——療癒的聲音》（*Cosmic Sounds – Sounds that Heal*），並應用其中教導的精確技巧，在此不再詳述。這個段落只是簡短介紹聲音能具有清理、回復平衡與滋養我們器官的能力。

二、程式設定編碼（梵咒）

如同我在《與眾神共振》書中所討論的，特殊的聲音、神聖音樂與唱頌梵咒，長久以來都被用來以特殊頻率，滋養我們的生物系統，我們知道，「嗡」（Aum）這個聲音用來將頻率調頻至神聖智慧管道，以滋養頂輪；我們也知道，「啊」（Ahhh）這個音將頻率調頻至神聖之愛管道裡，以滋養心輪，尤其是在「愛的呼吸」靜心及其「我是愛，我愛」的梵咒穿插交替練習時。所謂程式設定編碼，本質上就是我們用特定的梵咒或句子，來重新設定身體意識看待自己及如何運作的方式。

次元生物場科學中最具動能的力量之一，便是梵咒——聲音瑜伽（Shabda Yoga），為了能夠成功取用眾神的食物，我們必須了解，以特定的心電感應程式去刻印不同的能量場印記的重要性。在靈性人士的圈子裡，內在神性自我代表的是，擁有至高無上的愛、智慧、正直、慈悲以及其他所有的美德的存有，那些當我們要依照眾神之神的形象去造人時，必會指定擁有的特質，而我們的內在神性自我無疑就是這樣的存有。

我在本書提供的編碼已經發展很長一段時間了，這些是非常特定的程式設定，包括對於細胞記憶、前世、現世甚至來世生命的理解，例如我們的基因印記，隱蔽與顯著的社會影響，加上媒體、教育與我們整體制約的影響，以及我們的家庭文化對我們的影響，我們的日常生活經驗等等。有些生物系統（人們），生活在一個選擇非常局限的生活圈裡，觀念與現實都非常局限，在一個迴圈裡，日復一日地——被現狀中具有巨大影響力的共同特性——不斷增強，換句話說，我們跟群體中最糟的人一樣，因為我們彼此互相影響，如同眾多細胞在一個被稱為神的身體的量子場裡一樣。

因此，我們需要誠實地檢視我們的生命，重新設定那些受限的信念，並採取不同的態度來支持新的信念，這些對於重新設定我們生物系統的心智層次，是至關重要的。為了能夠進入神性養分的管道，我們需要敞開內在世界的門戶，支持這種滋養型態，同時好好地與這個管道連接，以便接收來自管道足夠的創造能量，以維持我們的生命，讓我們在所有層次都能擁有完美的健康與快樂，因為這就是所謂「真正的滋養」的重點。眾神食物的神性養分管道是無法被破壞的，它供給無限的力量，就像一位純粹的「宇宙電腦式的神」。

許多西方人因為缺乏對於心智與身體這個連結的覺察，局限在重複自我對話的模式裡，自我批判也批判他人，陷入負面思維模式，他們在身體細胞裡創造渾沌困惑，而他們最原始自然的程式設定編碼，原本是預設要能夠不受限制去運行的。我們在許多限制性的信念之下，運作這麼長久的時間，卻很少去質疑這個狀態，以至於我們的肉體、情緒體、心智體組成的生物系統，已經自行重新編碼，進入會萎縮與衰退的遊戲裡。要記得，當今我們最強大的情緒體與心智體滋養來源，就是我們的信念系統。

然而，重新設定我們生物系統程式的真正力量，以及任何編碼要成功發生效用，都必須基於一個信念做為開端，那就是「我們即是在肉身形體裡的神」，只有在這個信念之下，我們的生物系統才會聽從與遵守指令去做某事。以下是用來穩定我們體重、健康與神性養分之流的主要基礎編碼，建議每天都要練習，因為我們身處一個變化多端的世界裡，並經常受其影響。

【神性養分計畫．技巧十】重設程式編碼

這個概念在我的其他書中也有談到，這是個非常基礎且必要的程式設定，用來維持神性養分之流的流動，這個程式設定編碼在我們不再攝取實體食物之後，用以使我們的體重穩定下來，也能夠使身體在所有層次維持和諧狀態；不管是不是繼續攝取實體食物，這個編碼能消除任何來自前世細胞記憶的擾亂；同時也可以讓我們從感知力限制的牢籠中解脫開來，而這個限制性概念，是我們從這個世界不斷變化膚淺的表象吸收而來的。

這個指令要每天使用，必須誠摯地不斷複誦「我現在就有完美的健康、完美的平衡、完美的體重、完美的形象」，複誦時用你的拇指輪流連接另外四指，重複四種手印（譯註：用拇指連接食指時，複誦一整個句子；接著用拇指連接中指時，再複誦一整個句子，以此類推）。

為了讓這個編碼能發生效用，必須注意下面兩件事：

- 首先再次強調，上述程式設定，必須是在你認知「自己是在肉身形體裡的神」，這個生物系統的工作便是服從你。
- 其次，在梵咒字詞之後的意圖必須是被接納且理解的，如下所述：

完美的健康：這個梵咒字詞背後的意圖，就像是在對你的生物系統與內在神性自我訴說，你的內在神性自我獲得你的允許，將你帶進一個完美的身體健康、完美的情緒健康、心智健康與靈性健康的狀態，並且帶著你是生物系統主人的這個意圖，去過著能支持完美健康的生活型態（如本章技巧5所提及之甜美生活型態計畫）。有些人真誠與謙卑的程度在最顛峰、並能固定其頻率時，他們會獲得立即且自發的療癒經驗，所以真誠與謙卑這兩者都是很重要的。

完美的平衡：這個梵咒允許你的內在神性，透過所有的生命存在，將你生命的各個層次都帶進完美的平衡狀態，以喜悅、從容、恩典，讓你在我們的場域中保持平衡狀態。切記，如果我們允許，我們的內在神性自我，就可以是我們生物系統裡全能、全知的電腦控制大師。這是一個非常強力的程式設定，尤其對那些——一、信任內在神性自我力量的人；二、理解多次元實相的人；三、已經花時間處理限制性信念與負面細胞記憶的人。

完美的體重：這意謂著你臣服將體重交付給你的神性自我，請求祂讓你擁有所需要的完美體重。奇特的是，當人們以真誠與臣服的態度來複誦時，他們確實能在沒有攝取實體食物的狀態之下讓體重上升。

完美的形象：這意謂著你臣服將形象交付給你的神性自我，並給予祂允許「透過我，放射祂完美的形象到這個世界上」，而非小我被現狀或其審美觀影響。增加這個編碼，是因為知道真正的美來自內在神性自我放射的光采。

「完美健康、完美平衡、完美體重與完美形象」程式設定編碼，每天都要複誦，複誦時用你的拇指輪流連接另外四指去做出四種手印，讓這個程式設定隨著手印一起發生效用，並且直接被吸收進入身體的能量場裡。對於熟悉感測人體「氣」的人來說，最有效的就是當你複誦完成這個編碼，氣會在振盪循環的尾聲衝出來。跟這個效應有關的內容，詳見談論生物場儀器的段落。

當然還有其他程式設定編碼，對於成功進入西塔—德爾塔波滋養是至關重要的，但是這不只是為了促進我們的健康，也是為了進入取用普拉納滋養，在這個場域裡，人們可以從攝取實體食物的生理需求中解脫開來，這部分會在第十一章裡詳論。

七、神聖性愛

透過飲食型態的選擇接受滋養，長久以來已經廣被大眾接受，如先前所提，這也已經被透澈研究過了！人類對食物的熱愛一直都有相關記載，而攝取特定食物的結果也都有研究紀錄，因為選擇不良飲食而導致的疾病狀態，每年都要耗費數十億美金的費用來治療相關疾病，這些不良飲食習慣再加上缺乏運動與現代社會的壓力，最後是可能導致死亡的。

類似的研究目前已經進展到檢視情緒層次與心智層次的壓力來源，對一個人的健康狀態甚至壽命長短的影響；我個人花費三十年的時間在檢視這些因子，看是哪些因子能夠促進一個人在各層次的健康與快樂；在經過三十三年第二階段的體驗式研究之後，我能提供的最佳祕方就是「甜美生活型態計畫」，因為這是能為我們的肉體、情緒體、心智體與靈性體，量身打造的唯一祕方。

對許多人來說，食物與性長久以來都被視為是生理需求與娛樂，而人類不管是將性視為生育繁衍的過程，或者將性活動作為一種純粹感官的愉悅而不創造新生命，這兩種面向都已經是被透澈研究的領域。同樣的，每年也有數十億美元花費在這些方面，從頂級餐廳到速食餐廳，從相對較新的神聖性愛課堂到赤裸裸的色情產業，人類在這些領域的生理需求似乎永無止境，同時因為缺乏適當的滋養，這些生理需求於是用很有創意的方式不斷為自己火上加油。

在西方世界尚未被深入檢視的，是如何把來自性慾、情緒、靈性層次的能量流加以應用並重新導向。根據某些研究與古老的教導，當我們能夠以特定方式去應用時，性活動可以是神性養分的一種形式。

我們已經發現，取用神性養分是一種內在煉金術能量流的過程，它的力量會因為我們選擇的生活型態而被激發，這個生活型態的一部分，包含靜心與使用程式設定編碼（梵咒），經由我們的原子與進入細胞的方式，從內在王國取用神性養分，這純粹是以一種不同於西方人認知的方式來利用能量的過程，另外一個利用能量滋養與強化身體的例子，是謝明德師父教導的療癒之愛修煉。

二〇〇二年十一月，當我們一群人聚集討論準備開始聖母頻率行星和平計畫之時，我有幸與謝明德深聊，廣泛地討論關於道家的修煉與神性養分之流。

我稱呼那些不再攝取實體食物為滋養的人為「食光者」（Light eater），這些人中有許多人多年來經常遇到一個問題，就是無法維持落地扎根的感覺，因為我們取用來滋養身體的能量是如此精微，不但覺得好像同時活在兩個世界裡，甚至覺得這個物質世界太過遙遠陌生以至於無法融入，因此許多神性養分第三階的食光者，寧願過著安靜獨居的生活。然而我們當中許多人有特定工作，需要在這個世界參與，要如何能夠腳踏實地的生活變成需要重視的議題，在這一方面我建議去練習氣功與道家的修煉，好讓我們能夠聚焦在這個實體世界，而不要感覺自己像是遙遠的局外人一樣，有些修煉像是「鐵布衫」或許其他修煉法，都是讓自己能夠能量充沛地扎根落地的方法。

另一個常見的問題是，當我們的敏感度變得太高時，吸收到與自己差異太多的能量，這部分我們在第四章已經探討過，我們也可以利用第十一章提及的幾種生物能場儀器來因應這個問題。

然而當今世界上，食光者的人數遠低於性活躍者的人數，於是我決定將下面的訊息收錄在這一章裡，因為「小周天」修煉對所有人來說都是一個非常強大的滋養來源，不管攝取實體食物與否都是一樣的。當我們讓自己以普拉納為唯一滋養來源時，也就是進入神性養分計畫第三階的時候，我們的性能量會發生變化。

如同許多道家大師一樣，謝明德的研究聚焦在使用氣或普拉納來滋養身體，同時取用外來與內在兩種能量來源。藉由特定的方式先增加氣，使之流動循環於我們整個系統，我們便可進入神性養分頻率管道，並且在現代世界裡扎根且持續活躍。

道家的訓練方法能夠將氣或能量保存與轉化，並利用它在身體內創造一座神聖的聖殿，這個聖殿則變成可供個人取用的氣的儲存庫，使人因此能夠總是維持在極佳的健康狀態。藉由整合流經大腦、性器官與所有器官的能量流，所有的器官都有其特定能量迴路，也能因此被這些能量滋養，維持在最佳狀態並擁有最長的壽命。

謝明德在他的著作《療癒之愛——開發性能量》（*Healing Love-Cultivating Sexual Energy*）一書當中寫道：「道家認為性高潮的能量是身體本質中最好的精華，取自所有的器官、腺體與細胞，經由性興奮過程中的電化學作用而來，身體此刻會認為要創造新生命、一個小孩，所以會分泌它最好的能量來創造這個新生命。」

根據謝明德的說法，即使只是最簡單的對所有器官微笑，也會促進健康、活力以及滋養的能量流，這個技巧我也用來每天不斷地以最誠摯的意念，重複地對身體說「我愛你、我愛你、我愛你」。很顯然，這個技巧必須伴隨特定的生活型態，對身體證明你是愛它的，你已經準備好以敬意來對待它。

謝明德認為，性能量特別有種傾向去結合或放大我們的基礎情緒，所以我們愈是經常選擇去感覺愛與正向思考，整體來說就愈能強化我們的能量。因此，道家的教導同時也強調掌握心智和情緒的力量，推薦大家用道家六字氣訣來清理器官，讓器官所儲存與攜帶的氣能夠更有效率的被身體使用。

利用來自生殖、靈性與心的能量中心的能量，來滋養我們的生物系統，這意謂著我們能夠在所有層次促進、遞送、保持最完美的健康狀態，在任何年齡都能擁有更年輕的外表。

就如許多靈修者所知，我們身體所產生最強的三種能量是：

一、為建構新生命的生育繁殖能量，這是一種經由性興奮與結合所產生與增加的能量。

二、由我們的第六感或第七感所產生的靈性能量，來自其相應的腺體——腦下垂體與松果體被活化，且我們的頂輪與眉心輪是打開、調頻對準並且強壯的。

三、我們的愛的能量從我們的心輪產生（請見本章第九點「心的純淨」）。

當這些能量結合並在身體裡循環時，經由靈修技巧，它們可以被導向去滋養我們身體的細胞、器官甚至是骨髓，這其中也包括謝明德教導的道家能量工具。

除了基礎的呼吸工具，謝明德著作《性反射療法——愛與性之道》（*Sexual Reflexology-the Tao of Love and Sex*）中所提到的「小周天」靜心，是一種很棒的方式來融合與轉化這些強而有力的能量，將之轉變成對身體更加滋養的物質，而不會像傳統西方性修煉那樣浪費這種漸次建構的能量。對於這方面修煉有興趣的人，建議閱讀上述書籍。小周天靜心是一種簡單的方法去引導這些能量，並清新滋養與活化大腦、神經系統、內分泌系統以及器官，尤其是在我們感覺疲憊的時候。如同謝明德所言：「性能量對大腦來說，是種即時補充的能量（食物）。」

他也寫道：「如果伴侶雙方都已經開啟他們的小周天，那麼男女之間自然相吸的極性就會被大幅放大，能量流也會變得更強，因為這些管道餵養所有的器官與相關的經絡。

「這個平衡與滋養的交換，是療癒之愛修煉的核心，最後也會讓勤於修煉的學生能超越性愉悅而達到長壽與永生。」

我是因為這些理由而推薦謝明德的著作，下圖5是一張很簡單的靜心示意圖，能讓我們促使這些能量循環並利用這些力量滋養我們自己，一開始是自己單獨修煉，之後若想要，可與伴侶一起修煉。

【神性養分計畫．技巧十一】小周天靜心

讓自己舒適地坐直，背脊挺直並安靜地靜心。

- 複誦愛的呼吸梵咒，吸氣時誦唸「我是愛」，呼氣時誦唸「我愛」，同時吸入取之不竭的愛進入你的心，然後將這份愛往下送到你的性器官。
- 使用內在微笑的技巧，對你的心微笑，對你的肺微笑，對你的性器官微笑，對你的眉心輪微笑，對你的頂輪微笑。
- 將舌頭頂住上顎，慢慢地往後滑動，如同你在尋找神性花蜜（Divine Amrita）的滋味（參見技巧13）。
- 開始收縮、放鬆你排尿時用來解尿與停止的肌肉。
- 當你在收縮時，想像你從卵巢或睪丸汲取能量往下送到你的會陰部。
- 從卵巢或睪丸汲取的這股能量，觀想一種顏色來代表。
- 繼續規律的收縮放鬆這些肌肉，並感覺這股生殖能量不斷累積。
- 當你繼續在收縮你的會陰之時，想像將這股能量往上送到你的脊椎底部。
- 持續收縮與放鬆肌肉來累積更多能量，並持續將能量送到脊椎底部，想像能量被保留在脊椎底部並與亢達里尼（Kundalini，又稱拙火）能量相

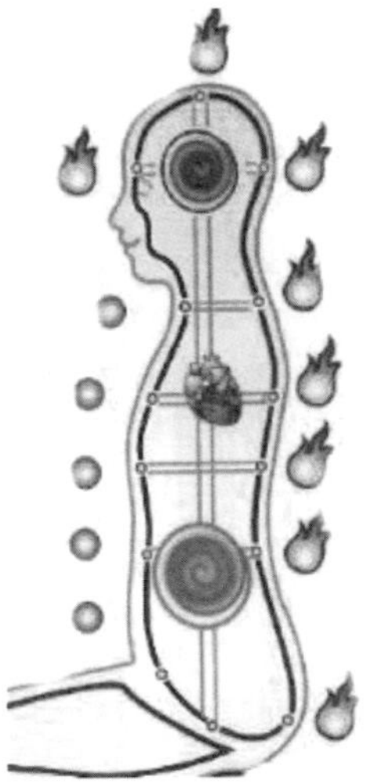

圖5

混合。

- 然後在收縮動作之時想像將能量往上發射，從會陰到脊椎底部，然後沿著脊柱直直往上，一直到揚升脈輪，揚升脈輪位於頭部背面一般綁馬尾的位置。
- 重複上述同樣步驟，但這一次將能量往上發射之時，經過揚升脈輪之後，進入頂輪。
- 為這股能量觀想一種新的顏色，在不斷收縮放鬆肌肉的同時，舌頭維持頂住上顎的狀態，並將更多的能量沿著脊椎往上送到頂輪，想像能量流經過眉心輪。
- 然後想像這股能量流從眉心輪流進你的心輪，最後與性能量、靈性能量、愛的能量都混合在一起。你可以用意念跟隨這股能量流，並以「性、靈、愛，性、靈、愛」這個梵咒來為它導引方向。這背後的概念是，如果我們將性能量加上靈性能量與愛的能量的話，那麼我們內在能量層次就能達成完美的平衡。
- 最後，在你持續不斷收縮與放鬆那些肌肉，並將更多能量沿著脊椎往上送的同時，能量經由那些靈性能量中心（脈輪）進入到心，你想像這個能量流從心再流動到會陰，如同一個完美的軌道路徑，然後繼續往脊柱流動。
- 不斷地重複，直到你感覺這個能量流動已經變成非常自然的循環軌道，這也就是我們稱的「小周天」。當這個流動加速時，為這股能量想像一種顏色，信任那個立即浮現在你腦海的顏色，正是現在最適合你的。
- 到最後，你可能會感覺到彷彿這個能量循環發生的如此自然，甚至不再需要你去做收縮、放鬆肌肉的動作。

- 一旦你精通小周天靜心之後，你可以將這個練習帶入你的性活動裡，可以是你坐在伴侶的腿上，或伴侶坐在你的腿上時，兩位一起躺著的時候亦可。在跟伴侶一起練習時，唯一需要做的調整是，一旦能量流啟動之後，我們可以將這股能量從我們的心輪送入伴侶的心輪，並想像能量隨之往下流進對方的身體，再從脊椎往上流動等等。或者我們可以從眉心輪送到對方的眉心輪。不管經由哪個脈輪，記得要讓能量的流動在穿越兩人身體的時候，永遠是維持數字8也就是無限符號的交叉路徑。
- 建議將每天早上五分鐘個人小周天的練習，變成一種「內在早餐」的習慣。

此種能量融合，加上無限符號的應用，能夠為我們帶來一種更加和諧的分享狀態，並幫助我們開啟心電感應的連接，尤其是如果我們使用眉心輪來傳送能量的話，同時會讓我們變得更敏銳，更能與彼此同頻，打開門戶通往心的高潮與腦高潮。❸

西藏喇嘛利用小周天是流傳已久的修煉之一，不只用來重新導向禁慾未用的性能量，並用這股能量來餵養他們的骨骼架構，包括他們的骨髓、器官、經絡、血管以及整個肉體的生物系統；因為融合這三種能量時，身體會從我們內在天然的能量儲藏庫中釋放一種強大的滋養力量。

注❸：本修煉法詳細步驟請閱讀謝明德著作《小周天與性能量療癒》（*Microcosmic Orbit and Sexual Healing*）。

有趣的是，當人類生物系統進入慈悲與無條件的愛的振動頻率當中，並融合性興奮的能量時，一種新的化學反應會在身體內產生，這個反應產生的共振頻率為8赫茲，這個頻率剛好接近阿法波與西塔波的臨界頻率，西塔波的頻率是介於4赫茲到7赫茲範圍之內。在這個新的化學反應狀態裡，身體的每一個細胞都被神聖之愛所滋養並感覺到完全的滿足，當我們調頻進入西塔波這個過程便會自動發生。

在靈修者圈子裡，神聖性愛變成愈來愈常見的滋養修煉，但是在神性養分的旅程中，較少人理解的是紫羅蘭之光、腦下垂體與松果體扮演的角色。

八、內在神性自我的力量

內在神性自我的力量是經由前述技巧五當中的八要點生活型態，自然而然啟動的，而技巧10的程式編碼，能夠將我們的生物系統維持在特定頻率，並對神性養分管道敞開。我們的內在神性自我是生物系統最原始的「老大」，我們感謝祂的臨在，調頻對準祂的頻率場，持續與祂一起工作，愛祂且被祂所愛，與祂融合並臣服於祂，如果我們希望體驗長久的健康快樂，找到內在的平安與豐盛，這些是我們能做的最好事情之一。

內在神性自我的力量是第二階、第三階主要的養分來源，每個人都能夠與之連結，並在肉體、情緒體、心智體、靈性等各層次受到祂的滋養，如同我們一再重複述說的，我們的內在神性自我即是神。如果沒有內在神性自我來驅動我們這個生物系統的話，我們是不可能活著的，但是內在神性自我能做的不只是讓肉體呼吸而已，內在神性永遠連接著神性養分管道，為了能夠成功地接受內在神性自我的滋養，我們需要保持特定態度，進行特定靜心（如本書之靜心技巧），並定期祈禱，好讓我們與神性養分管道的交流能夠保持通暢，而這些祈禱必須誠摯地發自內心。

當我們檢視獲得所需養分的來源時，態度也是最重要的指標之一，研究顯示正面思考的人壽命較長，而減量輕食的人通常也較長壽。

日前，為了我的免費線上雜誌艾拉妮絲之聲（*The ELRAANIS Voice*）而對蘇迪爾．夏醫生進行的專訪當中，他談到：「態度決定了一個人、一個宗教社群、一個機構、一家人等的進展，說態度非常重要是一點也不為過的，而查爾斯．史雲多（Charles Swindoll）的話正足以說明。

「我活得愈久，就愈明白人生態度的重要性。對我來說，態度比事實真相更重要，比過去更重要，比教育、成功更重要，比其他人想些什麼、說些什麼或做些什麼更重要，也比外表、天賦或技巧更加重要。態度可以決定造就或毀壞一家公司、一座教堂、一個家。最棒的是，我們每天都有機會選擇當天要用什麼樣的態度來擁抱那一天。我們無法改變過去，無法改變某些人用特定的方式行事，無法改變無可避免之事，我們唯一能做的是彈奏我們擁有的弦，而那就是我們的態度……我深信所謂的人生，是指百分之十發生在我身上的事情，加上百分之九十決定如何對之反應，對你們來說也應該是如此，我們掌握了自己的態度並對之負責。」

我們稍後會再聽到更多蘇迪爾・夏醫生的見解，關於取用眾神食物、神性養分管道的益處，因為這個方法能夠提供完美的滋養給全人類，來創造健康、快樂、和平與豐盛，並共創一個地球上的天堂。

圖6：
古老智慧的紫羅蘭之光的三量火焰據說存在於我們的心輪。

根據靈學所言，只有一種力量有能力在地球上創造天堂，只有一種力量能夠以顯露我們更高本質及共同連結的方式來團結我們，只有一種力量是無法被腐化的。

只有一種力量驅動我們的呼吸，使之充滿我們的原子，並賦予我們七種感知力來體驗具有這個肉身形體的美好。這份力量也就是操控著每個人類個體六・三兆細胞的電腦大師，這份力量是強大、全知、全愛、全能、全有的，遍布內外，我將之稱為內在神性自我，而祂也是我們無所不在的聖哲（DOE – the Divine One Everywhere）。

我們的內在神性自我，唯一想要的是我們知曉祂的存在，知曉並勇敢面對，據之以行動且保持靜默，允許其光輝為我們發聲，顯露其奇異恩典。這意謂著六十億人共創和諧，接受這唯一的力量指引，這份力量存在於所有人的內在，並無二致，因為內在神性自我超越了心智、小我、文化與基因的影響。

我們的內在神性自我與紫羅蘭之光

我們的內在神性自我在肉體、情緒體、心智體層次來表達自我的方式，是經由愛與光的波動。這份愛，是當我們在靜心冥想並且尋求與內在神性自我合一的體驗時，所感受到的，它能滋養我們的肉體與情緒體；而這道光是當我們聚焦在第三眼並啟動活化我們的腦下垂體、松果體與下視丘時，所看見的光；松果體與下視丘就像是我們的內在電視螢幕一樣，讓我們能夠看見內在神性自我的紫羅蘭之光，這個同樣的光帶著光的密碼，同時帶著光的信息，來自無上智慧的本源，同時也被許多人稱之為神，就是這個光滋養了我們的心智體。

道、紫羅蘭之光與北極星

在古代「道」的學說裡，據說紫羅蘭之光譜透過北極星的定點來到我們的物質地球，當我們與北極星連結時，就不受人世間自然界的生死循環牽引。談到無上本源滋養，道家稱之為「無極」，無極是宇宙能量的中心，天地由此而生。

道家大師說，體內有三扇可以接收無極滋養的門戶，分別是等同於眉心輪的上丹田，等同於心輪的中丹田，以及等同於臍輪的下丹田；當頻率對準時，三個能量中心就會連結我們內在的天與地。道家的心有七層，七個電磁場以及七種慈悲的狀態。

謝明德在他的小冊子《黑暗術》（*Darkness Technology*）第七頁寫道：「北斗星的紅外線放射，結合北極星的紫外線，對知道如何取用此類光線的人的身體與心靈，具有正向、滋養性的影響。道家相信，北極星、北斗七星以及其他星座形成『天門』。所有生物必須通過這些天門才能返回到無極，也就是與道合一的狀態。」根據次元生物場科學的說法，「道」或「一」在人類的生物系統內表達祂自己，祂是有意識的動力，我稱之為「內在神性自我」。

謝明德也在第八頁寫道：「作為『陽』的松果體，與作為『陰』的下視丘腺體兩相平衡。道家認為，這是宇宙動力的總開關。當靈體（內在神性自我）覺醒時，它會駐留在下視丘。當松果體與下視丘連結時，就會釋出強而有力的平衡力。」道家還談到，一旦開通靈性大釜或內在的能量源頭，即可治癒並餵養肉身，且可保持長壽，想要的話，甚至可以永生不死。

在第十一頁，謝明德還談到，當松果體被啟動活化時會發生什麼狀況：「松果體引動一連串的抑制性反應，容許慧見與作夢狀態出現在我們有意識的覺知裡。最終，大腦合成『靈性分子』——五—甲氧基二甲基色胺（5-MeO-DMT）與二甲基色胺（DMT），促進宇宙之愛與慈悲的超凡經驗。」

有趣的是，謝明德的研究還指出，當下視丘被啟動活化時，不僅會調節血壓、體溫、水分與電解質平衡，也會經由一個動態均衡的過程調節體重。結果，當松果體滿溢著紫羅蘭之光，且經由光流與程式編碼啟動並與下視丘連結時，我們可以有意識地將「完美體重」編排到自己的實相，似乎就顯得相當自然。

另一個有趣的道家觀點是，北極星操控大約五千億顆星星，地球是其中之一，而宇宙有六兆多顆星星，等同於我們身體的六兆多個細胞。我發現道家學說最有趣的其中一個觀點是，他們說只有紫羅蘭之光可以成功地被編排。

在第十一章裡，我們將詳述聖哲曼的「紫羅蘭之光三重火焰」（見圖6），以及「馬爾他十字」的重要性。

以紫羅蘭之光餵養並滿溢生物系統

讓身體細胞滿溢著西塔—德爾塔波頻率的紫羅蘭之光，這是另一種會產生驚人效果的滋養工具。正如之前討論過的，靈視力、靈聽力、靈感力、肉身不死，有能力百分之百使用大腦，有能力擺脫老化、喝水、進食或是睡眠的需求，以及有能力分身或傳送全像投影，凡此種種狀態，全都仰賴我們維持與西塔—德爾塔波的深度連結，同時不斷敞開內在門戶。

大部分的靈修者現在都能覺察到，每一個細胞都擁有分子，而分子則由內含百分之九十九點九空間的原子構成。這個空間是一片純淨的智能，一個活生生的有機體，充滿著內在神性自我的意識。藉由使用討論過的這類程式以及能量轉換工具，我們可以學會敞開內在的門戶，改善已打開的門戶所流入的資料下載速率，或是打開場域，接受更大布局在此的奇特頻率。換言之，使用這些靈修工具，人們可以邁入更加正向的實相，以更加健康的方式餵養自己。

當內在神性自我應邀以紫羅蘭之光滿溢我們的系統時，祂的表現就像電腦病毒清除程式，可以自動治癒並滋養我們，尤其當採用的是「完美健康」、「完美平衡」等等程式的設定編碼時，更會自動治癒並滋養我們。

一旦這些內在門戶敞開，我們就可以讓身體細胞滿溢著不斷經由脈輪流動的純淨紫羅蘭之光。如果能建立統一的脈輪光柱，這情形會更容易發生（見圖7與圖8）。我把這套系統叫做「滿溢」（flooding）。滿溢也可以經由一套生物回饋迴圈系統操作，只要原始的能量動力被建立起來。

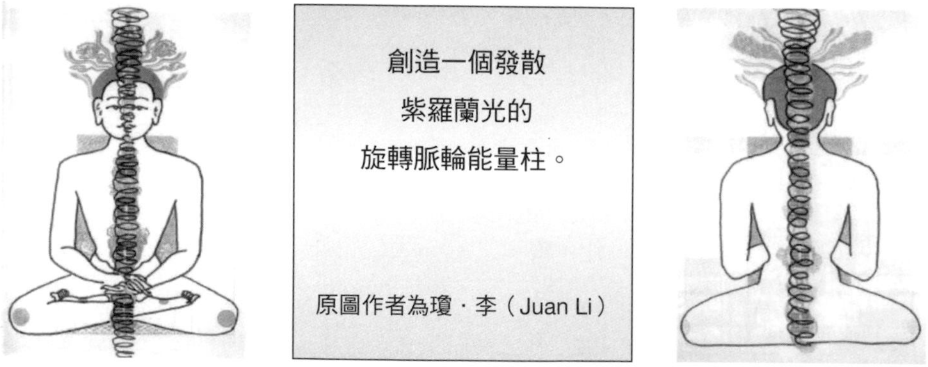

創造一個發散
紫羅蘭光的
旋轉脈輪能量柱。
原圖作者為瓊．李（Juan Li）

圖7與圖8

【神性養分計畫．技巧十二】沉浸在紫羅蘭光中

我把下述工具視為神性養分計畫中最強大且最重要的工具之一，因為它來自神聖之愛、神聖智慧、神聖力量構成的本源，因此人類的生物系統可以得到完美的滋養。

首先，練習如下的脈輪擴展，建立一道光柱或是光的旋轉通道。這是將紫羅蘭之光連接到內在神性自我力量的源頭，而且最好先採用技巧1、2以及第七章的技巧16讓自己歸於中心，再進行脈輪擴展。

● 步驟一：想像純淨的紫羅蘭之光經由頂輪流入，以它的力量滿溢並擴展每一個脈輪。
● 步驟二：想像每一個能量中心隨著這道具滋養作用的光增大並擴展，直到每一個脈輪觸碰到下一個脈輪，形成一道旋轉的光柱為止。
● 步驟三：想像這道旋轉的光柱放射著數百萬道紫羅蘭之光，進入你的細胞，然後進入你的原子。
● 步驟四：想像這些能量構成的紫羅蘭之光正經由你的原子放射，而且正在開啟內在門戶。
● 想像這些光線擴展到最大膨脹點❹，然後從內在場域吸引紫羅蘭之光，接著收縮回來。

注❹：最大膨脹點（maximum expansion）由被傳送光線的速度、功率以及效力決定。

● 步驟五：想像這些充滿紫羅蘭之光的光線接著回來再次滿溢一顆顆原子，然後進入細胞，進入器官、血脈、經絡等等，直到你的整個生物系統滿溢著這樣的紫羅蘭之光為止。

● 步驟六：想像這個「擴展、吸引、收縮」過程自動地發生，就像呼吸一樣，使你的細胞不斷調頻至紫羅蘭之光構成的內在場域。

第二、三階滋養需要上述靜心

每天練習技巧12，有助使脈輪變得更強健，當這道光與我們的呼吸結合時，就會開始建立它自己的生物回饋迴圈系統，然後自動將我們調頻至西塔—德爾塔波頻率管道。會發生這種現象，是因為那正是這些具蛻變作用的紫羅蘭之光頻率的特性，能以磁力吸引內在場域的紫羅蘭之光回歸自己，原因在於它們得到指引，深知每一件事物都是一個偉大整體的一部分。

這個靜心和脈輪光柱場的效力，同樣取決於我們的生活型態，以及將本書建議的步驟應用到什麼程度。有許多方法，可以將身體系統調頻到內在神性自我的西塔—德爾塔波場域，在此，真正的滋養才是可能的，而且好處難以形容。隨著愈來愈多的西塔—德爾塔波能量被取用，我們愈來愈知道，關於人類的生物系統我們所知甚少，因為所有已知的法則都變成只是整體的一層，而整體宏大許多。每一個層次、每一個場域都有它自己的一套法則和動力，它們是那個「一」的場域的數學子集，萬物由

「一」而生，有些人又稱之為宇宙電腦或神，或是造化的原點。正如狄帕克．喬布拉在他的著作《看見神：認識神的七種面貌》（*How to know God*）分享的，物質場是量子場的子集，量子場是虛擬場的子集。

在次元生物場科學中，數百萬道光線不斷地透過每一個細胞放射，且透過我們的原子進入內在宇宙，只要能量擴展和收縮，只要同類相吸，我們就可以引導這些紫羅蘭之光的能量線，從內在場域吸引更多的紫羅蘭之光譜。

雖然西塔—德爾塔波場域以及所有其他場域的動力，都是由宇宙法則所支配，但所有場域都是開放的，可以重新調入和調出西塔—德爾塔波場域，所有門戶對此區都是不斷地開開關關。這個「方法」僅關乎我們的生活型態和特定的程式編碼，它們的作用就像軟體程式，我們可以運用它們更有效地執行肉體的生物系統硬體。

生物回饋迴圈導致與場域的交互作用，改變場域的共振。與共振相關的詞彙是頻率，在物理學上，頻率是若干的波在單位時間內經過一個定點，也是週期性運動的物體在單位時間內經歷過的振動週期數。一個週期性運動的物體，在經過一系列事件或位置，然後返回原初的狀態，就被認為是經歷了一個週期或一次振動。

個人的頻率決定我們可以取用很多或是少許的神性養分，以及可以錨定在西塔—德爾塔波場域多久時間。頻率可以經過調整，如此，生物系統的情緒與心智面向，才會發現自己存在另一個次元內，一個更加精緻而微妙的國度，與一般存在於貝塔—阿法波場域的多數人相較，這帶來更深層次的實現。

在德爾塔波與西塔波場域內，紫羅蘭之光是我們可以取用並發揮至善的最純淨光譜，它是靈性自由的第七道光。這是一個特別的能量帶或光子能量，是一種遍布於整個內在場域網絡的特別頻率，它一旦被下載並重新導引至我們的整個肉體、情緒體、心智體和靈性體的生物系統，就會創造出強大的轉化與蛻變。不過，當這個光譜以特定的聲音與編碼設定時，最大潛能就會受限。

這可以解釋為什麼「甜美生活型態」步驟八聚焦在神聖聲音，因為自盤古開天以來，神聖聲音就被原住民部落和傳統宗教利用了數百萬年。這麼做是因為他們知道，聲音的力量可以將生物系統的頻率調至西塔─德爾塔波場域，當然，一開始是先從貝塔波場域穿越至阿法波場域。

外子與我有一次在巴黎見識到，神聖聲音的力量可以對我們的生物系統造成何等驚人的影響。我們有習慣在路過的教堂、清真寺或是吸引我們的地方靜心，而我通常得到指引，要進行某種涉及微調不同場域的次元生物場工程，因此，出遊不但是有所目的，而且是輕鬆愉快的。

我最喜愛的消遣之一是坐在樹林間、公園內和禮拜場所，在這些地方可以感覺到、看到、聽到、或感應到神性的力量。因緣際會下，我們在蒙馬特區路過了一座教堂，這座教堂堅強地矗立在酒吧和性愛商店林立的一條觀光街道上。那兒的禮拜堂顯然有人使用過，感覺上最為溫馨，因為當我們坐定時，那裡的能量整個在蛻變。在小巧的聖麗塔教堂（Church of St. Rita’s）的四周牆壁內，明顯地感覺到與我們一直祈禱、渴求、邀請的聖靈之間有一份深度的連結。比起聖麥可大教堂與巴黎聖母院大教堂，聖麗塔教堂樸實無華，但這座簡單的教堂卻擁有一份那些擠滿觀光客的大教堂所望塵莫及的魔力。

我們享受過那間禮拜堂，感覺到它以其西塔—德爾塔波餵養我們，然後搭地鐵到聖麥可大教堂，這是一座令人驚歎的大教堂，幾世紀以前為方便法國皇室禮拜而建。這裡擠滿觀光客，因為教堂的彩色玻璃牆宏偉壯觀，而教堂本身則擁有非常強烈的貝塔波，強烈到蓋過更加精微的任何東西。突然間，當我們坐在那裡看著眼前的一切，擴音系統開始播放「葛利果聖歌」。自豪、強健、虔誠、有力，教堂內的僧侶們以齊一的聲音與所有女低音和顫音一同唱了起來，並盡其所能集結一切，於是突然間，那裡的能量亮了起來，人們開始坐下，整個場域變得比較輕盈、比較有生氣。大家停止交談，室內瀰漫著一份神聖的肅靜。看見此景真的是奇蹟，突然間，我們親眼見證神聖的聲音如此強而有力，可以迅速將鬧哄哄的貝塔波場域調成比較平靜的阿法波場域。

本書從頭到尾，我們談到不同的波，以及我們錨定在阿法波、西塔波或德爾塔波場域的程度，始終完全取決於我們的渴望、態度和生活型態，以及目前為止討論到的那些事物。但有些可以採取特定行動加以應用的場域裝置，將會帶來特定的結果。再次強調，我們需要誠實地看待自己的生活，看見我們需要下載或應用哪一種程式編碼，以便得到哪一種結果，如此，我們才能夠深入由紫羅蘭之光為主調的場域編織科學。

神祕學家早就知道紫羅蘭之光是最強大的蛻變工具，它由三種頻率帶構成。第一種是攜帶神聖之愛的粉紅色光波段；接下來是攜帶神聖智慧印記的金黃色波段，然後是攜帶神聖力量印記的藍色波段。當神聖之愛、神聖智慧與神聖力量融合在一起，我們全體都會進入一種自由的狀態，在此，我們可以光榮地表達自己的「神性本質」。

神聖之愛、神聖智慧與神聖力量也是原始創造的三種頻率，所有的生命和智能全都由此誕生，然後穿越阿卡莎（Akasha）場域支援發生在量子場內的創造過程。因此，紫羅蘭之光波段攜帶完美轉化、完美療癒、完美重建、完美一體、完美流動的能量，所以在所有層次上都是相當滋養的。

甘露——眾神的花蜜

除了來自松果體與下視丘之外，內在神性自我也可以使用另一個主要腺體來滋養我們，這項工具在古印度便廣為瑜伽士所知。當我們的腦下垂體被啟動並浸潤在紫羅蘭之光中時，它會開始增加一種帶來甜味的產物分泌，這種激素被認為是內在的青春之泉。

這種液體在古印度吠陀經中記載為「甘露」（Amrita），當我們沉睡時會分泌極微量，但是當我們覺醒時，也就是靈魂逗留在下視丘時，主要腺體松果體與腦下垂體都被啟動活化至更高潛能時，甘露分泌量便會增加，據說其量足以餵養滋養我們的生物系統，以達成神性養分第三階的狀態，從對實體食物的需求中解脫開來。

以下技巧是為了刺激腦下垂體增加它神性甘露的自然分泌量，技巧包含兩部分，第一部分是廣被習武的人所熟知。

【神性養分計畫．技巧十三】神性花蜜頻道

● 第一部分包括將舌尖輕輕地放置在口腔上顎，基本上這連結了身體能量的電磁流動，如同小周天靜心技巧。

● 第二部分需要我們去刺激腦下垂體，將舌頭往後滑動，盡力讓舌頭往後，最後捲曲在喉部最上端處的懸壅垂之下，懸壅垂就像U字型懸吊在口腔後方的部位。為了做到這個練習，我們必須伸展舌下的肌肉，好讓舌頭能再進一步往後，然而這類靈修工具最棒的是，真正使其發揮效用的是我們的意念，而非技巧。

● 如果我們每天都能用意念使舌頭往後多伸展一

啟動活化我們的腦下垂體與松果體

圖9與圖10：

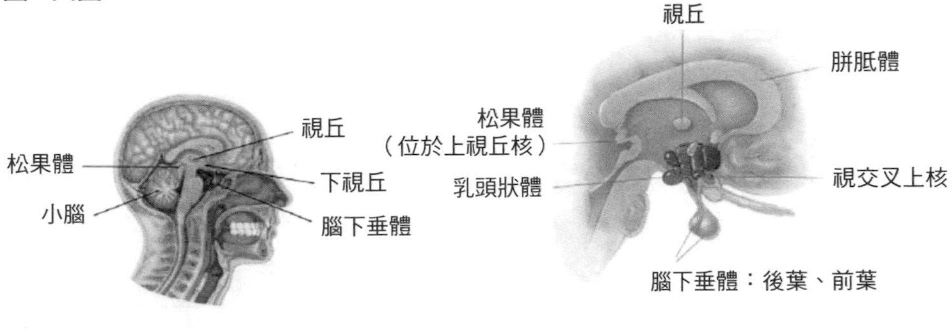

以上二圖出自謝明德的《黑暗靜心技術》手冊

點，帶著意念知道每當舌頭在這個位置時，我們就會刺激腦下垂體分泌更多甘露，那麼它就能夠分泌更多的甘露。

當你在口中嚐到這個花蜜般的味道時你就會知道，因為它有一種難以忘懷的甜味，建議你們每天練習這個技巧，這個技巧會啟動活化腦下垂體，進而增加我們進入神性養分管道中機會。而且當你的舌頭用這樣的方式活動時，你不只讓自己的身體變得更青春，同時你也無法言語，這豈不是對這個世界一份很棒的禮物。這個技巧可以在工作中、搭車時、沖澡時、購物時練習，或者任何你記得的時刻。

【神性養分計畫．技巧十四】來自松果體與腦下垂體的滋養

我們啟動活化腦下垂體與松果體的主要工具，是按照「甜美生活型態」來過生活。這個計畫的素食與服務面向會自動增強我們對神性養分頻率管道的敏感度，也會吸收到更多阿法—西塔波頻率八赫茲振動的愛、智慧、善意與慈悲頻率。當這些腺體因滿溢著紫羅蘭之光而被啟動活化時，我們的生物系統也會吸引到更多的「虛空」和「宇宙火」高層元素，這兩種元素連結到這些腺體，也與我們的頂輪和眉心輪一同運作。在腦下垂體製造神聖甘露的時候，松果體會製造一種名叫松香烴（pinoline）的物質，同樣將大腦調頻至西塔—德爾塔波。

當這些腺體被啟動活化並調頻至西塔—德爾塔波時，它們的作用就像宇宙傳輸

站，讓我們得以更成功地仰賴紫羅蘭之光進食，而且這些光線不僅透過北極星流動，也透過我們的太陽，太陽的作用就像巨型的放射網格點，從內在場域的中央太陽下載傳輸資料。成功的第三階滋養仰賴的是這些腺體的啟動活化。

夏醫師在寫到這些腺體時說：「查閱近年來科學文獻的細節，也將這些文獻與古印度的靈性經文、西方神祕學和新時代相較，下述事項顯而易見。

「松果體的啟動活化是我們通靈與能量轉化過程的關鍵步驟。能量的處理與重新配送就是發生在這個腺體裡。松果體是所有內分泌腺體的指揮官，因此控制肱骨系統。此外，松果體還調節晝夜節律、睡眠與清醒周期，以及減緩老化的過程。它具有通靈的特性，是靈魂的活動中心，因此又名第三眼。它是譚崔系統裡的阿濟納（Agna或Ajna）脈輪，它的啟動活化可因長期的瑜伽修煉和靜心技巧，或是透過修煉太陽能量而達成，後者並不採用典型的瑜伽步驟。松果體也會抑制某些腫瘤的增長與轉移，還會刺激免疫系統。在鳥類和其他動物體內，松果體含有一種磁性物質，因此是鳥類體內的導航中心。

「科學家們目前著眼於松果體在人體內的磁性、導航特性。因此，啟動松果體並透過太陽能量充電，是一個極重要的步驟，也是通向宇宙能量公路的途徑。換言之，這可能是亢達里尼能量的啟動活化。

「自從人類開始忽略具備通靈能力的松果體，松果體便淪落到單純的物質層面，於是無盡的苦痛降臨人類身上。人類現在必須重新學習活化松果體以及其他的靈性體，透過宇宙能量動力、勝王瑜伽（Rajyoga）或譚崔的方法，或是其他這類修煉。亢達里尼能量據說是透過這些被啟動的，然後平靜的幸福與喜樂注定隨之而來。這輕盈的能量，可以被蛻變成體內含電的、磁性的或化學的能量。一旦這類能量經過處理，就一定可以傳輸且儲存在某處。其實，所有能量的終極形態都是光。能量和光可以被轉化成物質，然後再被轉化成能量。下視丘是自主神經系統的指揮官，而松果體就在自主神經系統附近，因此，新的能量傳輸可以啟動這套系統，或使用這套系統作為載具。

「副交感神經系統與其荷爾蒙、化學物質，可能比交感神經系統更加有用。交感神經增強身體的需求（例如思考對抗壓力、興奮等等），而副交感神經已知是為了降低能量需求。它使當事人保持清明與心智的平和，將新陳代謝的要求改變到較低的狀態，甚至進入休眠。可能還有其他的荷爾蒙與化學物質，而顳葉腦與大腦邊緣系統的角色也相當重要。它若不是擔任受體的工作，就是調節器，而且涉及在心靈上導引能量流向適當的通道。這股能量深入到大腦邊緣系統或延髓區，最終可以被貯存起來，而且有時候，可能被重新喚起、充電或回收利用。延髓包含一切維持生命的中心，可以說是生命能量的貯存區。

「因此，有能量接收器或受體、處理器、分析儀、轉化器、貯存器等等，可以解釋（神性養分的）能量後勤系統。由於這種能量運算，不同於我們傳統使用的食物和卡路里運算方式，因此我們稱之為『微食物』或『心靈利用食物』（Manobhakshi

Aahar Ttuûte ytnth）。目前我們已經談過『太陽』能，但一個人可以使用來自宇宙的任何能源，亦即空氣、水、植物、大地等等。這可以叫做『太陽科學』（Surya Vigyan），但同樣的還有我們的古代經文談到的『月亮科學』（Chandra Vigyan）與『森林科學』（Vanaspati Vigyan）。」

古代瑜伽大師與道家大師的修煉，包括花費好幾小時甚至好幾年在黑暗的山洞裡靜心，因為他們知道這類行為可以為靜心者引出驚人的意識層。現代的研究已經揭示，為什麼長時間待在黑暗中，可以讓大腦累積並合成引起幻覺的化學物質，例如，松香烴——那會影響大腦的神經傳導，也會將慧見與夢境帶入我們的清醒意識。正如謝明德在他談論「黑暗術」的小冊子裡談到的：

「在黑暗環境中，化學變化發生在神經內分泌系統裡，血清素轉變成褪黑激素，這使得生物系統準備好去接收更精微的能量，一些涉及較高階的意識體驗，例如神聖交流、神聖啟示、神性溝通。

「褪黑激素是在松果體內製造的，影響著主要的器官系統，它使交感神經安靜下來，讓心靈與身體一天比一天年輕。當過多的褪黑激素經由長期處於黑暗中而被製造出來時，作夢與睡眠狀態就可以搭橋銜接清醒意識，於是我們更高階、更真實的本質開始顯現自己，我們會感覺到重新連結至一切滋養與生命的源頭。」

許多神祕學都相信，靈魂在睡眠時會脫離身體，融入更高階。更純淨的形式，成為神性火花，同樣的事也發生在長期的黑暗靜心期間。這叫做靈魂進食時間，因為在這裡，靈魂可以暢飲西塔─德爾塔波頻率，同時接收到它需要的純淨滋養。啟動活化體內各大腺體的另一個好處是，我們可以在清醒期間，經由我們的靈魂，以一種比較有意識的方式得到餵養。

九、心的純淨

如果我們的渴望是在肉體上完全仰賴普拉納的滋養（第三階），那麼心的純淨就是成功達到目標的主要條件之一。純淨的心是生命提供給我們的，它來自我們的生活體驗，以及因對事件的觀感而做出的選擇。如果我們希望有意識地將更多的神聖之愛，吸引到我們的內在與外在場域，那麼我們的觀感以及在人生境遇中選擇如何回應他人，就是取用神聖之愛頻率管道的強大工具。

心的純淨決定我們可以取用哪一層次的滋養，來餵養我們的靈性體、心智體、情緒體和肉體。在神性養分的遊戲中，什麼決定純淨的心，如何實現純淨的心。以及純淨的心為何重要，是需要回答的三大重要問題。

為了考驗和確定純淨的心，我們來到批判的國度。批判的本質是一股能量，限制我們進入神聖之愛頻率管道的大門，神聖之愛頻道其實是無條件的愛構成的河流，沒有空間容納批判。請記住，辨察（discernment）與批判是不同的能量，對剛入門的靈修者而言，辨察是自由的必要工具，而批判——包括批判自己和他人——則會造成局限。不過，我們可以分享有助於淨化人心與達成第二、三階滋養的行為。

幾種行為要素如下：

- 當涉及他人時，總是渴望並實現共贏，而且承諾履行惠及眾生的結果。
- 「愛的呼吸」靜心擴展我們吸引、持有與放射神聖之愛的能力。
- 對完美無瑕作出承諾，並採取完美無瑕的行為，這意謂著，不論情況如何，始終盡己所能，表現得彷彿我們是大師一樣。
- 以慈愛和支持的態度，誠實對待自己和他人。
- 以真誠的慈悲心對待他人，帶著愛意覺察他人，換言之，真正關懷他人的福祉。
- 無私的服務，不求回報地付出，並以恰當的方式滋養另一個人，不讓對方覺得欠你人情，換言之，慷慨地付出時間、關懷、愛、金錢等等，付出得正向而有力，不流於自誇。

純淨的心很重要，它開啟西塔—德爾塔波場域的門鎖，釋放出我們的最大潛能，因為真正的智慧與神聖力量，只賜給懂得看重並明智地使用這些禮物的人。更高的奧祕與更高的境界，總是將真正禮物賜給有愛的人、睿智的人、心純淨的人。

充滿仇恨、疑慮或懷疑、批判的心，因受傷而築起高牆而避開他人的心，需要先得到療癒，才能取用高層國度的一切榮光。這意謂著，當我們那顆靈性的心築起高牆或阻塞不通，終將為肉體的心帶來問題。我們帶著有毒的飲食、有毒的思維、有毒的感覺模式，這使得現代世界的心臟病發病率日漸上升而且居高不下。如今，西方男女的頭號殺手就是心臟相關問題。

十、狂喜與元素平衡

我們知道，當腦下垂體與松果體被紫羅蘭之光與甜美生活形態計畫啟動活化時，它們會使腦波模式持續錨定在西塔—德爾塔波場域。我們也知道，當元素進入特定的平衡狀態時，我們可以讓身體擺脫老化的局限或需要地球資源的需求。只要我們達到絕對喜樂與狂喜的最大德爾塔波模式，滋養品便可透過身體釋放出來，而在繼續討論這類滋養之前，我想先回顧一下下列要點。

元素與場域

研究神性養分十年後，看見了「自給自足模板」（Self-Sustaining Template）的實相。我們在之後會詳加說明。不過，更進一步調查這個次元生物場裝置如何運作時，我發現了「元素平衡」（Elemental Equilibrium）的祕密。

元素如何聚合在一起，成為我們光體周圍以及脈輪系統周圍的分子，是由我們的心智層面與情緒層面的實相所決定。當火、地、水、風、虛空、宇宙火等元素達到完美的平衡，生物系統就會進入不同的能量帶，成為自給自足的。只要當這個平衡達成時，我們已經建立了可以支援的能量網格，而且新增了必要的自動啟動程式編碼。

這個平衡被達成後，由我們的日常生活型態以及心智、感覺的狀態加以維繫。當一個存有的敏感度足以搭橋銜接所有國度，那麼掌管大自然元素的眾神，就可以被喚起並得到指示去重新安排，以支援完美的「元素平衡」實相。這會將我們的生物系統帶進另一層次的自由，因為眾神的食物將會滋養並滋潤生物系統，使它得以擺脫進食、老化或睡眠的需求。這需要一種極度專注的狀態，基於當前全球生物場大眾頻率的緣故，要維持這樣的頻率相當困難，然而，當更多人調頻至神性養分管道，維持這些實相場域就會變得更容易。

為了了解眾神的食物到底是什麼，以及它來自何方，我們需要了解下述解說，它詳細闡述了我之前寫過的元素資料：

根據古代智慧，實相層面的所有元素全都來自「宇宙單子」。物質宇宙是所有其他六個元素的精緻載體。開展的過程愈是趨向物質領域，高階元素的影響力就日益微弱，因為元素「發光本源」的影響場域被縮小了。

要理解，下述七種元素是彼此滲透、相互交織的。每一個元素都是從前一個元素產生出來的，因此複雜度依次增加，不僅包含它自己的獨特個性，也包含之前元素的面向。

（一）宇宙單子（Cosmic Monad）：第一個且是未顯化的「宇宙法則」（Logos），分成地、火、水、風、虛空、星光體、宇宙火七個元素。眾神的食物就是從宇宙單子以最純淨的形式流出。這個層次的頻率與純度太過精微，我們的肉體應付不來，強行應對，只會燒壞系統的電路，因此，必須透過內在場域網格往下降，才能為人類所使用。

（二）虛空（Akasa）：「宇宙靈魂」的起源，宇宙中一切智能秩序與律法的源頭，它是第二個而且是半顯化的宇宙法則。

（三）宇宙心智（Cosmic Mind）：所有個人化智慧的源頭，第三個而且是有創造力的宇宙法則。啟動活化我們的下視丘、腦下垂體、松果體，加上以紫羅蘭之光滿溢大腦皮層、小腦區以及腦部的所有區域，同時經由特定的程式設定腺體與脈輪——眉心輪、頂輪，以及位於後腦勺的揚升脈輪，我們就可以調整自己的「人類心智」功能，直接連接到宇宙心智。

（四）宇宙業力（Cosmic Karma）：宇宙的慈悲源頭，是純淨而非個人的；推動宇宙的能量源自於此，它是階層式宇宙的智能引導力。甜美生活型態計畫的「素食」與「服務而不思回報」要點，幫助我們連結到這個頻率管道。

（五）宇宙生命力（Cosmic Vitality）：宇宙生命力的源頭，彌漫滲透在萬物之中。這是量子場的本質，也是眾神的食物最能輕易流動的能量帶。

（六）星光體（Astral Light）：虛空的最低運作面向，在宇宙階層裡，星光模型體等於人類；地球上所有心靈、道德與肉身化現的貯藏庫。眾神的食物就是在這個波長上，才能經由紫羅蘭之光穿透我們覺醒心靈的更高面向，流入我們的肉身形體。

（七）物質宇宙（Physical Universe）：前六個較輕盈元素的形體或外衣。

這七個元素與它們無數個子元素，是第一個元素宇宙單子的各個面向，且與人類的七大感官相連，而生存在貝塔波場域的人們通常只用到其中五感。為了進入眾神食物的管道，我們需要啟動活化我們的第六感和第七感，同時好好利用與其一同運作的元素。

元素與我們的身體感官之間的關係如下：（一）星光體——聽覺；（二）風——觸覺；（三）火——視覺；（四）水——味覺；（五）地——嗅覺；（六）虛空——直覺；（七）宇宙火——知曉。

對願意接受這些靈性面向的人來說，在次元生物場科學裡，量子場是「虛空」的一個面向，而虛空是構成宇宙的第二個元素。第一個元素被稱作「法則」（Principle），它是無窮無限、不可思議的，且是宇宙其他六個元素成長的根源，而每一個元素都是從之前一個元素演化而來。「虛空」是半顯化的，它是「宇宙靈魂」的起源，也是宇宙中一切智能秩序與律法的源頭。「虛空」和「宇宙火」是西塔—德爾塔波場域的元素，而一切生命、智力、行動，都在虛空的一個面向——量子場——之內操作與存在。

虛空是宇宙的觀念構成、聖靈、最初的存有（Alpha of Being），它的最低面向是星光體、宇宙本體、物質、最後的存有（Omega of Being）；虛空是第一個誕生的，是「活火」（the living fire），是遍及萬事萬物的神明。在次元中，它是無限的，不同於在時間與空間中，它是聲音的物質起因。無限是虛空的一個面向，梵文叫做阿底提（Aditi），是比星光體更高的一個法則。這是悅耳動聽的聲音天堂，是中國神明觀音菩薩的住處，觀音的意思就是「神聖之音」。這個聲音與「言辭」同義，是把說話當作心念的表達。觀音是自然界中聲音的神奇效力，祂的聲音喚起宇宙捉摸不定的形體，使其擺脫混沌。觀音振動也是聖母頻率的一個面向。

以無條件的愛為食

當元素處在完美的平衡，且程式編碼已設定成預先選定的某些頻道，那就可以連結到無條件的愛構成的「基督化網格」（Christed Grid），這個網格包圍我們的星球，透過我們星球的心編織而成，而我們可以這個網格為食或是從中汲取營養。本質上，眾神真正的食物是無條件的愛，而我們愈是無條件地愛自己，無條件地愛他人，就愈容易取用這類養分。

對於認為「無條件地愛他人實在太難」的人，建議你們從愛寵物開始，藉此打開通向這股力量的門戶。與貓、狗、小倉鼠這類動物建立起親愛的連繫，讓我們得以瞥見什麼是無條件的愛，當我們花時間讚賞與這些動物關係密切所帶來的禮物時，尤其可以瞥見無條件的愛。

愛因斯坦曾寫道：「一個人是我們稱之為『宇宙』的整體的一部分，受限於時間與空間的一部分。這人經驗到他自己、他的思想和感覺，以為自己與其餘的是分開的，這是一種意識的錯覺。這份錯覺是對我們的一種監禁，將我們局限在自己的欲望以及幾個近親的情感。我們的任務是讓自己擺脫這座監牢，擴大自己的慈悲圈，去擁抱所有的生物以及整個大自然的美。沒有人能夠完全達到這個目標，但為如此的成就而努力本身就是解放的一部分，也是內在安全的基礎。」

狂喜的滋養

當我們透過生活型態、程式編碼、意念、意志與心的純淨，達到某種程度的元素平衡時，就可以進入開悟的揚升經驗，在此，我們全然充滿光。在這樣的經驗中，眾神的食物如實地透過我們的生物系統滿溢，同時在所有層次上滋養我們。在這個空間裡，那麼多的愛，那麼多的光，那麼多的喜悅，與那麼多的知曉流經我們，充滿每一個細胞、我們存在的每一個面向，直到我們所有的疑問消失、所有欲望消失，只感覺到完整合一與真正充滿為止。

瑜伽士稱這種經驗是「終極實相」，尤其當我們深入德爾塔波場域，將心智拋諸腦後時。在這個狀態裡，我們是當下完整性、無念、沒有表意識的覺知，只是與一切萬有的「一」融合。在這裡，我們得到本源最神聖頻率的浸潤、撫育、防護、疼愛、重新調頻、滋養培育，因為我們全然地處在「神性創造本源的臨在」裡。我們知道自己曾在那裡的唯一理由是：

（一）當我們回到西塔—阿法波場域時，感覺是那麼的好，我們不再有飢餓感，至少暫時如此。

（二）而且因為時間感消失的關係，或許我們在上午十一點打坐，而回來時是下午一點，智力上，我們記不得自己去過哪裡，但感覺真好。

沉浸在這個狂喜的時間可能只持續幾秒鐘、幾分鐘、幾小時或幾天，但是它以獨特而深邃的方式，觸動調頻至這個狀態的每一個人。過去三十年來，在西塔—德爾塔波區段靜心，我有過許多次被這個境界的光、愛、喜悅、狂喜充滿的經驗。有時候，我保留住完整的覺知；有時候，我超越了自己的心智覺知區。每一次都不一樣，然而每一次都是那麼滋養，使我只能感覺到的是蒙福。

由於我們具備因這類經驗而得到強化的基本心電傳感與同感特性，長期或精通此道的靜心者，可以在這些區段體會到令人驚歎的廣泛經驗。在這裡，邂逅明光構成的存有是司空見慣的，只要我們學會如何讓頻率校準佛性波動、基督波動或聖母頻率，並持有那樣的頻率場域。在這些境界裡，一切都是可能的，因為所有門戶都是敞開的，我們想到什麼，那東西往往就自動顯化在我們眼前，由把我們看成存在形體中的神的宇宙傳送過來。

有另外一個元素，決定我們如何以及何時能體會到這個經驗，這個元素就是「恩典」（Grace）。關於恩典，佛雷德里克．布屈納（Frederick Buechner）寫了一些觸動我的話。他說：

「神的恩典意謂著，這是你的生命。你可以永遠不在，但你是在的，因為沒有你，這場派對不會結束。在這人世間，美好與可怕的事都會發生。不要害怕，我與你同在。什麼都無法分隔你我。為了你，我才創造了這個世界。我愛你。只有一個條件，就像其他禮物一樣，恩典的禮物可以是你的，只要你伸手去拿。也許，能夠伸出手去拿也是一份禮物。」

我以前常想，恩典是某種不可觸及的東西，不時掠過我的生命，令我敬畏祂的力量，同時帶來魔法與喜悅和事件的同步性，使我深深覺得，某種「高能」帶著愛地操控一切，而我只是失足跌入祂的愛與祝福的脈流中。從此我學會，雖然恩典無法被指揮，要來就來，但我們可以肯定地將自己置放在祂的路徑中，帶著純淨的心活出完美無瑕的人生，並經由生活型態保持調頻至神性管道。

恩典是來自經驗的良藥，使我們擺脫情緒體、心智體、靈性體的厭食症。祂是一種會令人上癮的營養品，餵養著我們的靈性體，因為祂讓我們知道並見證到，我們與自己的神性本質完美相應。《天主教百科全書》（*Catholic Encyclopedia*）說：「恩典（**gratia, Charis**），一般而言，是神送給有智能的生物（人、天使）的超自然禮物，為的是他們的永恆救贖，不論這個救贖是透過有益健康的行為，或神聖狀態而推動並達成。」當我們活出將自己不斷錨定在西塔—德爾塔波的生活型態時，這個神聖狀態便會自然而然地來到眼前。

對我來說，恩典是一種神性養分，當我看見祂的來到，祂餵養我的內在存有。我最喜歡的莫過於乘著恩典的波動穿越人生，一旦我們經驗到這個，就沒有其他的「存在」方式可與之相較。真正的滋養來自於知道、看到、感覺到，當我們得到這股神聖之流的支援時，生活可以過得十分完美。

＊＊＊

當然，還有許多其他的滋養方式可為我們所用，有些很容易辨識，有些比較難。譬如笑聲滋養我們的心，而歌聲也具有同樣的作用。新鮮的蔬果、堅果與穀物，可以供給我們細胞需要的養分，只要我們有心得到這樣的滋養。運動讓身體有氣力和彈性，正如靜心滿足我們的靈性和情緒體，並以某種滋養的方式訓練我們的心智體專注。還有，接吻與擁抱等人與人的接觸滿足我們的觸碰欲求，就像在海灘上觀賞黃昏的落日，可以滿足我們對寧靜的渴求或是對置身大自然美景的嚮往。這些當然是傳統的滋養方式。

不過，人類現在非常渴求非傳統的滋養方式，因為當內在的神性自我覺醒，祂的臨在會觸發萬物內在的神性自我覺醒。藉由以上述幾種非傳統來源餵養我們自己，會加速內在神性自我的覺醒，而我們的超自然力量因此得到開展。

上述十要點是全球靈修者自古以來使用的一些工具，目的在提供今日世界無法立即了解或馬上利用的滋養方式。對於想要了解更多古代智慧的科學以及神性養分是否可能的人，需要再多探討一些經由西塔—德爾塔波的進食方法。一旦我們得到良好的滋養，穿越個人的能量傳輸，就可以影響人世間的營養狀況。

十一、女神食物

眾神的食物是純淨的愛和智慧，而它的女性面向即是「女神食物」。女神食物像是純淨、無條件的愛構成的宇宙黏膠，允許生命以各種形態存在於所有界域裡。

神聖母親之愛

「神聖母親之愛」是一種非傳統的滋養來源，也是奠定本書的基礎。神聖母親之愛又名「聖母頻率」，祂萬古綿延，早在人類成為父系社會之前，就已透過地球的所有場域投射。我並不想陷入女權主義式的討論，只是想要表示，親近取用這股女神能量為我們的生命帶來驚人的深度滋養。此外，我想要補充的是，今日全球情緒體、心智體、靈性體厭食症之所以居高不下，主要肇因於陰陽失衡，亦即地球各場域的男性及女性能量不平衡。這樣的失衡為我們帶來許多層次上的暴力、戰爭、貧窮、缺乏同情心、貪婪和飢渴。

重新平衡場域的一大方法是，讓場域滿溢著它所欠缺的頻率，而我們可以藉由本書的工具做到這點。尤其是愛的呼吸靜心（參見技巧1），非常有助於達到這樣的重新平衡。你可以想像嗎？六十億人自由地吸氣，將神聖母親之愛引進自己的生物系統，然後隨著呼氣，將神聖母親之愛釋放到地球。

在從事我的全球志業時，我有時被批評成「太過政治」。人們告訴我，你只要管好支持屬靈的事物就好，但對我而言，一切事物都是屬靈的，沒有分別，服從靈性的「高階律法」，正是我們得以成功經營人世間所有事物的方式。

幾乎所有靈媒以及靠內在場域溝通的人，現在都接收到同樣的訊息，亦即每一個人都需要放射更多的愛和光進入人世間，因為只有這樣，我們才會進入平衡。因此，以父系為主的西方世界，現在的能量場放射需要補充母系能量，如此我們才能回歸中庸。

要做到這點，體認到女神的禮物是一個方法，了解到共同的歷史連結，並與相關的能量場合作，好讓自己的生命進入平衡，這將會反映在社群與全球場域。因此，我現在稍微探討這點，概略地瀏覽一下這些能量。

當我們研究女神的歷史以及女神亘古以來扮演哺育人世間的各種角色時，可以辨認出好些共同的特性，而在分享下述某些傳奇與禮物的過程中，你將會體認到它們。

首先，我們有「神聖母親」：

- 一切生命的創造者與維持者。
- 神性養分的源頭。
- 純淨、無條件的愛的源頭。
- 慈悲與憐憫的源頭。
- 「一」的神，眾男神、眾女神以及所有人類的母親。
- 創造背後的宇宙黏膠。
- 恩典與喜悅的源頭。

神聖母親的光芒是透過「女祭司長」來放射：

- 女祭司長在地球上直接代表女神，確保豐饒與持續不斷的創造。

● 女祭司長本身是偉大的女神，在亞洲，一般被視為觀音，在埃及是愛希斯，在希臘是雅典娜，對克爾特人（Celts）來說則是里安農（Rhiannon）。
● 她是全智、全知、給出並取回生命，提醒我們與生俱來的內在智慧以及內在的神性火花，要求我們將這樣的特質顯化到人世間。
● 女祭司長體現了愛。慈悲與憐憫。

然後，我們有女神的三重角色：
● 原始的三位一體，象徵偉大女神的三種面貌。
● 第一階段：童貞瑪莉亞，是堅強而自我定義的。
● 第二階段：母親，是所有滋養的源頭。
● 第三階段：老嫗，代表死亡與轉化。
● 三重女神角色是要提醒我們，縱然歲月流逝，女性還是神聖的，因為所有階段都是珍貴的，而且要提醒我們，有一位多面性的女神始終臨在、始終神聖。

印度的女神

印度教徒相信，這些女神是唯一的神聖母親的各個面向。
● 杜爾迦（Durga）——又叫做德爦（Devi），在印度，所有女神都是同一個，因為全都是這位神聖女性的不同面向。德爦在戰爭中騎著老虎殺死惡妖杜爾迦，然後沿用了敵人的名字。

- 拉克什米（Lakshmi）——富足女神，毗濕奴（Vishnu）的神聖陰性能量。
- 卡莉（Kali）——創造的三重女神，是毀滅之神濕婆（Shiva）的生氣活力。卡莉的角色是要面對我們的恐懼。
- 夏克緹（Shakti）——夏克緹是宇宙的生氣活力，結合我們與神聖的宇宙生命高潮能量。

克爾特的女神

- 湖中女神（The Lady of the Lake）——掌管意識以及天啟、情緒、更新、創意的克爾特女神，賜予我們支配自我人生的能量。
- 摩根勒菲（Morgan Le Fay）——代表我們內在具有深度療癒魔法之地，阿瓦隆（Avalon）的統治者，以她的療癒力量和預知慧見而聞名，命運的操控者。
- 艾坦（Etain）——克爾特人的月亮女神，冥界國王米迪爾（Midir）的妻子，象徵豐饒，教導我們不論身在何處，都要發光發亮。
- 亞莉安羅德（Arianrhod）——威爾斯（Wales）的三重月亮女神，守護天堂以及時間的循環和變化。透過靈魂變化的暗夜哺育我們。

埃及的女神

- 伊絲塔（Ishtar）——巴比倫的創世女神，一切生命的源頭，天后，光的給予者，代表活躍與強健。
- 愛希斯（Isis）——月神，一切生命的母親與給予者。愛希斯是農業、醫藥與智慧女神，代表全然的女性特質。
- 哈索爾（Hathor）——眾男神與眾女神的母親，愛、歡笑、美和感官愉悅的女神。維持者、毀滅者、造物者。
- 芭絲特（Bast）——大地的母親，富足與放鬆玩耍的女神。女性生產時的保護者，光與獨立自主的母親。

羅馬的女神

- 幸運女神（Fortuna）——富足與命運女神。
- 芙蘿拉（Flora）——自然和愉悅的女神，教導我們榮耀內在與外在的成長以及春天與花卉的美。
- 維納斯（Venus）——優雅以及肉體和精神愛的女神，維納斯引導我們穿越自己平靜與狂暴的情緒。
- 米諾娃（Minerva）——知識、黎明、戰爭與智慧的女神，藝術與工藝支持者及醫藥的庇護者。與智慧的大自然象徵貓頭鷹與大蛇一同合作。

北美印第安的女神

- 神變女（Changing Woman）——帶來富足並教導和諧生活，也是愛、好客與慷慨的女神。她也帶來大自然的智慧，教導尊重我們的周期循環，善於變換身形。
- 鷹女（Eagle Woman）——讓我們得以超越陳規翱翔，突破限制性的束縛，然而仍舊睿智而得到滋養。代表心靈、英勇、靈性的視界。
- 蜘蛛女（Spider Woman）——透過思考、作夢、命名創造，提醒我們，善行來自四面八方，帶來切洛基族（Cherokee）的太陽與火。
- 白殼女（White Shell Woman）——松綠石女（Turquoise woman）——保護我們不受敵人欺侮，創造了納瓦霍族（Navajo），而且教導我們如何在萬事萬物中看見生命的喜悅與美麗。

希臘的女神

- 阿芙蘿黛蒂（Aphrodite）——代表新鮮、更新與希望，以及散發自身所有榮光的女性，她的掌管領域是關係與感覺以及成熟之愛。既是靈性之愛的女神，也是熱情之愛的女神。
- 雅典娜（Athena）——戰爭和智慧與無限的童貞女神，她鼓勵戰士們走向溫和，她是實用與優雅藝術的庇護者。

- 阿特蜜絲（Artemis）——牲畜與所有未馴服的野生動物的女神，象徵女性的獨立自主，療癒女神，重視獨處。
- 狄蜜特（Demeter）——冥后波西鳳（Persephone）的古希臘母親女神，豐碩與富足的給予者，祝福我們擁有即將到來的喜悅、富足的生活與希望。

其他的女神

- 觀音——無限慈悲與憐憫的中國女神，據說誕生自佛陀為世間苦難而流下的眼淚，保護女性與小孩，也與人間的治療師合作。
- 聖母瑪莉亞——創造女神，又名「海洋之星聖母」（Stella Maris），與天堂和海洋有關。聖母瑪莉亞提醒我們，要溫柔而慈悲地對待自己和所有其他人。
- 帕恰媽媽（Pachamama）——祕魯的大地女神，當我們對大地之母敞開並與之交流時，據說祂會喚起療癒與完整以及神聖的靈感。
- 努特（Nut）——埃及的夜空女神，提醒我們對生命的奧祕以及未知敞開，讓它流動，且信任有一股更高的流動可以帶來我們所需要的。
- 女媧——龍族女神，中國北方河北、山西人的宇宙秩序修復者，幫助人們從混沌中創造秩序。
- 瓦爾基麗（Valkyrie）——古代的鳥族女神，賜予生命、死亡、再生，代表我們無所畏懼的自我，可以領導我們穿越黑暗，讓我們成長。

● 赫爾（Hel）——北歐的冥界女神，而冥界也是神性奧祕更新與體現之地。赫爾教導我們回顧人生中的面具並超越表相。

● 夏娃——所有生命的母親與哺育者，世界與所有生物的創造者，代表重生與再生，體現原始的女性創造能量。

● 蓋婭（Gaia）——永恆的史前大地之母，靈魂的女神，用她的本質的原子為我們披上衣服。提醒我們扎根於大自然的實相中，而且要平衡並擁抱自己從天國到塵世的所有面向。

● 賽德娜（Sedna）——愛斯基摩女神，統治冥界，提醒我們可以在自己最為恐懼的黑暗之處找到有營養的禮物。

● 佩蕾（Pele）——夏威夷代表創意之火的火山女神。提醒我們，即使處在熊熊烈火的爆發之中，也有創造與新生命，與火一同再生。

● 伊希切爾（Ix Chel）——馬雅人的月亮女神，嫁給太陽，是創意構思的助產士，豐饒與自由的女神，生產與醫藥的庇護者。

● 希娜（Hina）——玻里尼西亞的女神，據說是世界、眾男神與女神以及人類的原創者，代表在所有情境中得到滋養的能力。

● 布麗姬（Brigid）——克爾特人的三重女神，掌管火與靈感、療癒、占卜。

● 歐雅（Oya）——非洲約魯巴族（Yoruba）的天氣女神，也是巴西馬昆巴教（Macumba）掌管改變的女神，當女性遭遇難以化解的處境時，會請求她保護。

- 雅加婆婆（Baba Yaga）——斯拉夫族的生死女神，她啟發我們觸碰女性自身的野性，整合自己的自我毀滅行為，解放我們的生命力、直覺力、原始能量。
- 摩耶（Maya）——印度教的創造之母，生命之網與幻相的編織者，卡莉女神童貞、母親、老嫗三面貌的純真面向。摩耶的出現是要讓我們看見物質世界的虛妄本質，她帶來魔法與創造力。
- 梅芙（Maeve）——令人迷醉的愛爾蘭女神，統領塔拉（Tara）夢幻國度，挑戰我們要行事負責，並成為自我天地的女王。
- 瑪阿（Maat）——古埃及女神，掌管法律、秩序、真理、正義。瑪阿的出現是要為我們的生命帶來正義、糾正錯誤，以及管理我們需要學會的功課。
- 芙蕾雅（Freya）——北歐女神，少女與母親的性慾是這位偉大女神的兩個面向。芙蕾雅幫助我們榮耀自己的性慾，連結我們的生命力、原始能量，讓我們全然地存在自己體內。
- 莉莉絲（Lilith）——中東的豐饒與富足女神，帶來平等，拒絕屈從。莉莉絲也代表蓮花與在黑暗中成長的能力。她代表我們的智慧之心的形成與綻放所帶來的屬靈本質。

此外，還有我最愛的女神之一——狂喜女神歐律諾墨（Eurynome）：

- 萬物的偉大女神，將天空從大海分隔出來，並在波浪上舞蹈，以創造北風以及誕生與創造。

● 召請這位希臘的狂喜女神幫助我們敞開，迎向全然、繁茂與欣喜。對於希望人生有更多喜悅的人來說，這個有意識的決定可以誘惑並慫恿狂喜，確保它一定會到來。

● 經由自我滋養療癒我們受創的情緒，為狂喜在出現的時候創造更多的空間。

● 編碼：「我現在將我的場域開放給生命的喜悅。我召請歐律諾墨女神的能量將這點帶來給我，就是現在。」

新增狂喜練習：發現什麼帶給你（經驗無藥的）狂喜。要持續一星期專注於做著使你感到狂喜的那件事，然後每天做某件為你的生活多帶來一些狂喜的事情。

【神性養分計畫．技巧十五】下載女神能量

可依下述步驟下載這位女神的能量

● 步驟一：心裡想著你（或是地球）現在需要重新平衡的地方。

● 步驟二：請求一位完美的女神現在與你合作，以對你來說完美的方式介入，以便影響你的（或是地球的）場域。

● 步驟三：盡你所能研究她，讓自己了解她的傳奇、各個面向與所有才能。

● 步驟四：每天對她祈禱或是唱歌，幫助你（或是地球）帶著喜悅、自在與恩典進入完美的平衡。

● 步驟五：將她的形象置放在你的靜心空間中，啟動活化它，讓它成為一道次元的出入口。

當然，不只上述這些，還有許多女神可以被召請而來，而這將會讓你看見神聖母親能量的浩瀚，以及她的多重表達形式。

第七章

西塔—德爾塔波進食

有足夠的西塔波—德爾塔波頻率流經我們，並提供我們所需的維他命、礦物質及其他養分，我們不只是從攝取實體食物的需求中解脫獲得自由，也在身體、情緒體、心智體與靈性體層次全都獲得滋養，這意謂著精煉昇華我們的內在能量場至特定頻率當中，這也意謂著有意識的移動我們自己——進入一個可以賴以生存的西塔—德爾塔腦波模式當中，此時有三個能量通道需要打開並加以設定。

打開三個能量通道

首先，我們必須打開心的能量中心，生物系統的心輪或心臟需要接通至一個永不枯竭的愛的源頭，好讓我們有源源不絕的養分供取用，也就是接通來自神聖母親之愛頻率，這也意謂著當我們在貝塔—阿法波頻率之內工作時，能夠發送出無限流動的特定頻率，這個頻率不只餵養我們，同時也餵養整個星球，並足以支持更高的典範在地球上顯化。我們若能讓自己愈常接受來自紫羅蘭之光流的餵養，我們就能愈快在所有層次都受到滋養，當然這也要看我們自身的接收能力如何。每一個人都可以改善自己的接收能力，而這可以藉由應用本書中的工具來達成。「愛的呼吸」靜心，特別能讓心的通道敞開並擴展。

下一個需要被打開的能量通道是丹田，或被稱為臍輪，這個通道必須被調頻成為我們內在世界的能量源頭，我們也稱它為中央太陽，那是我們真正生命力量的寶座。規律的深呼吸或者兩邊鼻孔的交替呼吸法，能保持這個能量門戶對著我們尋找的真正滋養來源敞開，我們的呼吸一直都是最自由、最快速、最強大的改變渠道。

第三項是我們的頂輪必須接通宇宙電腦，利用「三條光纜：神聖之愛、神聖智慧與神聖力量系統」並按照後述的步驟，這將能讓我們經常受到這個唯一本源的滋養，且能滿足我們各式各樣的飢渴，因為這個本源就是當初誕生出這些飢渴的源頭。

一旦我們經常下載紫羅蘭色之光，讓心經常滿溢愛的流動，臍輪能經常從中央太陽汲取能量，細胞與原子受到紫羅蘭之光的照射，我們就能開始或繼續帶著覺知，在我們系統裡被稱為「生存」的這個軟體上，清除程式或重寫程式，如此一來便能依序啟動這個網格，並引導內在與外在的能量流。

我們需要認知且記得的事：

一、我們的身體有百分之七十的水分，江本勝博士的研究已經證明，水會對於不同的字詞與音樂有不同的回應，可參考他的水的訊息相關著作。

二、身體的液體可以被重寫程式，我們每天喝的水也可以進行程式設定來滋養與支持我們。

三、身體的腺體，特別是腦下垂體與松果體，以及內分泌系統中的液體與腦脊液，所有這些都需要被重新編寫程式。替這些腺體設定程式來進行自我再生與永生不朽，也會回饋與衝擊這個生物系統，因為這些就是西塔—德爾塔波頻率場的最基礎特質。

再一次強調，當我們的內在場域門戶通道，用一種我們能夠承受的方式下載西塔—德爾塔波，外在的場域就會發散出自發式的改變，外部場域也可以被重新設定，存取包圍滲透每一個人外在的西塔—德爾塔波普拉納場域。這可以透過使用特定的生物場工具來達成，稍後會詳論。

以基本常識的態度，來支持所有實證調查工作也是很重要的，並且藉由我們的生活型態，擴展我們身體的能力來吸引、保持並發散西塔—德爾塔波頻率，我們從過去直到今日的時光中所從事的事情，將會決定我們需要應用什麼樣的計畫，好讓我們能成功調頻個人能量場，關於此一面向，稍後也會有建議步驟的彙整。

有能力取用西塔—德爾塔波，也是矩陣力學（Matrix Mechanics）之次元生物場科學中的一部分，這需要個人生物場用特定的方式調頻，矩陣力學是一個複雜且有深度的科學，它經由視覺化觀想、意志與意圖的方式，使用內在神性自我的力量，來餵養與維持在內在被創造出來的能量線。它是一種使用光線與聲波來吸引特定分子結構的科學，其中的思維過程，經由生物場的網格結構來進行放大，這些生物場工具是為了特殊結果而被創造出來的。在下面的靜心冥想中，將會帶著覺察將我們的生物系統連結三個主要的網格能量流通點：神聖母親的心、中央太陽以及至高無上智慧的心智。

太陽網格的能量供給

我們的恆星太陽是網格裡一個主要基地，它是我們生命的維繫者與照顧者，也是通往內在神性自我力量的通道，連接起我們的肉體與光體。

在銀河中一個小斑點上，我們的太陽從太陽系之外吸取累積能量來餵養自己，在它將這些能量消化精煉之後，創造了一個如熱湯般的普拉納能量流往外放射發散，餵養各行星與太陽系，這當然包括地球在內，而我們從地球獲得滋養，在能量層次直接吸收或從地球食物鏈中獲取，至於對大多數人來說，有多少比例是在精微能量層次直接攝取的呢？知名的亞美尼亞先知與教師葛吉夫說，我們直接吸收能量的百分之七十是來自呼吸，他稱為我們的「第一種食物」。

太陽藉由來自太空的能量獲得它的生命力，以其極為強大的力量從外太空吸引光線，被消耗的射線是生命原子，從太空中其他太陽（恆星）流動到此，當中有許多射線帶著比物質實相更高的振動頻率。所以太陽們也彼此互相餵養，帶著新的能量元素，在太空星際間以宇宙射線的方式被獲取，到來的宇宙射線主要來自其他太陽的腹部，太陽們從它們的北極攝入宇宙射線，穿越太陽的中心，淨化洗滌這些能量，再從南極放射出來，所有的行星們也都是用類似的方式獲得能量餵養，我們的太陽即是太陽系裡的大腦與心臟。

人類交換生命原子的過程也是相同的，不管何時，一群人相聚在一起的時候，生命原子會互相交換，這也是為什麼居住在一起的人們，會有彼此愈來愈相像的傾向，這也是神祕學中對於俗話「物以類聚」的理解，因為這反映出我們個人生物能量場會與社群能量場融合。同樣地，餵養我們靈魂與細胞的真正養分來源，經由我們的脈輪系統，在其門戶開啟時流入我們的能量場。

在次元生物場科學中，實體的太陽就如同一個被稱為太陽神赫利奧斯（Helio）這個智慧意識的物質外衣，它是來自中央太陽的其中一股意識，中央太陽是宇宙生命所在的銀河系中心，也就是我們所知的「電力」；那是內在的儲存庫，在所有生命被創造的初始，聚焦於神性光輝。太陽是人類自我的象徵，經常被指稱為內在神性自我、真我、單子（Monad）、我是臨在，是每個生命個體最高、最純淨的本質。一個正在經歷開悟狀態的人，有時會發生身體被光包圍的狀態，甚至長達數日，這也就是所謂的被太陽光輝披上外衣。

【神性養分計畫．技巧十六】接上宇宙光纜

步驟一：在安靜之處靜心，進行愛的呼吸靜心，觀想心輪接通了一個永不枯竭的神聖母愛之流，想像有如此豐沛的神聖母親之愛流經心的中央，然後流進你的下心輪與上心輪，如此維持直到所有的內在能量中心，都調頻變成神聖之愛的頻率。

- 這樣的練習能打開心的通道，如果每天練習，心輪將能維持頻率對準西塔—德爾塔波場域，若能加上甜美生活型態計畫八要點中的第六點的話，這個通道還能進一步強化，也就是指每天不求回饋的無私奉獻服務，我們以仁慈與同理心對待他人。

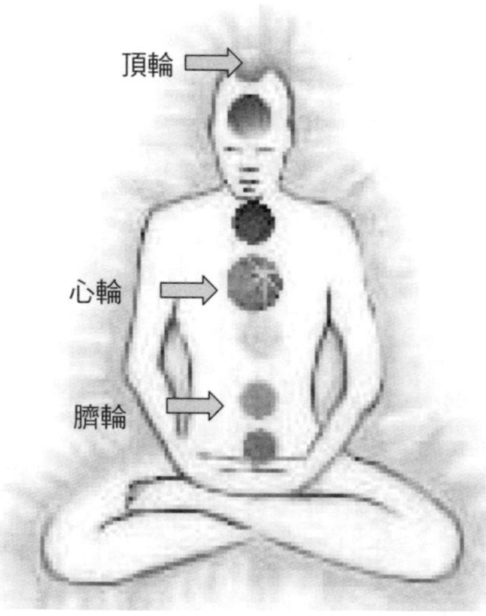

圖11

步驟二：這需要打開我們的下丹田或者臍輪，將之調頻至內在世界中央太陽的頻率，那也是餵養地球的太陽能量。

- 再次在安靜之處靜心，將焦點聚焦在略低於肚臍的地方，想像紫羅蘭之光從敞開的心輪流進，在身體前方往下流動到這個能量中心。

- 想像臍輪接受紫羅蘭色之光的餵養，逐漸變大擴展，並調頻成神聖之愛、神聖智慧、神聖力量的頻率，也就是這紫羅蘭之光所來之處。
- 想像現在這三道光束來自本源，流經空間與時間，被我們吸引而來，然後流經一個不可思議的能量中心或明亮白光的光球，我們本能地辨識出那是銀河的中央太陽，內在世界網格裡一個強大的能量連接點。
- 想像這些光束通過中央太陽，進入我們的臍輪，現在永久地連接著，如同三條宇宙光纜一樣。
- 想像你所需要餵養這個脈輪的完美流量神聖電力正在被下載，並如此永久運行。
- 想像有足夠的純淨的光來自中央太陽，照射經過這個脈輪，往下流動滋養海底輪，往上流動滋養太陽神經叢，這三個脈輪同時保持擴展的狀態，同步運轉融合成為單一旋轉的光的通道，如同第七章的紫羅蘭光單一脈輪光柱靜心。

步驟三：接通頂輪連接宇宙電腦——即神或本源，使用神聖之愛、神聖智慧、神聖力量這三個宇宙光纜系統。

- 同步驟二，在安靜之處靜心，想像紫羅蘭之光從本源往外放射，穿越時間與空間，永久地連接頂輪，也有可能你會看見這個光一開始會是粉紅色的光，攜帶著神聖之愛的頻率，直接來自神聖母親的心，如同我們在「愛的呼吸」靜心中所做的。
- 接下來看見一個白金色光束連結到頂輪中心，從至高無上智力的心智下載所有你需要的智慧。

- 接著觀想一個藍色光束，攜帶你所需要的所有力量，支持你去完成此生來此所要完成的任務，從現在開始你可以帶著愛與智慧去完成。再次想像一旦連結上之後，這三條宇宙光纜便開始下載來自西塔—德爾塔波領域這個無限、永不枯竭源頭的純粹養分，進入你的系統裡。
- 如同步驟二，也想像有足夠的純淨的光來自本源，照射經過這個脈輪，往下流動滋養眉心輪與喉輪，這三個脈輪同時保持擴展的狀態，並同步運轉融合成為單一旋轉的光的通道，如同第七章的紫羅蘭光單一脈輪光柱靜心。

圖12

上述的靜心冥想，跟所有能量網格的工作一樣，只需要做一次就好，因為一旦連接上之後，就會一直連接著。然而，若要加強連結或者保持能量門戶開啟，好讓足夠的能量能夠持續流入我們的生物系統，並以最滋養的方式來餵養這個系統，使我們免於飢渴，這完全要看我們的頻率有多高，而頻率又取決於生活型態的選擇。如同我們不斷強調的，甜美生活型態計畫的實行，能決定我們連結神聖之愛頻率的程度為何。同時，我們愈聚焦的事物就會變得愈強大，所以我們愈能假定、信任與期待上述的靜心能達成我們期望的效用，就愈快能夠使之發生並維持長久。

如果你是個喜愛享受實體食物的人，對於依賴來自神性養分管道所來的光維生沒有興趣，那麼到目前為止所談的要點對你來說都還是可以應用的，因為靜心冥想、程式設定的編碼，以及我們所建議的生活型態，都能在身體、情緒體、心智體與靈性體的層次滋養你，至於你能接收到多少滋養，端視你的想望與付出的努力，因為只有你自己能夠替你個人的生物場調頻，調頻到對的頻率來吸引你所需要的健康與快樂。

圖13

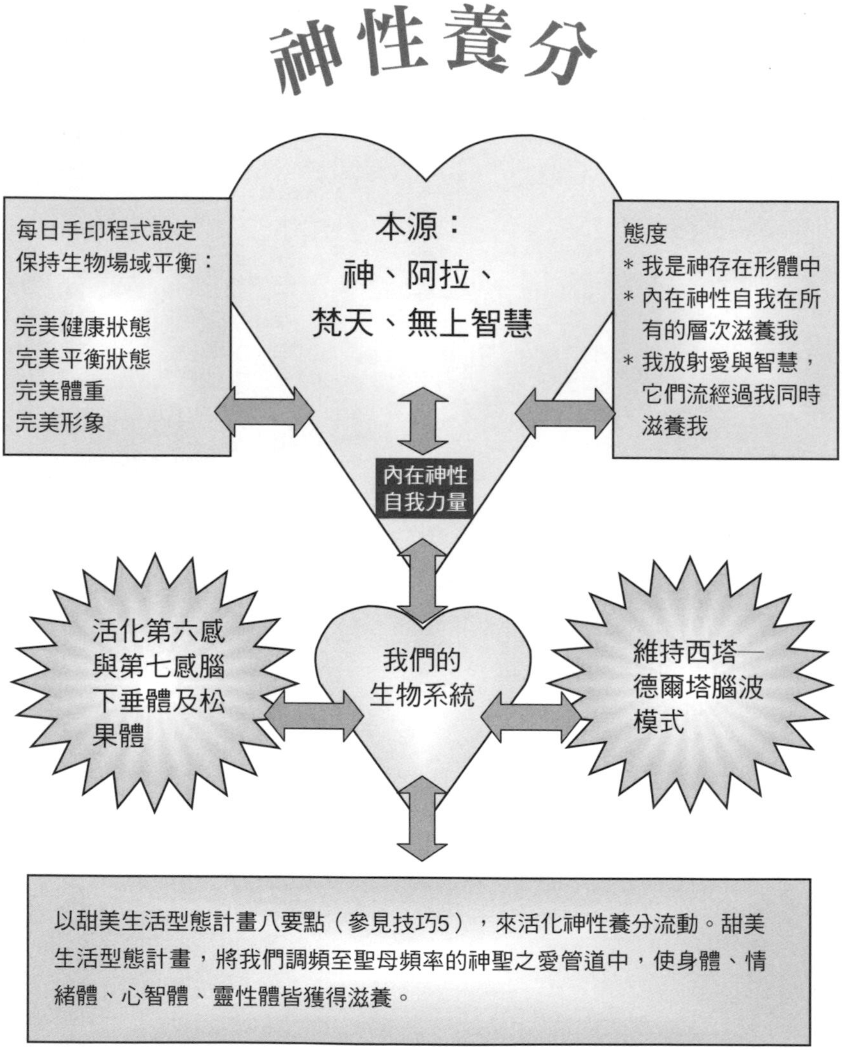
神性養分
每日手印程式設定
保持生物場域平衡：
完美健康狀態
完美平衡狀態
完美體重
完美形象
本源：
神、阿拉、
梵天、無上智慧
態度
* 我是神存在形體中
* 內在神性自我在所有的層次滋養我
* 我放射愛與智慧，它們流經過我同時滋養我
內在神性
自我力量
活化第六感
與第七感腦
下垂體及松
果體
我們的
生物系統
維持西塔—
德爾塔腦波
模式
以甜美生活型態計畫八要點（參見技巧5），來活化神性養分流動。甜美生活型態計畫，將我們調頻至聖母頻率的神聖之愛管道中，使身體、情緒體、心智體、靈性體皆獲得滋養。

第八章

適當的靜心環境

不僅僅是有許多傳統與非傳統的來源，能夠滋養我們的身體、情緒體、心智體與靈性體，還有另一個非常重要提供滋養的場域，也就是我們個人的居所。這不僅於我們怎麼過生活，包括我們生活的地方，也可能讓我們挨餓或提供我們滋養。電視總是不斷發出刺耳的聲音，嘈雜的音樂，聒噪不停地談話，極少寧靜的時刻，這樣的環境會讓靈性體挨餓。同樣的，若是這個環境充斥著經常性的衝突、憤怒、摩擦或恐懼，也會使我們的情緒體無法接收到它所需要且能讓它綻放盛開的愛與安全感。同樣地，一個充斥著無聊且缺乏目標與方向的環境，會讓我們的情緒體、心智體與靈性體挨餓。

創造一個在各個層次都能滋養我們的環境，這樣的決定意謂著我們必須去看內在環境，然後滿足靈性層次重點，同時去看外在環境，然後滿足包圍我們的實體空間的要點，畢竟靈學意指對於生命這項科學的研究，能成功地在各層次都能餵養我們自己，是我們個人的責任，同時也是我們每日的挑戰。

二〇〇三年初，我為我們的免費線上雜誌「艾拉妮絲之聲」寫了以下這篇文章，在七年密集旅行教學的時光中，我大多數時間是住在受污染城市的飯店房間裡，當時我正在尋找一種更好的滋養方式，我內在的生命已經因為缺乏特定型態的滋養而受苦許久，我發現我非常需要那滋養，即使我與大靈一起工作讓我獲得非常好的滋養。我已經成功地完成計畫的一個層面，也因此被指引要找到一個能夠讓我在西塔—德爾塔波頻率深度盡情暢飲的環境好好休息。

靈學假設與創造適當的靜修處

當你知道如果你想改變一件事情的時候，你必須帶著你自己一起去做出這個改變，這時你會怎麼做呢?當你要改變這個世界讓它為我們歡唱的話，你所需要做的就是確實地帶著我們一起，只要在態度上做一些調整，就能開展一個全新的局面，我覺得這是非常神奇的一件事，但萬一態度的調整還不足夠的話該怎麼辦?

最近我被引導要從我原本居住的城市搬到海邊，一個沙灘邊屬於我自己的靜修處，屬於一個女孩個人的寺院，沒有外界的刺激，沒有電視或食物，一個每天充滿敬禮音樂、滿溢的寧靜、溫柔海風、運動、靜心、瑜伽的神聖處所，每天喝大量新鮮純淨的水，偶爾縱容自己喝一兩杯茶。對某些人來說，用這樣的方式生活是充滿喜悅的，但對其他人來說，這樣的實相境地卻是太過極端。

但是，如果我們希望能夠成為一種典範，成為一座燈塔，將健康、快樂、和平與繁榮，放射照耀到這個世界上，那麼這些就必須成為我們生活中真實的部分，一個活生生的事件，一種在我們與所有生命元素之間的和諧舞蹈。如果我們都還沒達到這樣的境界，還沒在生活中讓這種狀態維持下去的話，又如何能期待世界上其他人做到呢？我們必須理解，如果沒有身體力行，將會缺乏喜悅，若不去實行我們所宣揚的事情，並忽略內在的指引，將只會為我們帶來痛苦。

遷居並創造一個全新滋養的能量場，是一件很美好但也很費時的事情，所以我祈請我的守護天使經由心靈感應提供一張清單，在清單的底部尾端之處加註「或請指引更好的選擇」，當然，我受到指引找到一個完美的地點，開始我的滋養時光，從城市生活中隱居。當我在家裡環顧一圈看有哪些東西是我想帶去靜修處的，我突然理解，此刻我生命中所需求的東西是那麼的少，幾張畫、幾個神祕學雕像、登山腳踏車、油彩顏料與畫架、靜心墊，還有許多很棒的音樂與幾件衣服，這樣就足夠讓我出發，在新的一年給我自己許多滋養的時光。

將近三十年前，我曾經想搬到雪梨一個靜修處，但當時有人告訴我，我太年輕，應該多去體驗一下人生，很顯然地我確實是先去體驗更多人生了！我被家庭、孩子與後來的工作拖離了原本計畫的軌道，一肩扛起養家活口的角色，直到我終於可以卸下大部分的責任，我再度被靜修僻靜的生活方式吸引。也許是因為年齡漸長，也許我只是在如此長時旅行之後需要一段「停機時間」；不管如何，我發現與其搬進一個現有的靜修處，不如為自己創造一個這樣的地方，這是多麼喜悅的一件事！

以最高標準的定義來說，靜修處是一個神聖的地方，其中的能量場被調整與神聖頻率同頻，利用意志、意圖與頻率等相關工具來達成。理想上來說，靜修處是個能滋養一個人至最佳狀態的神聖之地，讓他們的身體、情緒體、心智體、靈性體都達到最佳狀態，同時提供一個有紀律的環境在其中成長。有些東方傳統的靜修處，會強調紀律苦修的生活方式，並經由奉獻服務與靜默來達成靈性的成長，但是現代化的靜修處，是我們在自己家中也可以創造出來的，這樣的地方需要讓靜修者在各層次都能達成最佳狀態，使其生活中的各種行動都能以和諧完美的方式來進行。而最完美的結果，當然是能夠體驗到能餵養我們靈魂深處的健康快樂、和平與繁榮，如果這是靜修者所期盼的話。一個理想的靜修處應該要讓我們有「家」的感覺，符合我們自己的本性，讓我們彷彿置身在一個能滋養我們生命最深處的空間裡。

當我們受到適當的滋養之後，我們會感覺能夠說出以下兩點：

- 我對於我在生命中所創造出的一切事物感到滿意。
- 今天是個死去離世的好日子。

第一點是不言自明的，而第二點是一句古老的美國印第安戰士口號，這句話的意思可以被解讀為：我已經盡我最大的能力，讓我生命中的每件事都寧靜祥和，每件事都各有歸屬，並且受到妥善的照顧。這意謂著我所認識的每個人都知道我愛他們並感謝他們，沒有遺憾，沒有未說出口的「抱歉」，沒有未完結的篇章。也就是說我生命裡的每一件事，在所有的層面都已經圓滿，所以我可以全然放鬆並處在當下，也就是一般人說的照料一切。

當我們「已經照料一切」，意謂著我們珍視每一個時刻，並享受我們所做抉擇的結果，認可所有來到我們眼前的一切都如其所是，那是我們自身意識的反射，也是一個學習與成長的機會。同時代表我們應對進退都恰如其分，沒有冒犯任何人，尤其是我們沒有因為忽視神性自我的聲音而冒犯祂。是的，我知道我們的神性自我是永遠不可能被冒犯的，因為祂總是慈愛的觀察我們並笑著，當我們遊戲人間時祂感到愉悅，當我們邀請祂時祂也會想跟我們一起遊戲，或者說從亙古之前，我們早已邀請祂，祂自那時起便一直與我們一同遊戲著。

顯然，人們需要為自己創造一個適當的靜修處，一個能夠帶給他們快樂健康、和平繁榮遊戲的地方，如果這是我們想要的話。在次元生物場科學裡，這意謂著將頻率調到正確的頻率，好讓量子場能夠遞送這樣類型的承載物。儘管如此，當獨特性在主導的時候，而且沒有任何一條通往喜悅的路徑時，有些標準工具與假設推定，可以幫助我們調頻到健康快樂的頻道裡。第一個就是生活型態與思維模式，可以將我們的能量重新導向通往健康快樂的方向，第二個工具是我們的環境，有些人將之稱為神的內在聖殿與外在聖殿，一個靜修處就是神的外在聖殿，我們在外在聖殿中的修習，最終將能讓我們的內在聖殿顯現出來。

古老的智慧說，我們之所有擁有身體、情緒體與心智體的唯一原因，是要讓我們內在的神性精髓能夠在形體當中認識祂自己，對許多人來說，這已經變成是靈學上的第一個推定。

靈學上的第二個推定是我們是神的複製，預先被寫入同樣的軟體，就如同耶穌的聖諭「我與我父為一體」（I and my father are one）。第三個推定是這個運行生物系統的軟體能夠豪不費力的運轉，如果我們請它這麼做並且願意放掉有毒的運轉方式的話。我們也知道有毒的思維、有毒的感覺及有毒的餵養，將會破壞我們的生物系統，創造出疾病與腐敗。

第四個推定是我們的生物系統這個身體，是神性的電腦硬體，並且是一個神性大型主機的一部分，或者說是一個有機宇宙中的超級晶片，每一個人都是其中的一個原子或細胞。

還有許多靈學上的假設推定正等待科學的驗證，在我的許多書裡有談到，但還是回到我們的工具上，體驗式的研究已經發現，我們所允許出現——在我們四周的環境，對於在我們能量場上產生印記，是很重要的因素，然後再加上我們的信念系統，就會決定將會吸引什麼來到我們的生命中。創造出一個環境，能讓我們進行「完美地調整做出完美的行動，並獲得完美的結果」的遊戲，同時讓我們不斷保持在同樣的狀態中，這件事本身已經是項藝術。

給自己愛與支持的滋養環境

換句話說，對於希望體驗健康快樂、和平繁榮的人來說，理想的環境是一個充滿愛與支持的環境，在其中運行的是沒有壓力且各方皆贏的遊戲，我贏、其他人贏、我們的星球也贏，這樣的局面在我們想要共創天堂的此刻是如此的必要。

所以，邀請你一起看看「我對於我在生命中所創造出的一切事物感到滿意」以及「今天是個死去離世的好日子」這兩個主意，並且給自己一個誠實的答案，如果這兩點都獲得「是的」的答案，那麼你就可以真正放輕鬆，並且享受當下所有的一切。如果你得到任一個「還沒」的答案，那就繼續精煉昇華你的生活、生命，直到你對這兩者都有肯定的答案為止。

記得，不管你往哪裡走你都會帶著你自己，而改變可以很簡單地從對我們人生態度的調整開始，在過去七年旅行世界各地的經驗裡，我見到許多受苦的人們，也見識到許多在西方標準裡物質匱乏、財物最貧窮的人們，但卻是我遇過最快樂的人之一。為我們自己、為這個世界設定健康快樂、和平繁榮的目標，並將之達成，需要被認可為我們應達成的最低標準，因為這些其實都很容易達成，而且現在有足夠的工具供我們使用，來創造我們身體、情緒體、心智體與靈性體的最佳狀態。

有勇氣打破不再適合我們的舊習慣，或者具有足夠的勇氣往前走，說抱歉、道再見，或者向所有新的可能性打招呼，這都是生命自然循環的一部分，而且如果希望能夠讓我們的聖殿井然有序，這些都是必須的，因為真正的靜修處能夠顯露出我們的神性自我，而且我們心的純淨程度將會決定我們對神性自我的體驗。

就個人而言，我當然喜歡把靜修處設置在整個家庭的家裡這個想法，這樣的話我可以隨時回到熟悉的一切當中，因為那些也都是我的一部分。然而，我要如何能夠同時擴展我的場域，現在還包括我靜修處那個公寓，那裡也是我位於山丘上的神聖母親聖殿，有海風的吹拂與修練自己成為最佳狀態的邀請。我環顧過去十年達成的成果，在當中不斷實驗自己的最佳狀態，並推動我自己達到最極致的狀態，休息之後又繼續將自己往前推。在爭議不斷的時候依舊敞開大門，被包圍在並不舒服的灰色地帶裡，然後又安靜地把它關上。現在終於能夠將所有的工作彙整在一起，塑造出「行星和平計畫」，以及神性養分計畫，此時此刻有種圓滿和平的感覺，而我的世界依舊一切安好。

創造一個完美且能深度滋養我們的外在環境的這項藝術，可以用古老的傳統風水來協助達成，也可以應用生物能量工具與重新編織能量場的技巧。在外的生活環境是內在環境的反射，一個生命若在各個層次都受到非常好的滋養，似乎會自動地創造一個外在環境能夠支持這個滋養的能量流，同時也能使他人受到滋養。當今世界，我們不只被要求用消耗地球資源最低量的方式，來獲得有效率的滋養，也需在必要時能擴展我們的能量場域並滋養他人，因為我們已經發現那個「我、我、我」的生活模式會阻礙神性養分之流，反之帶著「我們」意識的遊戲，會讓這個神性養分之流自由流動。

【神性養分計畫．技巧十七】滋養你的家

在家中創造一個滋養的環境：

- 清理送走不再使用的東西，或沒有情感意義或靈性意義的東西。
- 將風水原理應用在家裡，使其內在能量場域增加並能正向地導引這些能量。
- 創造一個靜心／瑜伽室空間，讓你能在其中保持寧靜，並增加阿法—西塔波頻率與建構能量池。
- 使用靈性圖像裝飾你的牆壁，並且啟動活化它們作為與神聖存有能量連接的門戶通道，讓這些能量經由這裡放射，在靈魂層次餵養你。

第九章
常見問題

神性養分與西塔——德爾塔波場域進食

開始這章以前，我想要強調，人類有兩種食物可以取用——我們從自然資源培育出來的食物，以及我們這些具化成形的神有能力取得的「非傳統」食物（後者可以經由個人頻率的調整培育養成）。

人們經常問道：

問：我們真的可以免於仰賴食物嗎？

答：是的。

問：我們不需要依靠維他命和礦物質滋養我們的身體嗎？

答：是的。

問：如果不吃東西，那我們該怎麼存活下去呢？

答：要做到這點，就要學習如何取用不停地在我們的細胞內流動的另類滋養來源，並以此餵養自己，我們將在第十一章針對這點提供一套循序漸進的程序。

問：如果我們本來就不該吃實體食物，那為什麼我們有胃、有牙齒？

我們目前的消化系統是隨著時間的推移而演化，以求鏡映出我們的信念，因為這些改變，我們的消化系統也將跟著改變。事實是，當我們再次與自己的內在神性自我力量融合時，基於我們是自己身體的主人，身體的每一個細胞將會不斷地聆聽我們的想法、言語和行動，然後分子和原子自行調整，以此回應。我們是西方世界的第一代食「光」者，因此也仰賴這個演化過程決定內在系統未來的變化。無論如何，假以時日，未來食光世代的內部電路最終必定截然不同；所以，這個問題的簡短回答是，這只是演化的問題，包括時間，以及身體鏡映自我信念的能力。繼續進食的人將會保有目前的消化系統，而選擇「神性養分」的人，最後將擁有一套反映這個滋養新法的消化系統。

據說，當人類首度在這顆行星上具體成形時，我們擁有的是一套截然不同的生物系統，這套系統是自給自足的，既不需要食物，也不需要流質；隨著時間的推移，演化成為目前的系統，而未來的生物系統演化則取決於我們的生活型態與選擇。

問：根據所有國度真正和平相處的聖經預言，獅子真的能夠與羔羊相偎相依嗎？

這同樣與形態生成場有關。如果我們消滅人類的侵略性特質，停止屠殺人類和動物生命，這將會強而有力地改變社會和地球的生物場共振，力量大到足以使所有的國度留下印記。如果我們接著確保每一個個人都可以接通提供完整滋養的能量管道，讓大家感到充實滿意，同時變得利他、覺知，開始表現得像是有愛心且尊重他人的大師；顯而易見地，這也將在每一個國度留下印記。我在旅行時常說，我們在動物界看見的侵略程度，就是鏡映我們在人類國度裡看見的侵略程度。消滅人類的侵略性，提升「神聖之愛」的放射功率，我們將會看見「獅子與羔羊相偎相依」的實相。

問：只依靠普拉納滋養的人如何維持體重？

簡言之，這與態度和程式設定以及信心有關。相關的還有身心連結的科學，以及我們是否深信，身體的每一個細胞會如實聆聽我們的思想和命令，加上是否深信，如果表現得像主人，身體就一定會聽從我們的命令。如果我們內在有破壞程式在執行，這類程式設定將不會起作用，所以有必要找到這些位址並加以清除。好的是，所有程式編碼在真正完全放掉各類食品的攝取之前，都可以先行測試。因此，我們建議，這點要逐步測試，將你的食物攝取從每天三餐減為兩餐，且減少分量和種類。

成功地仰賴神性之光生活，需要肉體、情緒體、心智體、靈性體做好某種程度的準備，並達到某種程度的潔淨與健康，這也需要信任內在神性自我的力量。我們討論過「甜美生活型態計畫」，也討論過需要用來維持體重的健康／平衡／體重／形象命令，而且馬上就要討論利用這點結合氣的機器。有趣的是，你會注意到，沒有程式設定，體重最終還是會穩定下來，但往往要等到體重明顯減輕之後。

問：許多人現在過著全人的生活，也因為自己的生活型態而愈來愈親近阿法－西塔波區段，這些人變得愈來愈敏感。這樣的敏感度往往使他們覺得好像必須更加深居簡出，因為不喜歡混雜到社群生活中較為厚重的貝塔－阿法波場域。此外，也常有活在阿法至西塔波場域的人發生疏離的現象，脫離「正常的」家庭與朋友的相關聯範圍。你能針對這點表達意見嗎？你的研究有什麼發現呢？

次元生物場研究者以及靈修人士，是指已經學會如何與一切場域互動的人，這些人——在理想的情況下——可以和諧地存在任何場域中而不至於瓦解自己的場域。如之前討論過的，若要選擇性地汲取想從人世間吸收到的頻率，我們擁有的兩項最強大的工具是：

一、我們的意圖、意志、態度，亦即，吸收遊戲對抗放射遊戲。

二、使用我們將在第十一章討論的生物屏蔽裝置。

三、我還感覺到，了解如何影響現存場域，以及如何以更加滋養的方式編織支援我們的新場域，是有幫助的；關於這點，將在後續加以討論。

此外，進入神性養分頻率管道，並不是只發生在幸運之人或蒙福之人或聖哲身上。不論是誰，只要能進入聖母頻率場域和它的神聖之愛、神聖智慧管道，就能開通普拉納滋養。無論如何，要能夠生存在貝塔至阿法波占優勢的場域，同時還要從西塔波場域取得足夠的滋養來維繫健康，這仍是一項每天要面對的挑戰。也因此，我們的能量連結與生物屏蔽裝置是那麼有幫助，因為這兩項讓我們得以操控普拉納的流動。另外，每天修煉克里亞瑜伽（Kriya Yoga）[1]和太陽瑜伽[2]以及例如「愛的呼吸」靜心之類的技巧，都是最有幫助的。

另一個要提到的問題是，當我們有意識地轉換頻率、讓自己錨定在更具滋養作用的場域時，相關聯範圍真的會脫離頻率，選擇與我們不速配的人。在家人和朋友之間，這點尤其值得注意。對方可能不了解我們選擇了一種更精微的飲食或更靈敏的生活型態。我想要分享的是，我們都有自己的血統家族，也有自己的地球家族，而分享的理想方式則是帶著無條件的愛。因此，為了確定你給出與獲得的愛都屬於這一類型，不妨請求內在神性自我為你帶來能夠共享互惠互助關係的人。接下來，當你與家人相處時，要聚焦在分享使彼此愉悅的事物，而不是聚焦在彼此的差異。

問：哪一個比較好？

一、表現得像通道，讓神聖之愛和神聖智慧養分流經我們並向外散發到人世間，同時轉化我們的生物系統和這個世界？

二、逐步建立一座這類滋養力的儲存庫並從那口儲存井操作？

注[1][2]：這些是幫助神性養分流動的特種瑜伽，我們馬上就會討論到。

理想上是雙管齊下。先應用生活型態作為調頻計畫，再利用它作為日常維護程式，儲存庫就會逐步建立起。我曾經雙管齊下，發現兩者結合的力量比只完成其中一項更為強大。遲早，我們可能會發現，有必要做額外的付出，而那麼做可能耗盡那口儲存井，因此，我們需要接通永不枯竭的無限本源（詳見第七章），而且需要保持放射的純淨（那是生活型態造就的）。因為靜心冥想提供的這類食物，我們發現自己自然而然地渴望處在那個寧靜、充滿愛的空間，尤其如果生活在混亂的城市，感覺上彷彿快被較密集的節奏所溺斃，更是會升起如此的渴望。完全生活在貝塔波場域，會製造出情緒、心智、靈性層次的厭食症，導致人類走向失和、戰爭與混亂。

問：瞬間物理轉化的時間是怎麼一回事？當人們採用某種命令或複誦，似乎沒有什麼立即的改變，該怎麼辦呢？

有若干內在和外在因素抑制這點。首先，有形態生成場的力量和場域的主導節奏。這就好比一個擁有女高音聲部的小男孩，在一支由一百名男中音組成的合唱團裡唱歌——除非小男孩的聲音洪亮且極其強大，否則他的音域一定會被蓋過。同樣地，食光者需要將頻率調至西塔波場域以汲取滋養，同時過著一種不斷將頻率調至這個頻率管道、以維持健康的生活型態——如果這顆行星上只有百分之一人口的百分之零點零一在做這事，那麼這個頻率可能很難維持。不過，值得慶幸的是，與貝塔波場域放射相較，西塔波場域放射的威力就像一顆原子彈爆炸，兩相比較下，西塔波宛如一根蠟燭，所以人數並不是最重要的因素。

下一個因素關乎個人對內在之神的信任程度，也關係到「我們是存在於形體中的神」，具有需要供我們使用的一切創造力、療癒力、轉化力這個想法的真實程度。許多人在理智上相信這點，但在細胞層次上卻不然。開通內在神性自我的力量，然後見證祂的流動和祂所帶來的裨益，全都有助於建立這份信任。在這個場域裡，經驗是一切，因為神聖之愛的流動不是理智的事，而且只有當我們在內在感覺到這股流動時，對祂的信任度才足以使我們臣服並探索祂的其他特質。

第三個因素與業力學習有關，而第四個因素與我們的神聖藍圖和我們同意扮演的角色有關。儘管如此，一切都會依照該有的樣子完美地開展，而我們唯一被要求要做的是，保有此一慧見——認定自己是存在於形體中的神，同時以無瑕的態度盡力而為，彷彿我們真的是大師，如此，宇宙才能支援我們回歸「一體性」的場域，在此，一切可能性都是真實的，嘉惠每一個人的最高實相得到支持，得以成形。我們愈是這麼做，就愈快讓個人和全體的瞬間顯化能力變得顯而易見。

過去十年來，以普拉納為食的人注意到一個非常有趣的社會現象，那就是，把時間花在普拉納場域的許多人，自動地開始少吃且因此感覺更好。由於透過我們放射的能量是愛（它是神聖之愛的聖母頻率，提供第三階西塔—德爾塔波滋養特質），而且我們的個人生物場已基於經驗而得到印記，知道我們不需要從實體食物取得滋養，這往往會在身旁之人的場域留下印記，讓他們得以更快速進入自己細胞內的西塔—德爾塔波場域，然後這會帶來某些好處——例如，直覺知曉、靈感力的敏感度增加、渴望少吃等等。將自己的生物系統轉化成內在神性自我力量的發射站，這是我們能夠達成的最高級煉金術行為，而且這個動作自然會為我們帶來第二階和第三階滋養的副產品。

問：對成為以神光為食的人而言，瑜伽訓練有什麼好處？你提到克里亞瑜伽和太陽瑜伽；你能解釋兩者的差異和它們的好處嗎？

瑜伽已在西方世界大受歡迎，所以最好要了解瑜伽的不同類型，以及它們與普拉納進食的關聯。首先，要提供特定的神性養分取用程序，事實上是不可能的，因為就如我們不斷強調的，這完全關乎個人的頻率，而個人頻率是由我們的過去和當下經驗以及態度所決定，因此不會有兩個人是相同的。不過，我們可以提供一套將頻率調到神性養分管道的精選工具，然後個人可以利用這套工具來實驗，而瑜伽修煉法就是這些工具之一。此外，這些年來，我已逐漸相信，所有瑜伽修煉法都需要從神性養分管道成功進食，因為每一種修煉法都帶來一種特定的調頻工具。

翁拉姆．麥可．艾凡霍夫（Omraam Mikhael Aivanhov）（譯註：一九〇〇至一九八六年，原籍保加利亞的法國啟蒙學大師。）是我在許多層面上都欣然認同的神祕導師之一，就在我開始撰寫《眾神的食物》最後一部分時，一本講述他的教誨的著作被當作禮物寄來。我向來注意這類「巧合」，儘管這本書是與一張法文明信片一起寄來的，但我知道，這是我的必讀讀物。這本書叫做《美的光輝：太陽的瑜伽》（*The Splendor of Tiphareth: The Yoga of the Sun*）。收到這本書的前一天，我應邀去參加希拉・拉坦・馬內克（**Hira Ratan Manek**）在美國宣傳以凝視太陽為食的巡迴演說。這兩件事都已敦促我更深入地評估利用太陽能滋養的價值，而當我開始閱讀艾凡霍夫的著作，我領悟到，書中包含我需要在此增添的重要資訊，尤其是關於太陽瑜伽藝術的部分，這是一種我已經憑直覺涉入多年的修煉法，儘管當年我並不明白它被稱作太陽瑜伽。

太陽瑜伽是太陽的瑜伽。誠如我們在第六章「以太陽為食」這節裡討論過的，最豐富的現代普拉納滋養相關研究，是千禧年之交由夏醫師和他的團隊以及他們的「白老鼠」馬內克在印度完成的，馬內克是一位瑜伽士，人稱聖者ＨＲＭ（**Shri HRM**）。不過，太陽瑜伽涉及的不只是凝視太陽和經由大自然吸收普拉納的流動。太陽瑜伽合併所有其他的瑜伽修煉法，進而聚焦在連結「智高無上的智能」；祂既餵養我們的自然界太陽，又透過太陽流動。體認到供養我們的太陽並將其能量導入第三和第四次元等較低層面的「神力」，創造出巴克提瑜伽（**Bhakti-Yoga**），那是一種奉獻與敬畏的感覺，因為沒有我們的太陽，就不可能有生命。包括人類在內等一切存在世間的有機體，都因我們的自然界太陽放射的能量而得到餵養。在清晨或黃昏太陽的溫暖中，修煉哈達瑜伽（**Hatha Yoga**）及其各種體位法，會以另一階的食物和力量，打開並餵養我們所有的經絡和脈輪系統。應用梵咒瑜伽（**Mantra-Yoga**）的正向心理投射和思想念相，以及採用克里亞瑜伽將外在光流導入我們的內在系統，都讓我們的太陽瑜伽的太陽時間變得更有裨益。

此外，太陽瑜伽需要我們保持寧靜，並經由靜心冥想和創意觀想，將自己的心靈投射到第五次元及其以上的頻率帶，在此，我們可以認識到存在於太陽場域內的智能生命等級，但這是一種進階修煉，提供給以開放態度去經驗第五、六、七（及以上各階）多次元生命形式表達的人。艾凡霍夫在他的太陽瑜伽著作裡分享，智能生命可以居住在我們的自然界太陽的高階能量場內，如此的想法對許多人來說是荒唐可笑的，這就好比如下的想法也一樣荒唐可笑：我們的身體可以從它自己的內在原子架構取用某個滋養源頭，或是：每一個原子都是通向內在宇宙的一扇門戶，或是：我們可以引導紫蘿蘭色光線（從這些內在的靜修處），去吸引更多具滋養作用的紫蘿蘭色光線，並經由梵咒—聲音瑜伽（Shabda-Yoga）創造一套生物回饋迴圈系統，以餵養我們的細胞。

艾凡霍夫的看法，也與晚近探討人類腦子的天然特性及其偏好的研究一致，都說腦子的特性與偏好在於鏡映並改變共振模式，以配合它所關注的焦點。他說：「藉由將他全部的專注力量集中在太陽上，沉浸在這一切原始純淨裡的他（某位神祕派學生），可以捕捉到需要的元素，並將其吸引到自己裡面，以此確保他的健康與均衡。」他還說，由於太陽提供一切元素給所有的生命，我們才能仰賴它的純淨本質為食，以及：「因此，當我們凝視太陽時，即使自己不知道，我們的靈魂也會呈現出相同的形狀，並成為一顆光輝、燦爛的星球。如果模仿魔法正在生效，那這就是法則；我們看著太陽且我們的整個存在開始宛如太陽。只是看著某樣東西，我們就創造出一種關聯，一種我們自己與我們正在觀看的客體或存有之間的聯盟，我們的振動調整成對方的振動頻率，而且在相當無意識的情況下，我們模仿著對方。」他繼續談到太陽瑜伽：「如果你想要像太陽一樣，就必須以莫大的愛與信任凝視它。以此方式，你將變得更溫暖、更光輝、更善於將生命灌注到他人裡面。處在他人之間，你的臨在將是一顆太陽的臨在，散發著光、溫暖和生命。」

使用梵咒瑜伽可以提醒我們，太陽也是一切生命的滋養「本源」，於是我們可以改變自己的心境，認清它擁有直接餵養我們的力量，無須經過植物界和動物界等人類的中介食物鏈。

問：其他類型的瑜伽呢？它們要如何融入取用神性養分管道的準備過程？

若要適當地回答這個問題，我需要花一些時間區分某些傳統瑜伽修煉法之間的差異，因為在我們的肉體、情緒體、心智體和靈性體，準備將頻率調到神性養分管道的過程中，每一種瑜伽都擁有一席之地。

瑜伽是形而上的藝術，源自印度和西藏、中國、日本、埃及、以及波斯和所有擁有自己瑜伽形式的宗教。舉例來說，在基督教信仰裡對神表達崇敬、祈禱、默觀、奉獻的修煉法，在印度被稱作「巴克提瑜伽」（譯註：意為「至善瑜伽」），這是奉獻和靈性之愛的瑜伽。沒有熱愛自己的內在神性自我，沒有渴望感覺到祂的愛，就無法開始連結到神性養分管道，因為獻身於神聖之愛的經驗會吸引眾神的食物。奉獻、默觀、祈禱的經驗為我們帶來修行的燃料，使我們將頻率更深入地調至神性養分頻率管道。

有知識的瑜伽，又名**智瑜伽**（Jnana-Yoga），這是發揮一個人的才智來敬神，而這種瑜伽修煉法據說適合願意接受研究調查與哲學反思的人。接受普拉納滋養的可能性需要榮耀我們的智能，也需要體認到，我們的內在也擁有一份超光速智能，它鏡映出擁有原初創造力的「無上智能」。若要成功地得到滋養，我們需要信任並臣服於這股創造力，而當我們做了充分的智性與實證研究，終於放鬆並放手且讓內在的神餵養我們時，信任與臣服才會發生。發現然後榮耀內在的「神性智能」是真實的智瑜伽修煉法。

業報瑜伽（Karma-Yoga）是獻給正在學習無私服務的人，要讓服務在沒有想到報償的情況下完成。業報瑜伽透過實踐嘉惠他人的善行教導我們利他主義。這是「甜美生活型態計畫」一個非常重要的面向，因為如果要將自己的頻率調到純愛構成的聖母頻率場，帶著慈悲完成的善行，是我們所擁有最為強大的工具之一。

為了成功地從神性養分管道進食並維持健康，我們需要學習掌控自己的低階本性造成的任何限制性影響，同時成為自己內在場域的國王。我們透過**勝王瑜伽**（Raja-Yoga）做到這點，從中發展出全神貫注與自我控制。

將身體準備得夠強壯，足以下載隨著普拉納進食而來的神聖電流，這會為我們開啟修煉**哈達瑜伽**（Hatha-Yoga）之路，以及它利用各種體位和姿勢開通我們生物系統心靈中心的能力。哈達瑜伽鍛鍊我們的自律性、意志力和毅力——對神性養分旅程的先驅而言，這一切都大有幫助，不過艾凡霍夫說，對於自律性較差的西方人，往往不推薦哈達瑜伽。

克里亞瑜伽（Kriya-Yoga）幾乎是之前所有普拉納滋養者最常採用的瑜伽修煉法，因為克里亞瑜伽是「光」及光之色彩範圍的瑜伽。它包括針對光思考、觀想光、透過眉心輪或上丹田體驗內在的光流、透過自己的氣場運作光能量、學習以滋養的方式導引這道光流，就像道家大師的「小周天軌道」修煉法。

一種特定的克里亞瑜伽修煉法支持吉里．芭拉（Giri Bala）六十多年，使她足以免於食物或流質的需求，而同樣也是克里亞瑜伽，將不死賜予喜馬拉雅山的聖人巴巴吉（Babaji）。克里亞瑜伽可以被用來指引光穿越網格，就像風水師和次元生物場科學研究者的工作那樣，而維持生物屏蔽裝置的也是克里亞瑜伽。此外，克里亞瑜伽也餵養我們的脈輪及其相關經絡。

阿格尼瑜伽（Agni-Yoga）的修煉者，往往是重生大師以及利用大自然元素力量進行修煉的人，因為阿格尼瑜伽致力於點燃內在之火，並以此作為宇宙創造源頭的火元素。阿格尼瑜伽讓我們得以透過中央太陽經由我們的下丹田或臍輪畫出一道滋養流，而且就是這項能力使我們與凝視太陽為食的人有所區別。阿格尼瑜伽連結我們與赫利奧斯大人（Lord Helios），祂是掌控太陽光散發的「智能」。

梵咒瑜伽（Mantra-Yoga）或梵咒—**聲音瑜伽**（Shabda-Yoga），這類是言辭力量構成的瑜伽，有特定的密碼、命令或梵咒，用在特定的時間，以特別的頻率和強度達到一定程度的生物系統改變，並經由光，重新導引宇宙的智能力道。這也是甜美生活型態計畫的一個重要部分，因為它讓我們得以取用分子的智能、重新導引內在和外在的能量流動、改變細胞的行為模式。

【神性養分計畫．技巧十八】瑜伽教師工具

- 學習並練習靜心冥想和瑜伽。
- 要求你的內在神性自我為你帶來最適合你的瑜伽和靜心老師。

我們已詳細談論過，以各種瑜伽修煉法調整頻率，讓自己做好準備，成為完全依靠神性養分餵養的人。我們也談過態度的重要性。現在，我想要介紹一些談論薩滿（Shaman）的資料，因為通常受到神性養分、以光維生實相吸引的人，要麼有瑜伽背景，要麼有薩滿傾向。由於這些人的靈學經驗，他們可以比較輕鬆地了解並掌握這類概念。

問：薩滿是什麼呢？

「薩滿」一詞來自北中亞地區通古斯族（Tungus）的語言，經由俄國人轉譯成英語。薩滿往往被認為是狂喜大師，或是善於轉換形相者，或是這種人有能力經由靜心冥想或清醒夢，隨心所欲地改變自己的意識狀態、離開自己的肉身、在兩個世界之間移動。他們往往是靈修者或治療師或是能夠御風御火的人，而且通常是發球賽裡獨來獨往的單人玩家。

薩滿就跟瑜伽士一樣，來自各行各業，往往是在某次瀕死經驗後接收到自己的力量，或是經歷過艱苦的訓練和點化。許多薩滿在高階和低階世界的各次元之間移動，執行的任務諸如，護送摯愛的靈魂通過低階國度、與高階國度的偉大光體交換意見，並接收具預言性質的真知灼見。

薩滿往往生活在實相的邊緣與社會本身的邊緣。很少人真有那樣的毅力可以進入這些界領域探險，何況還要忍受（根據許多薩滿的描述或觀察）因擔任兩界橋梁帶來的外在艱困和個人危機。

問：以太陽為食或太陽瑜伽的理念，好是好，但是，當我們生活在最少太陽兼最大污染的地方，遮蔽了有益的普拉納射線，該怎麼辦呢？例如，像倫敦那樣？

這正是為什麼我覺得，單靠太陽進食原則不足以維持神性養分的流動，何況要做到這點，我們必須從流經自己下丹田的中央太陽能量進食——如第七章所述。此外，我認識的所有成功以太陽為食的人，包括馬內克在內，都如第六章討論過的，修煉著他們自己的八要點「甜美生活型態計畫」。為了讓我們的健康與快樂維持一致的水平，我們必須將某種類型的克里亞瑜伽應用到我們的內在和外在能量光流上。

問：你認為完全依靠普拉納維生的主要條件是什麼？也就是，只仰賴神性之光維生的祕密是什麼？

十多年來，個人的實證研究，加上訪談過幾百位經由神性養分成功生活的人，我的一個結論是：決定在這方面能否成功的因素就是我們的振動，除此無他。只要這是我們的意圖，我們的振動讓我們得以從內在場域引出此一養分，並貫穿我們的細胞結構。此外，這也讓我們得以吸引更多內在和外在的氣，因為普拉納——呈現「宇宙火」（Cosmic Fire）和「星光體」（Astral Light）的形式——是維持所有生命粒子的主要元素。類似純淨的心的東西、帶著慈悲與善意服務的能力、寬大開放，到願意接受高界法則並發揮自己的高層心靈，凡此種種，都會強力地將我們的頻率調至可以揭露自我超自然力量的管道，在此，這能力只是一項小小的副產品。

問：世間那麼大力強調營養失調和肥胖，以及厭食症和身體形象，而人們又不斷表示，實體食物是來自神的禮物，不吃是「不自然的」，是拒絕讓自己享受一大樂事；你如何處理這點呢？

首先，營養失調、肥胖和生理性厭食症，全都是人類在情緒、心智和靈性各方面的厭食狀態帶來的結果，而當神性養分從內在被釋放出來時，就有力量消滅這些結果。其次，有許多方法可以滋養自己，先撇開食物或是隨意性愛，以及像電視那樣鈍化、刺激心智的藥物等慣常選擇不談。我並不是說這些事情本質上都是「壞」的，只是關於另類滋養形式，我們還沒受過良好的教育。

與朋友以及在社交場合裡分享食物，的確帶來莫大的愉悅，不僅對味覺而言如此，在情感連繫層次上更是這樣。這是有些第三階的食光者仍舊不時進食的理由之一，儘管他們的生物系統已經擺脫了對實體食物的需求。對我個人來說，我可以送給自己的最佳「膳食」是沿海灘走一遭，在此我可以沐浴在太陽和風和水之中，同時吸收這些普拉納。我的另一種「膳食」是在雨林間散步，或是趁黃昏或黎明之光在山上靜心冥想。人類已經進入需要重新評估何謂真實滋養的演化期，因為人類史上頭一次，居然有大約十二億人因身體缺乏滋養而飽受營養失調之苦，十二億人因肥胖相關問題而受折磨（肇因於身體養分不正確，以及為因應快速社會而產生的速食成癮）。對許多人來說，進食與食物帶來的「愉悅」是一種情緒成癮，企圖滿足更深層的飢渴。在我們的演化過程中，這一次，我們憑直覺得到引導，要鼓勵促進並維持肉體、情緒體、心智體和靈性體整體健美的愉悅。

問：身為全球神性養分典範的主要倡導人，又必須面對因普拉納滋養實相而自然產生的所有懷疑態度，對於這樣的未來，你怎麼看？

就跟許多瑜伽士和薩滿一樣，我曾經蒙福，擁有可以（不時）瞥見人類未來的能力，而且我曾親眼見證，基於它的個人和全球利益，「第三階以普拉納作為滋養品」的實相正得到神性的支持，而且將不會消失。我見過一個世界，在那裡，宰殺任何生命（人類或動物）不再是一部分實相，且被看作是某種屬於野蠻、無知過去的東西。在這個「新」世界裡，有對一切生命的愛、榮耀、尊重，而且人們受過如何創造並維持肉體、情緒體、心智體、靈性體健美的教育。在這個世界裡，我們生活在一座座彩虹城市中，城市由散發著愛和智慧以及健康與快樂的水晶光構成。

問題是，我們如何到達那裡？

我們需要採取哪些步驟才能進化到這個新世界？

答案不過是人類意識的擴展，這發生在當我們採納更整體的生活型態時，而這類生活型態的設計，旨在改變我們的腦波模式並活化我們的高階敏感度。

雖然懷疑態度是健康的，但對於處在這個新典範「前線」、總是表現得像主人的那些人來說，因缺乏教育導致的無知與恐懼，才是為什麼這點那麼重要的原因。這樣的融會貫通有一部分涉及——不管發生什麼事，不論情況如何，都有能力掌握並散發愛的振動。

這些年來，與內在場域的「聖哲」的連結向我揭示，一切都是得到光和色彩及聲音的餵養，也因這三者而存在，而三者的射線與振波則是「宇宙天法」和數學編碼驅動的，就好比一部巨型「宇宙電腦」。因此，一切均可經由我們的意志、想像和心念加以引導，且無事不能。我還感覺到，調整自己身體的頻率，先調至第二階層，然後最終調至神性養分管道第三階的禮物，這是基本的神祕科學，也是我們演化過程的下一步。

所以，這樣的未來到底是什麼？

由於這個範型對主流實相是極大的挑戰，因此許多人都經歷過公開與私下對立兩種奚落揶揄，然而我們知道，最終，我們將會進入一種接受的狀態。隨著這些時期在不同的國家展開，食光者在當地示範這個典範，而有些食光者沉潛下來，很少談論這類事情，有些則是非常公開地支持，但多數食光者是謹慎小心，仰賴自己的內在指引告訴他們能與什麼人分享這類事情。

此外，世事變遷，總是長江後浪推前浪：一九七〇年代，威利・布魯克斯（Wiley Brooks）在美國發起「食氣主義」（breatharianism），接著我在澳洲、亞洲和歐洲公開地力挺「普拉納滋養」幾近十年，直到完成我在這方面的媒體任務為止。現在，馬內克正在擔任那個公眾形象，他馬不停蹄地巡迴印度和美國，與形形色色的醫學和科學團隊合作，為的是提出他的「太陽進食」計畫。在馬內克之後，一定會有另一個人，就這樣繼續下去。當然，我們體認到，他人完成的所有工作，對於錨定這個實相均有個人和專業上的貢獻。當一個典範停留人間，你可以看出端倪，這時，來自許多不同背景且多數素未謀面的許多不同人士，開始達到並分享同樣的發現，而神祕圈內目前振奮人心的事情之一與禮物有關，亦即當我們有意識地轉變腦波模式時，會出現哪些禮物。

問：你常說，光是免於攝取實體食物的需求，這個想法不足以激勵這趟旅程上的人們，還說，冀望參與此事的大眾需要覺知到「更大的布局」。你能解釋你這麼說是什麼意思嗎？

人類已被賦予了驚人的能力，要去重新發現、體認、經驗並示範內在的神力。我們已經過程式設定，要去示範此一神力並成為與之同在的力量，時間任由我們選擇——因為在某個層次上，我們的運作就像迷你電腦，執行著跟名為神的「宇宙電腦」同樣的軟體。這個神力或神，散發著祂具滋養作用的愛與光，透過我們的內在太陽中心去餵養我們的脈輪，也透過我們的外在太陽讓祂有力量去餵養我們的細胞。無論如何，了不起的並不是看見一個人類變成免於吃進實體食物的需求，而是看見一個人類散發完全由自己的臨在餵養的那類光和愛。

我認為艾凡霍夫的這段話，將這個道理總結得最好：「當我們將注意力集中在太陽——我們的宇宙中心時，就更加靠近自己的中心、我們的高我、那顆內在的太陽；我們愈來愈融化到祂裡面。

但將注意力集中在太陽上，也意謂著去學習調動我們的一切思維、欲望與能量，將它們投入工作，服務最高的理想。一個人若致力於統合內在不斷威脅要將他扯裂的紛雜力量，並動員這些力量以追求一個發光、有裨益的目標，他就成為強而有力的焦點，有本領朝四面八方放射。相信我，融會貫通自己低階本性傾向的人，能夠嘉惠人類整體。他變得像太陽一樣光芒四射。他是那麼的自由，以致於當他將深植於內的大量光和愛傾瀉而出時，他的意識將擁抱全體人類。

人世間需要愈來愈多有能耐獻身於這份太陽工作的人類，因為只有愛和光有本領蛻變人類。」

探尋以求滿足一切飢渴的過程中，我們養成了成癮習性，而由於欠缺全人教育，且沒有我們真正是「誰」的覺知，加上我們與我們的「創造力」是分開的錯誤概念，這些成癮習性浮現上來。一旦我們經驗到自己的真實本性，並統合自己的各個低階和高階本性的面向，內在的神的食物就會開始流動，而我們的飢渴與成癮習性將消失無蹤。

身為第三階的食光者該如何處理家庭和社會調適等問題，前幾本著作已經談過，不過，還有一個課題，我想要重新提出。人們常對我說：「我不可能茹素，那不適合我的血型，或是我的體型。」他們說：「我試了，感覺糟糕透頂。」或是：「我的醫生或營養師說，那樣的選擇對我不好。」神性養分實相最重要的面向是，融會貫通心靈更勝物質。我們全是存在於形體中的神，我們的身體可以吸收——從更高的內在和外在層面——需要的一切蛋白質、礦物質和維他命，以便自行再生、維持頂級的健康與長壽狀態。此外，開始飲食減量時，經驗到來自不純淨系統的「毒物傾倒」是司空見慣的。我們的唯一建議是，一定要覺察到自己的思維模式，而且做好準備，重新對自己進行擺脫限制性信念的程式設定，那是打開通向神性養分實相的第一步。

【神性養分計畫．技巧十九】靜默與閉黑關

我推薦下述方法作為你的薩滿、瑜伽訓練的一部分：

一、學習黑暗中在自己的住家內自在走動——這是夜視訓練。

二、學習做事卻不發出聲響——例如，準備餐點、泡一杯茶或清洗碗盤等等——這是一種與場域無聲訓練相關的禪修練習。

三、場域位移訓練：這是在學習優雅、無聲地穿越場域，且不因為你的在場而打擾周圍場域。舉例來說，許多人可能像「小象」一樣走過自己的住家，感覺好像重重跺步或大聲關門，通常，場域裡有這種人，對其他人來說就像迷你炸彈爆炸。學習穿越場域卻不打擾該場域，這等於是在叢林裡跟蹤獵物，彼時彼地，為了勝利，獵人必須非常覺知而且寂靜無聲。

四、訓練自己左右開弓——能夠有效地運用雙手，使雙手同樣靈巧。這項工具與平衡有關。

五、最後，訓練自己免於受天氣的影響——不論天熱、天冷都舒服自在，而且學會隨心所欲地控制自己的體溫，免於特定衣著的需求。總是從你的心透過你的身體，送出熱烈的愛或冷靜的愛。

六、完成上述每一件事，帶著喜悅、輕盈與歡笑，以及一份你的臨在總是影響著這些場域的覺知（針對這點，詳見第十一章第四部分，重新編織場域）。

第十章

聖母頻率

對於那些在所有層次都尋求滋養，以獲得並維持健康快樂的人，建議你依照下列步驟循序漸進，這部分屬於神性養分計畫第一階。請注意下面這個計畫，並未探討將食物從你的營養方式中消除，這一階段最基本的目標是，讓你能與神性養分頻率管道連結，好讓你的身體、情緒體、心智體與靈性體都能受到滋養，並同時能保有享受食用實體食物的愉悅感（把對實體食物需求去除的步驟，屬於神性養分計畫第三階，這部分內容在第十一章中）。

下面的步驟將能改善你的健康，增加你的頭腦清晰度，減少你對睡眠的需求，並降低你的壓力程度。如果你應用實行所有的步驟，將會發現自己能夠用更好的方式面對生活，增加活力並強化對愛與幸福的感覺，下列計畫的其他益處還有如先前列出的，例如增強直覺力，像是靈感力、靈聽力、靈視力。

你能獲得的益處並引以為樂的程度，取決於你花多少時間在下面的計畫當中，但是當你能夠用更健康、更放鬆的方式來進行，這個計畫也會帶給你更多的時間做為回饋，因為它通常會讓你在日常生活中發揮最佳的狀態。

落實第二階神性養分計畫

● 步驟一：花一點時間坐下來並誠實地思考——你仍然飢渴的還有些什麼？然後問自己：「我能做些什麼來滿足這些飢渴，而且是用對自己與他人都有益的方式？」列一張清單並設定目標，用非常實際的方式來滿足每一項飢渴，除非很清楚到底想要什麼，否則我們沒辦法送出清楚的訊號，來從這個包圍我們的智能宇宙獲得清楚的回應，而且對自己生命誠實的觀察，往往能啟發改變的行動。

● 步驟二：要改善最基本的健康快樂與提升內在寧靜祥和的程度，可以應用並享受甜美生活型態計畫做為生活的綱要，如第六章的技巧5所述，同時應用第六點來降低你在這個世界上資源消耗的程度，作為實行的一部分，在「吃得更少活得更久」的原則之下，這也可以延長你的壽命。

● 步驟三：每天早晨與晚上睡前，進行五到十分鐘的「愛的呼吸」靜心，作為甜美生活型態計畫裡的靜心，這將會吸引更多的愛進入你的能量場域，詳見第六章之技巧1。

● 步驟四：練習第六章所列之技巧3，每天花五分鐘對自己身體內的器官微笑，改善你的健康與整體的幸福感，以增加你的心智與身體的覺察力與連結。

● 步驟五：每天使用「身體之愛」工具來促進你的健康與幸福感，見第六章的技巧4。

● 步驟六：發現滋養來自你能花多少時間享受陽光與大自然，如第六章技巧8所述，在大自然中靜默也是甜美生活型態計畫的一部分，如第六章所言，學習太陽瑜伽或者更進一步閱讀艾凡霍夫的《美的光輝》一書，對這種瑜伽進行更深一層的學習。

● 步驟七：每天早晨練習紫羅蘭光靜心冥想，作為甜美生活型態計畫裡的靜心，以吸引更多的生命力與氣進入你的身體，或者在傍晚想像更多純粹的紫羅蘭之光，在內在世界充滿你的內在系統，使之持續受到眾神食物的滋養，每天花五到十分鐘進行這個「內光浴」（**inner light bath**），如第六章之技巧10，在淋浴時間能同時做這個練習也是非常好的。

● 步驟八：練習第六章技巧11的小周天靜心，一開始先獨自練習，直到你能獲得能量流經你的身體，然後才將此應用到與異性共同的分享，研究神聖性愛的科學，並且享受性愛帶來更高的愉悅感受，在質與量上都能同時增進，就如同花在兩人相愛的時光上。

● 步驟九：練習「宇宙光纜連結」靜心的步驟一、二、三，如第七章技巧16所述，這將能讓你連結內在世界中西塔—德爾塔波滋養的頻率管道。再次說明，這個完整的練習只需要做一次就已經完成連結，但是每天觀想這個內在流動，將能增進其流經過你的流量，例如每天洗澡淋浴時觀想流經過身體的是紫羅蘭色液態光芒，這個光芒從你的頭頂流入並流穿過每個毛細孔。

● 步驟十：重新整理生活環境，使它變成更為滋養的空間，並能提供你所需要的養分，例如：如果渴望能與家人進行更好的對話，就不要太聚焦在電視上，而花更多時間與家人分享與交流；如果渴望內在的寧靜感，那麼就每天花時間靜心；如果可以的話，要求家人在聽音樂、看電視的時候戴耳機；如果渴望更加活力充沛，那就重新安排你的時間表，花更多時間每天運動，並將飲食轉換為生食（raw food）；如果渴望更有品質的生活，就安排沒有電視、沒有孩子的夜晚親密時光，與你的伴侶共處；在尋找滿足自己飢渴的方式時，可以更有創意，但需同時照顧到家人的需求。記得除非你學會如何滋養自己，否則別人無法滋養你，即使你偶爾需要他們帶給你滋養。

● 步驟十一：轉變態度——決定要有更多樂趣、更多歡笑，跳更多舞、唱更多歌，花更多時間玩樂，同時感謝生命中所有美好的人事物。

聖母頻率與西塔—德爾塔波滋養益處

在眾神的食物一開始的介紹裡，以及對腦波模式的初步探討，討論到當一個人調頻到西塔—德爾塔波頻率場域時，有些益處會自動來到。我也分享了能夠成功轉換至這些滋養方式的祕密，其一是生活型態的選擇，其二是我們的腦波模式錨定在哪個頻率波段裡。

然而，成功獲得眾神的食物滋養的能力，跟我們愛人與滋養自己與他人的能力有直接關聯，當這樣的滋養在我們的生命中流動時，我們是藉由下面這些特質去辨識，我將這些特質視為是自然產生的副產品，或者是沐浴在聖母頻率裡的結果，聖母頻率即是本質，是純粹的神聖母親之愛。這個頻率目前在地球上是短缺不足的，這也導致了我們各種程度的貧困、戰爭與混亂。

如何得知某人正在接收這種型態的滋養呢？可以藉由他們顯露於外的美德來辨別。

這些有可能是：

一、當一個人調頻至聖母頻率的神聖之愛與神聖智慧頻率管道中時，他能散發出「神性光輝」，我將之稱為德爾塔波場域舞蹈，因為這個層次的光輝為我們的生命帶來恩典的喜悅波動，加上健康快樂、和平與繁榮，當我們的腦波頻率模式調頻成為西塔—德爾塔波之時，將會自動把健康快樂、和平繁榮吸引到我們的生命當中。

二、當一個人調頻至聖母頻率的神聖之愛與神聖智慧頻率管道中時，他會被純粹的心激勵，並擁有「神聖意圖」，且因此能進入完美無瑕的網絡與神聖支持系統當中，在內在世界或外在世界皆然。

三、當一個人調頻至聖母頻率的神聖之愛與神聖智慧頻率管道中時，他將能夠接收他們內在神性自我的神聖指引，那是一個純粹的智慧，全然的睿智、慈悲與不朽，因為在祂心中只關心對眾生有利之事，許多接收到內在神性自我指引的人，正在創造與應用不朽的網絡，第一個不朽的網絡就是「宇宙涅槃網絡」（the Cosmic Nivana Network），這個網絡只有在掌握心智力量時，藉由祈禱與心電感應來進入與讀取，這是內在世界的「好消息」網絡，設計來發布能賦予我們力量的訊息，好讓我們能共同創造個人與地球的天堂。當我們啟動活化第六感、第七感以及腦下垂體及松果體的時候，存取宇宙涅槃網絡的能力就會自然來到。

四、一個人調頻至聖母頻率的神聖之愛與神聖智慧頻率管道中時，他將能吸引「神聖恩典」的流動來支持他們的和平工作，與此同時我們也在滿足靈魂契約的調整，當內在網絡（Innernet）成為主要的溝通源頭以銜接內外世界之時，網際網絡（Internet）與「神聖恩典波動」則是外在世界連結的主要溝通網絡。恩典波動作為神聖電力的一種形式，會自動被吸引到西塔—德爾塔波場域裡，並偶爾會探訪那些在阿法波場域中的人。「神聖恩典波動」是一束光線，是一種聲音的節奏，它能攜帶著創造成功生活的支持架構。被神聖密碼這個宇宙法則驅動，恩典波動能流經這些法則並形成吸引力。

五、當一個人調頻至聖母頻率的神聖之愛與神聖智慧頻率管道中時，可能獲得來自神聖秩序的豐盛與繁榮，這部分有可能需要獲得宇宙豐盛銀行的存取權並加以利用，那是一座內在世界的乙太銀行，對於那些已經處在西塔—德爾塔波頻率場域恩典波動中的人來說，這座銀行的大門一直都是敞開著的；對於能夠配合其脈動節奏的人來說，這座銀行可以下載豐盛的愛、健康、財富、熱情與生命目的。任何一個誠懇致力以和諧達成全球精緻化的人，或者以全部眾生利益為準則作為生活方式的人們，將能夠獲得完美的資源來完成他們的工作，純淨的心與意圖是進入這座宇宙金庫的鑰匙。

六、當一個人調頻至聖母頻率的神聖之愛與神聖智慧頻率管道中時，可能會從聖哲協助專線：「宇宙涅槃網絡」中接收到神聖傳訊。通靈、接收來自神界智慧下載、自動書寫、靈視力、靈聽力、靈感力，會變成聖母頻率普遍且自然的副產品。與神界不同層級互動並且接受聖哲們幫助，在這個頻率場域也是很常見的，因為萬物生命都是誕生在聖母的神聖之愛裡，所有的生命與各種王國，皆因聖母能量場域而存在。

七、當一個人調頻至聖母頻率的神聖之愛與神聖智慧頻率管道中時，可能接收到來自神界的天啟，並因此聚焦在更宏觀的視野上，釋放自聖母頻率能量場域的神聖天啟，能夠激勵無私的服務。

八、當一個人調頻至聖母頻率的神聖之愛與神聖智慧頻率管道中時，將會自動地感覺有更多同情心、更無私、更仁慈，並且關心其他人的福祉，將我們的系統充滿聖母頻率，會從我們內在深處帶出滋養他人與被滋養的渴望，它也吸引我們進入其他有相似生命焦點的生命體的能量場域中，因此允許這個群體更加強壯且受到更有力量的滋養，聖母頻率能夠激發且支持互惠互助的關係。

九、當一個人調頻至聖母頻率的神聖之愛與神聖智慧頻率管道中時，能夠參與神聖共同創造，聖母頻率提供給那些追求各方皆贏的人們和諧的解決方案與完美的決心，於是有了快樂的我、快樂的我們、快樂的全球實相。這些解決方案支持一個真正聞名世界的創造，而這個世界的座右銘是「愛所有、敬所有、榮耀所有」（LOVE ALL, RESPECT ALL, HONOR ALL），這是來自亞西西聖方濟各的備忘錄，這位聖哲總是為推動所有王國的和平共存而努力，他的座右銘「和平美善」（PAX ET BONUM），是古時一種問候語，意指「和平與所有美善的事物」。

十、當一個人調頻至聖母頻率的神聖之愛與神聖智慧頻率管道中時，將有能力與神界進行溝通，並因此理解如何成為兩個世界的橋梁，他們將會被訓練，且訓練聚焦在以全人教育的某些面向為這個世界刻劃印記，例如銜接宗教與科學之間、靈學與量子力學之間、東方與西方之間、譚崔與瑜伽之間、神聖數學與神聖符號之間的橋梁；或者銜接偏向傳統的領域，例如銜接主流醫學與另類療法之間的橋梁。他們也可能聚焦在環境永續的領域裡，或者資源永續、替代性可再生能源、新財務金融系統，以及任何能夠為利益眾生而服務的領域。真正的神界溝通，總是指引我們去為所有人的最大利益做共同創造，因為這樣的溝通自然充滿了神聖之愛與神聖智慧的聖母頻率。

十一、當一個人調頻至聖母頻率的神聖之愛與神聖智慧頻率管道中時，將能理解神性顯化的力量，幫助理解神性顯化力量的方式之一，就是去理解最次元生物場科學最基礎的機制。擴展時間、每一個全新當下時刻的重要性以及穿越時間線等，都是次元生物場科學裡的調頻工具。

十二、當一個人調頻至聖母頻率的神聖之愛與神聖智慧頻率管道中時，將能體驗神聖喜樂，沉浸在聖母頻率場域中時，喜悅、光與理解，將會被釋放一湧而出，充滿整個生物系統，或許只能用純粹腦內啡高潮來描述這樣的體驗；或者有人稱之為喜樂、涅槃、三摩地，會令人大喊「哇！」一聲，就是其他喜樂感受的稱呼，有些人則把這樣的旅程與實相稱之為「開悟的狂喜」。

我們那已開悟神性的內在本質，也就是內在神性自我，我們邀請祂並讓祂來「在所有的層次愛我們、指引我們、療癒並滋養我們」，並臣服於祂的神聖意志與無上智慧慈愛的影響之下，這是此刻我們所能做的最睿智的事情之一，因為我們的內在神性自我，是六十多億人堅不可摧的唯一共同點。記得「內在神性自我＝內在的神」，「神＝一個智慧意識全知、全愛、全智、全能、全在的場域，從一個創造萬物的純粹能量本源脈動而出。」就是如此，祂理解全局，並且看待我們為具有肉身形體的神，我們早已開悟，只是或許忘記要表現出來。聖母頻率能夠讓人們理解神聖回報「請求與獲得」的原則。

十三、當一個人調頻至聖母頻率的神聖之愛與神聖智慧頻率管道中時，將能接收到神性養分，那是純粹的西塔—德爾塔波頻率場域的愛，如我們一再強調的，我們所能夠取得的最純粹形式的養分就是神聖之愛，因為它就像所有創造物的黏著劑一般，讓所有的分子維持活力、讓原子擴展、讓細胞與靈魂受到滋養與妥善餵養，神性養分提供完美的養分供給我們的肉體、情緒體、心智體與靈性體。

如同我的其他的叢書所談到的主題，這是一門創造情緒體、心智體、靈性體健康的藝術，讓我們在《眾神的食物》一書裡繼續聚焦在神性養分的面向，因為這裡要介紹一個非常簡單的系統，給那些對於不只是接收能夠讓我們健康快樂所需的養分（第一階）有興趣的人，也要給那些更專注在特定層次的人，讓神性養分之流，確實讓我們從對地球資源實體食物的依賴性中解脫開（第三階），現在提供一個簡單的、循序漸進的計畫，來確保我們這個目標能夠成功。

想像一下這個生活方式為我們的未來世界帶來的衝擊。而證明它的最好方式，就是成功地應用實行它，成為活生生的典範，所以對於先前預先調頻要往這條路前進的人們，讓我們繼續走下去吧！

下述各章探討

「神性養分的專業領域與普拉納滋養——第三階」

◆◆

獻給同道之人普拉納滋養者、食光者、神性養分專家的新處方及專業術語
這人能夠進入神聖之愛和光構成的聖母頻率場域，
也能下載足夠的這類能量流經自己的生物系統，藉此維生，
從而擺脫攝取實體食物和維他命補充品的需求。

◆◆

研究事實：

成功地只依靠普拉納生活六個月或六個月以上的人：

- 百分之八十八在放棄實體食物之前曾是持續五年以上的素食主義者，且其中百分之十八曾是果食者（fruitarian）。
- 百分之九十八已是長期靜心的禪修者（五到二十年以上）。
- 百分之六十已承諾畢生服務，且當時正過著有意識的生活。
- 百分之九十八經常祈禱。
- 百分之六十六經由排毒計畫和他人建議的生活型態，隨著時間的推移讓自己的身體準備好。
- 百分之六十三參與過強大的掌握心智練習。
- 百分之八十三表示，他們覺察到，他們創造了自己的實相。
- 百分之五十八走上這條路並不是因為希望永遠不再進食，而是希望擁有選擇的自由。

第十一章

免於實體食物的需求

第一部分：普拉納滋養連結

在這一章裡，我希望探討第三階的滋養來源。這些是我們需要採取以求取用足量普拉納的步驟，如此，我們才能免於實體食物的需求。

當普拉納透過無食物的生物系統場域流動時，每一個細胞內的絲狀體都會回應，它們振動並從流經該系統的西塔—德爾塔波吸收所需要的營養。如果西塔—德爾塔波的混合體太過微弱，而且生物系統的頻率比較偏向阿法—貝塔波，系統得到的滋養就不是那麼好。此外，如果生物系統純粹以貝塔波運作，那麼肉體如果沒有得到實體食物的餵養，就會進入飢餓和斷食模式。

當實體食物被引進身體的生物系統時，細胞們開始扭曲變形，以此作為一部分因外來物質造成的自然化學回應。食物的頻率愈純淨——例如，水果和生食——細胞扭曲變形的程度就愈小。這是一種內在的世界觀，來自使用第六和第七感去見證身體的反應，它是一種尚待科學和醫學證實的看法，而且只有頻率已調到西塔—德爾塔波且能掃描內在場域的人，才能得到這樣的視野。

瑜伽的普拉納滋養史以及我們自己的過去這十年，已經詳述在我的其他著作中，我們就是這樣一路走來，才能到達這裡，因此讓我們檢視幾個得到並維持第三階滋養所需要的基本步驟。這些步驟未必要依照下列順序完成，且每一個步驟將簡短詳述如下。此外，雖然下述建議類似於第十章描述的「依步驟循序漸進」程序，但卻有一些關鍵性的差異。

達成第三階神性養分計畫

● 步驟一：發現你的編碼並進行相關的重新編程設定。

● 步驟二：開始準備你的生物系統，並藉由採納詳載於《四體健美：生物場與喜樂》一書中且在本書第六章簡要提過的「甜美生活型態計畫」八要點，將生物系統調到西塔—德爾塔波場域。要與下述步驟三、七、八、九同時進行。

● 步驟三：經由例如斷食和灌腸以及膳食改變等特定的排毒計畫，讓身體準備好。

●步驟四：好好認識你的內在神性自我，了解祂的角色是你的生物系統的「主機控制器」。學習去信任你的直覺，聆聽祂的聲音，看見確切的證據顯示祂在指引你的人生。應用工具（例如第六章中提過的八要點生活型態）開發你內在的瑜伽行者與薩滿。學習在你的超自然力量顯現時，好好測試並加以信任。了解你的內在之神的力量並臣服於它。這個「好好認識我們的內在神性自我」，需要我們時時刻刻作出以無瑕的態度盡力而為的承諾，好像我們就是真正的「大師」。要成為光芒四射的楷模。

●步驟四的第二部分處理「細胞脈動」（Cellular Pulsing），包含讓細胞準備好，以操作更多的內在神性自我力量。

●步驟五：操練技巧16——「接上宇宙光纜」。

●步驟六：操練技巧14——「來自松果體與腦下垂體的滋養」。

●步驟七：進行第六章的紫羅蘭之光的脈輪能量柱，操練技巧8以開啟內在場域的普拉納流。

●步驟八：開始每天使用「程式編碼」，如第六章技巧10所述。

●步驟九：開始一天三餐變兩餐然後兩餐變成一餐的計畫，如第六章技巧6所述。隨著時間的推移，逐漸愈吃愈少，並維持上述程式編碼，直至體重穩定下來為止。開始食肉變成素食，素食變成純素等等，或是素食變成純素，純素變成生食計畫，如第六章技巧7所述。

● 步驟十：建立具支援作用的住家環境，以求在這趟旅程中支援你。
● 步驟十一：盡你所能閱讀並研究這個主題，讓自己見多識廣。
● 步驟十二：若你需要開發能力以利吸收世間養育自己的能量，就要好好利用本章詳述的「生物屏蔽裝置」。
● 步驟十三：慢慢來，針對身體和社會上的準備工作，設定二、三或五年的目標計畫，例如，三年內我將純粹仰賴普拉納之光生活。然後明智地應用上述要點。
● 步驟十四：如果你的生命藍圖包含公開這個選擇，請閱讀並應用「負責報告指南」。
● 步驟十五：慢慢教育家人和朋友，明白你這麼做的未來目標，以及你選擇這種生活型態的理由。要學會只在適當的情境談論這個課題。家人和朋友愛你、關心你，只要能看見你的選擇對你是好的、你是健康快樂的，他們樂見你的選擇。因此，重要的是，假以時日慢慢學會控制你的細胞和體重。
● 步驟十六：如本章第四部分所述。若你不僅有心更深入地滋養自己的個人生物場，而且更深入滋養社群生物場和全球生物場，那就要學會有意識的場域重新編織與印記的藝術。此外，要進行放射遊戲而非吸收遊戲。

上述步驟，許多在第十章談過了，不過有幾項需要好好解釋，以便提出足以闡明其重要性的更大洞見，或是提供更詳盡的靜心方法和程式編碼。

步驟一：發現你的編碼

在你的旅程的這個節骨眼，第一步是要發現，這一次，你是不是被編碼成要開拓這個領域的先鋒之一。十年來親自與被吸引到普拉納滋養道路上的人們討論，我發現了某些有趣的事情。首先，當人們閱讀我先前的作品時，他們內在有某樣東西說：「是的，這是給我的。」或是某種深度的直覺說：「有一天，你將會這麼做，有一天。」對其他人來說，這是一種：「哇，那不是會很棒嗎？」對另外一些人來說，反應則是：「我一直知道那是有可能的。」對有這類反應的人而言，很可能你就是我所謂預先編碼要涉入此事且成為必要先鋒群的一員（前鋒經常換人）。

我們可以經由下述步驟發現是否已被編碼成要完成這事。

【神性養分計畫．技巧二十】發現你的編碼

- 靜默地坐著，讓自己歸於中心，應用「愛的呼吸」靜心（技巧1），然後是「神聖吠陀呼吸」（技巧2）。
- 檢查你內在場域的「宇宙光纜」連結，想像依照技巧12以及技巧16的靜心法，將額外的紫羅蘭之光下載至你的系統裡。

- 一旦你歸於中心，感覺到自己呼吸模式背後的愛與平靜，請想像你是自己內在場域的國王，想像你與你的內在神性自我是「一體的」，同一個存在，共享你的細胞的內在空間，同一個存在，擁有許多不同的面向和表達模式。
- 想像你的存在的所有面向都在聆聽，然後覺察。
- 詢問：「我現在請教我的肉身意識、我的神性意識、我的內在神性自我——我今生的生命藍圖包含純粹以光維生嗎？」等待是或否的答案。
- 如果得到清楚的「否」，那麼感謝你的身體並繼續靜心，好好放鬆，享受實體食物的愉悅，但保持飲食清淡，過著明確的素食生活，好讓你盡己所能調至善意與慈悲的頻率管道。
- 如果得到「是」，那就問：「我的生命藍圖有說要在明年做這事嗎？」
- 如果對這樣的時間架構，你得到「否」，那就問：「我的生命藍圖有說要在未來五年做這事嗎？」
- 像這樣不斷檢視，以求得到某個時限，這將會協助你準備好自己的生物系統並幫助你設定目標。一旦你確定了已預先編碼的轉型時間，就需要進行下述步驟：
- 聚焦於你內在的神，帶著堅定與誠懇表示：「我現在准許我的內在神性自我和我的肉體意識，提供我需要的一切維他命、礦物質、營養素，用以維持健康的、自我再生的系統。我請求這些來自愛與光的神性養分頻道，以純淨普拉納的形式被吸收。」

●接下來想像，站在眼前內在場域上的是你的肉體意識、你的情緒體意識和你的心智體意識。表現像神一樣的你，現在對這三者發布堅定的指示，說道：「我現在喚起，對我的肉體意識、我的情緒體意識、我的心智體意識的全然關注。」要想像它們全體起立站好，向你行禮，等待你的明確命令。

●然後說：「我現在指示／請求，從這一刻開始，由你們統合我的存在的一切面向，以支持我帶著喜悅與恩典和自在進入普拉納滋養的轉型期。我也請求，你們完美和諧，完全顯化我的『神聖臨在』，身為神的我，以形體存在，以支持人間天堂的『神聖藍圖』的方式存在——就是現在。」

●上述程式一目了然，但也容許來自前世的任何內在破壞程式自然消滅，當這個程式每天因使用「完美健康、完美平衡、完美體重、完美形象」計畫而得到強化時，它會特別強而有力。

●然後表現得彷彿上述程式是自然發生的，並藉由應用之前提到的額外步驟，開始負責任地準備你的生物系統，同時降低你對食物的依賴。

我們需要探討神性養分計畫，才能成功地只靠普拉納滋養，在此，最困難的環節之一，莫過於我們的日常思考過程，以及我們的思維如何不斷地編排自己的身體和自己的人生。

好幾世以來，我們一直汲取著受限的顯性與隱性程式設定、社會制約、局限的研究發現（這些一直不符合靈學經驗，也因此各方面觀點均顯矛盾）且備受影響。因此，轉型至普拉納滋養必須囊括重新編排大腦的神經通路，而我們可以從每次進食時做出的聲明開始。

舉例來說：「我吃，因為我愛，不是因為我需要。」的態度，是我們需要不斷採納並保有的。我們還需要採納如下的態度和信念：「我的一切營養品、我的維他命、我的礦物質、我需要用來維持健康的自我再生系統的一切，全都來自普拉納，來自神聖之愛頻道且透過西塔—德爾塔波場域。」這是基本的心靈勝過物質的實相。

步驟二：活出神性養分的生活型態

經由應該容許你成為肉體健美、情緒體健美、心智體健美、靈性體健美的日常生活型態，將自己調至神性養分頻率管道。

再次強調，取用神性養分頻率管道的能力，並不是「時而命中時而錯過」的事件。如同在我們的許多研究手冊裡討論過的，一切都是頻率是否相合的問題。調整至這個第三階滋養的另類進食管道的能力，需要經由生活型態的改變進行深入的準備工作，而我們的研究顯示，這也需要應用我們在第六章技巧5介紹過的甜美生活型態計畫八要點。

然而，雖然靜心、祈禱、飲食、運動的益處已被深入研究，但成功的神性養分計畫（就提供身體所需的一切維他命和礦物質而言），卻高度仰賴解除和重編我們的身體、我們的信念和我們的慣性思考程序。若要成功地取用眾神的食物，態度與反覆地思考模式至關重要。

另外的重點是，要再次注意到，我們相信，結合這八個要點將足以改變我們的頻率，使我們在所有層次上均得到滋養。

我偶爾遇到罕見的人，這些人設法純粹仰賴普拉納維生，卻不支持我們建議的這類生活型態，因為頻率是我們每一世所維持且賴以奠基的東西，而這些人顯然一直從其他世維持自己的頻率。

建議素食是我接收到的最大異議之一，然而，我們需要去配合的頻率，要求我們將自己的場域調至善意與慈悲的頻率管道，而且要求我們的心保持純淨。

進行場域調頻時，這個生活型態的每一個要點都提供一份特定的韻味，需要我們加以探索並發揮最大能力。八大要點匯集，讓我們的內在神性自我得以展現更大力量，也使我們的超自然力量得到刺激並增長，同時容許我們享有肉體、情緒體、心智體、靈性體各層次均更加健美。

夏醫師是我們的以太陽為食研究的領導人之一，他在〈創造所有層次的健美〉（The Creation of Fitness on All Levels）中與我分享了下列看法。我將此文囊括於此，因為夏醫師在印度既是瑜伽行者，也是備受尊敬的執業醫師（他的執業證書掛在我們的研究室裡）。此外，囊括下述資料更是因為，對認真考慮像我們一樣純粹仰賴普拉納維生的人來說，我不得不再次強調，採取必要的步驟以創造所有層次的健美，是非常重要的，當我們愈是契合，這趟轉型的旅程對我們來說就愈加輕易。

靜心冥想＋祈禱＋程式編排＋
素食＋運動＋服務奉獻
＋花時間在大自然中靜默
＋虔誠的唱頌／梵咒
＝
進入神性養分頻率管道

肉體的健康

簡而言之，肉體健康意謂著，沒有失調與病痛，這是身體所有系統以最佳狀況運作的狀態。在此狀態裡，一個人感覺到活力、熱忱、有能耐完成自己的所有工作並好好履行職責，而且時間綽綽有餘，因此，他們的人生目標達成了，於是，他們的肉體健康層次可以成為達成心智體與靈性體健康的工具。

當事情出錯時，這人得了病，不舒服、病痛纏身。系統運作惡化，生理過程發生不均衡狀態，覺得缺乏活力且感到疲累。各種症狀可能會出現，從小問題到嚴重的併發症，就連死亡也可能接踵而至。

為什麼肉體疾病會發生呢？科學已經假設，各種因素的交互作用導致疾病。主要有表型、基因型、環境型因素，以及個人的心智狀態，這些將會支配一個人的健康或疾病狀態。表型代表身體的配置或一個人的疾病傾向。他們的體重、習性、營養狀態、日常習慣、運動時程、睡眠模式等等，都可以放在表型因素底下好好討論，而改變飲食習慣、運動、改變生活型態等等，就可以改變表型因素（例如，甜美生活型態計畫藉由改變習性，進而改變我們的表型）。

至於基因型，指的是透過基因遺傳而來的一切、某種疾病的基因機率、或是容易得到某種疾病的可能性，因為我們是透過特定的父母出生的。雖然這多少是一種不可改變的因素，但疾病的表現可以依據我們的生活型態、心智狀態和環境因素而改變。

此外，由於基因工程、複製技術等的發展，在不久的將來，許多遺傳型疾病將會被改變，且變成可預防、可控制甚或是可治癒的。但在疾病的起源上，基因型因素仍是非常重要的。

同樣地，環境因素也可能帶來疾病。簡單地說，居住在擁擠或污染地區的人們，罹患傳染性疾病或營養不當等相關疾病的可能性更高。他們也可能修正某種疾病的基因表達方式，例如，天氣的改變，或從潮濕地搬遷至乾燥區，都可以改變氣喘狀況，即使是易受基因影響的人。

科學現在也已確實地接受並承認，心智狀態、態度與人格對健康的獲得或疾病的發生影響至鉅。

還有幾種其他未知的原因，科學界尚未清楚了解的原因——例如，信念系統的角色、祝福與詛咒的角色、靜心和瑜伽的力量等等，這一切全都尚未得到適當地了解，但我們懷疑，它們可能對疾病的發生有所影響。

概括地說，在預防或治療疾病上，可修正的因素包括：良好的生活型態、營養的食物、無壓力的心靈、身體的鍛鍊、呼吸控制、健康的環境。

若要解決身體不健康的問題，可能會有且現在就有好幾種方法。科學提出現代醫學（傳統稱之為「對抗療法」〔Allopathy〕），但同樣有名的有阿育吠陀（Ayurveda）、順勢療法（Homeopathy）、中醫、針灸療法、芳香療法（Aromatherapy）、希臘醫學（Yunani），以及好幾種其他療法。自然療法只提出徜徉於大自然的治療法，不用藥。從全人的觀點，所有這些療法都是互補的，其實沒有一個可以成為完整的答案。因為疾病的發生是多重因素的，因此問題的答案也應該是多重型態的。每一個人類都不一樣，每一個人都有不一樣的原質（印度人稱之為prakriti），且每一個人都有一套不一樣的基因編碼；因此，我們也需要考慮這些個人因素——所以談到治療，並沒有一體適用的方法。許多時候，結合兩項或多項互補的系統是比較明智的。無論如何，目前並沒有科學指南可以指出，哪一種療法對治哪一種疾病應該是安全而有效的。另外，要再次強調，單是治療或服藥，並不能讓人遠離疾病；這人必須採納健康的生活型態、吃有營養的好食物、做運動、設法減輕心理壓力等等。一旦重拾健康，這個做法也將有助於維繫健康。

心智與情緒的健康

夏醫師繼續分享：心智體與情緒體的健康。

西藏大師們（愛麗絲·貝利〔Alice Bailey〕的老師們）預言，在不久的將來，我們將成為不一樣的男女人種。屆時，我們將會依據心智能量、磁能、靈性力量操作，不再需要解剖刀和化學藥劑。

我認為，我們幾乎快來到這個時期。朝這個方向邁進的運動已經展開，來自各個宗教和不同靈修派別的人們，以及生物場研究者（誠如潔絲慕音所言，包括她自己在內）全都致力於如何改善人們的心智體與情緒體的健康，且正分享著如何達致靈性體健康的方法。

雖然有些人認為，心智體與情緒體的過程是分開的，然而，從擴展的健康模型觀點看去，很難將此兩者分隔開。因此，談到健康時，我們可以一起討論心智體和情緒體的健康。

心智是看不見的器官，據說負責我們的思維、感知、情緒、欲望、本能、行為等等。解剖學上，腦部並沒有特別的一區代表心智，但就直覺邏輯而言，代表心智的似乎是大腦，而且根據某些人的說法：「整個大腦都在心智裡」。其實，每一個細胞都有自己的思維，以及自己的本能與行為，因此，每一個細胞其實都有心智，如果這不屬於解剖學，那麼可以將它設想成一種連續的電磁兼化學程序，貫穿全身運作，也許重要的指揮站在腦子裡，位於下視丘、松果體、大腦邊緣系統、自主神經系統、以及其他內分泌結構上。

從宇宙心智的原理看，如果我們思考，那麼我們的心智（個人的心智）不過是宇宙心智的延續，再依據個人進行某些修正與改寫。

心智依據一個人的道德力量、小我（ego）、智能、修養，對每一個單一刺激做出反應；反應可能是生理的、社會的、環境的、生態的、靈性的、情緒的等等。心智先有所感知，然後拋出情緒信號，同時思考，接著啟動接受或報復的程序。套用瑜伽術語，這在拉加（Raga，貪愛）的純表層被感覺成快樂，而在有些微妙的層次上則是「德味沙」（Dwesha，厭斥）。如果需要更進一步的行為或回應，那麼身體系統就會被啟動活化，例如，我們的行為反映出憤怒。此外，肉體健康也會影響心智體的健康，儘管心智體的健康對肉體健康的影響更大。

除了對刺激做出回應，心智也有它自己自動、連續的運作，例如，思考與行為。沒有明顯的外來刺激，也會產生出想法，而且這些想法要麼逐漸消失殆盡，或者修正我們的行為。瑜伽行者說：「小我——存在的感覺」本身就是這些想法的原因。道行高的瑜伽士能夠消融小我，進入無念的狀態，在此，只有恆常的喜樂——沒有快樂、沒有不快樂，沒有「拉加」、沒有「德味沙」——只有靈性體的健康。

不過，對「非瑜伽」人士而言，心智體與情緒體的健康可能只代表連續的平和與快樂。

這裡需要的次要狀態是什麼呢？就我的看法，或許我們可以透過下述做法達成：一、道德健康；二、正向而有創意的態度；三、昇華我們的小我；四、把焦點放在我們的「最高智性」。

詳述如下：

（一）我們知道，「種瓜得瓜，種豆得豆」。如果一個人的道德健康或道德力量薄弱，那麼這人就無法期待他人或大自然以好事回報他，因此，就無法達成平和與快樂。所謂道德力量，我們指的是，諸如「真實」、「誠實」、「非暴力」等基本品德，也許甚至包括「禁欲」（已婚者則指對婚姻忠誠）。

誠如耆那教（Jainism）所言，這些品德應該被反映在所有三個層次裡，亦即思考、說話、行為。道德健康需要被應用到所有三個層次裡。

（二）態度決定一個人、一個宗教區、一個學社、一個機構或一個家庭的進程，而態度的重要性再怎麼強調也不為過。大體而言，人需要安詳而慈悲的情感態度，總是顧慮到另一個人的觀點。真誠與全然的善意是兩大美德，如果得到完全的開發與表達，就可以將一個人類從簡單的人改變成聖人或仙人。理想上，我們的行為舉止可以依照「己所不欲，勿施於人」的原則，不在任何層次傷害他人。

理想上，我們可以觀察浮現腦海的每一個想法、情感、本能，因為當我們有意識地觀察這些，我們的負面性就會自動退去，且由於掌握心智與想法，只有良好而正向的想法與情感將會勝出。最終，我們可以凌駕於自己的執著、喜好、仇恨、厭惡之上，成為一個平衡的人，以超然的方式表現、思考、行動。

因此，這些是良好心智體與情緒體健康的部分症狀與徵兆。

若要達到這個目標，不斷的覺知必須被開發出來，經由經常靜心、自制、虔誠的心和知足的心靈，所有這一切全都支援心智體的健康。

一個人可以思想和語言應用相對性的原則，這涉及從不同的角度看待事情，因為真相會是多方面的。一個人的視角不是絕對的真理，只是他個人版本的事實。終極的真相是不一樣的。一個普通人很難真正且全然地感知到真理，然而為了改變人的態度，這個知識卻是必要的。

靈性的健康

談到靈性體健康，夏醫師補充說：

一個人必須了解，真正的靈性在於對「神性自我」（Divine Self，靈魂）的不斷覺知。這意謂著，無時不覺知，即使是短短的一秒鐘；不執著於身體，因為只認同自己是身體，不是靈魂，正是我們一切煩惱的起因。如同先知們所言：「知道靈魂的人，知道一切。」如果一個人個別地從身體辨識出靈魂，他就進入恆常的寧靜中。

由於靜心、自律和不斷接觸靈性知識（閱讀、聆聽、思考、分析），我們可以逐漸進入純淨的靈性領域，在此經驗到瞥見「三摩地」（Samadhi，入定），且可以終極地保持在三摩地的恆久狀態裡。瑜伽行者說，這是靈性成就的最終階段，而且由於它是體驗之事，所以並不容易描述。

靈性體健康的基層是「神聖之愛」。

如果每一個人都誠摯地企圖取得肉體、心智體、情緒體、靈性體的健康，並定義自己的目標；那麼，這個「人間」將有天堂。將有全然的平和、完美的健康、純然的快樂、然後神聖之愛將會到處彌漫。

以人體脈輪作為貝塔波—阿法波—
西塔波—德爾塔波場域的網格點

我們誕生、受教、
紮根在貝塔波場域。

更高心智與更高情緒的使用，
加上「內在神性自我」的自我
覺察、神聖性愛與靜心，能夠
將我們帶入阿法波場域。

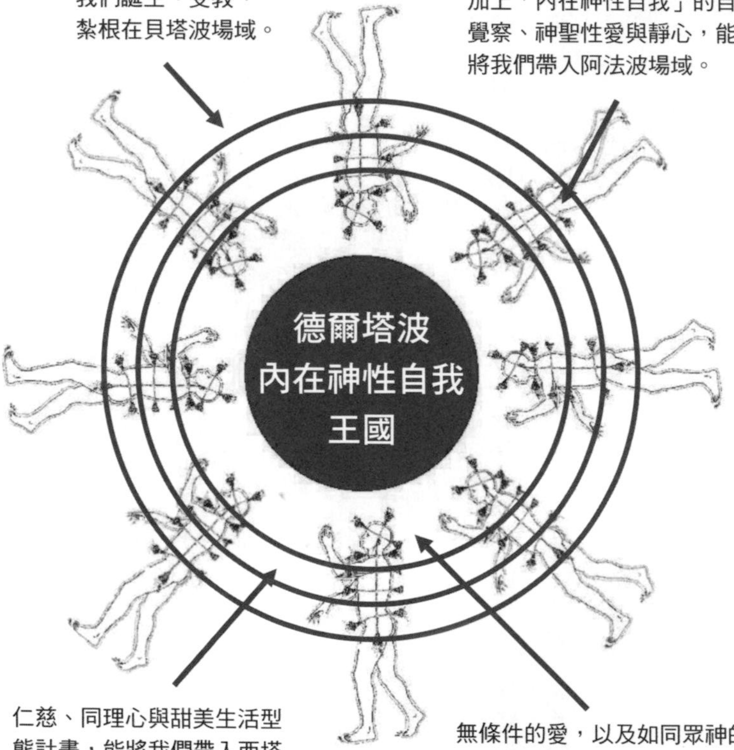

仁慈、同理心與甜美生活型
態計畫，能將我們帶入西塔
波場域，我們的心輪必須敞
開並且能夠放射能量，好讓
我們取用阿法波場域。

無條件的愛，以及如同眾神的食
物之工具與滋養，能讓我們安住
於德爾塔波場域。我們的第六、
七感以及眉心論與頂輪，必須在
此頻率場域才能被活化啟動。

圖14

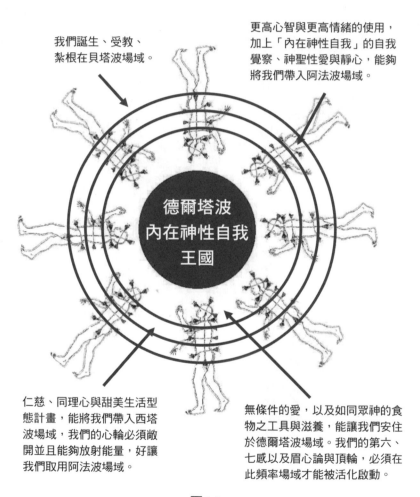

步驟三：斷食與灌腸

對於想要轉型到普拉納滋養、成為喜悅與自在和恩典的人來說，理智地準備我們的生物系統是絕對必要的。

來自回春中心（Rejuvenation Centre）的加布里埃爾·卡任斯（Gabriel Cousins）寫道：

「靈性斷食是靈性生活的萬靈丹：我以靈性斷食作為自我療癒的工具，屢屢得到啟發，見識到靈性斷食令人敬畏的療癒力。靈性斷食滌淨身心，也滿足靈性的需求，允許我們的肉體可以從我們的正常生物化學能量源頭，好好提煉神聖的宇宙能量。最終的結果是各層次的身體能量都得到提升，包括靈性化的亢達里尼（Kundalini，梵文意為捲曲，是人體靈性的重要部位，隱藏在中脈底部薦骨腔內捲曲成三圈半的能量，又譯「拙火」、「靈能」等）動力。

今天，在我們的社會裡，大家如此執著於食物，以此作為撫慰小我的方式，並以此壓抑我們真正的感覺，這時，斷食的想法可能會製造出些許驚恐。多數人並不明白，斷食其實非常容易。談到我們的標準：一週團體果汁斷食，幾乎每一個人對它的容易程度都感到驚奇。頭幾天過後，胃口逐漸消失，允許一個人對食物的情感和肉體執著逐步降低。心靈變得更自由，可以經驗到與神性交流的更高狀態……他們的成功將他們帶到另一個層次的自由與自信。擺脫對食物上癮是一種極大的自由和喜悅。」關於這些，可詳見http://www.treeoflife.nu/ewell.htm。

肉類和其他的有毒物質，可以囤積在我們的腸子內不消化長達二十年，在此慢慢腐爛，因此建議，在一次灌腸期之後分期斷食，以此作為接收神性養分和眾神食物的基本準備。如需更多斷食問題的細節，不妨自行深入研究，也可閱讀渥克（Walker）博士的著作《生食》（*Raw Foods*）。

【神性養分計畫．技巧二十一】排毒計畫

調整頻道並請求你的內在神性自我和「宇宙智能」（Universal Intelligence），為你帶來完美的肉體、情緒體、心智體、靈性體的排毒計畫，如果需要的話，更為你帶來可以幫你灌腸的適當人選。請注意，我總是請求我的內在神性自我和宇宙的智力協助這類事情，因為這麼一來，正確的連結總是可以被建立起來。此外，認識新人時，隨時使用「內在神性自我配對」技巧，如此，我們的一切分享總是發生在帶著最純淨意圖的最高層次。當然，你可能仍舊做著為了顯化而必須完成的實際事情，但像這樣以心靈感應的方式在內在場域做工，可以滿足這個實相。

第三階發生的肉體變化

斷食的人都知道，胃需要大約三至五天的時間，才會縮小並失去飢餓的聲音。因

為斷食，身體開始排毒，靠體脂供養，然後慢慢消耗肌肉，直到經過這個食己之肉的活動之後，只剩下皮膚與骨頭。實質的養分被剝奪了，維他命的缺乏製造出另一組問題，因為生物系統失去了許多需要的養料，因此最終自行關閉，如同死亡。

普拉納滋養是逆轉整個過程。

當我們的場域頻率不斷滿溢紫羅蘭之光與神聖之愛，並經由奠基於生活型態的靜心與服務持守在西塔波場域裡，這時，如果得到邀請並經過啟動活化，純淨的「眾男神與眾女神食物」滋養就會開始流動。如前所述，這是經由一套生物回饋的迴圈系統完成的，將普拉納從內在場域帶回來，通過原子與分子和細胞，回到血液、器官以及骨骼、肌肉等等的裡面，因此使一切保持在完美健康的狀態。經過一段時間，新陳代謝速率會完全緩慢下來，因為生物系統不必再經歷消化的動作。

心智體的排毒

就如可以透過灌腸和斷食排除身體系統的毒素一樣，我們也可以在心智和情緒上進行自我排毒的工作。心智體的排毒需要停止負面思考模式和負面溝通模式。這意謂著，卸除受限的信念，重新編排無限的信念。心智體排毒的一大有力方法是，回顧人生事件，並選擇以正向的觀點看見一切，亦即，不著眼於我們失敗的地方，而是注視著從每一次經驗得到了什麼。這麼做會改變我們的頻率，轉而吸引更多的正向經驗來到我們眼前。

情緒體的排毒

情緒體排毒，是覺知到哪些模式觸發釋放——諸如恐懼、憤怒、悲傷等等——令人虛弱的情緒。我們已經知道，身體系統被固定連線成思考先於感覺，且所有的情緒只是跟隨心智體的觀察，另外，看來好像在內在瞬間得到釋放的那些情緒，只是心智體奠基於我們的過去經驗而產生的偏見造成的。雖然情緒的微調可能意謂著處理我們的陰暗面並與之合作，甚至可能是完成內在小孩的工作，或是某種治療，但當我們選擇情緒適能的路時，需要覺知到幾個次元生物場科學的因素。

舉例來說，由於所有的場域都是相互連結的，當我們開始「處理」遊戲並釋放有毒情緒時，可能同時連結到全球的情緒包袱場，於是繼續處理著六十多億人口的情緒，因此讓自己陷入不斷處理和受苦的無盡生物回饋迴圈。要記住，當我們尋找情緒失調以及不平衡或痛苦的經驗時，因為同類相吸，就會在該場域裡找到更多的失調與經驗。

假設生物系統平均持有三萬年的細胞記憶，這可能代表，每一世平均三十年構成的一千個化身，然後這實質上意謂著，可能需要另外三萬年來處理最後這三萬年，我們才能進入可以感覺到情緒體純淨的狀態，亦即，不再深度受苦和疼痛。然而，通常賜予我們最大禮物的，正是情緒受苦與疼痛的那些深度，因此，並沒有什麼「負面的」待處理，因為這些禮物是場域裡有價值的真實印記，一旦像這樣集中焦點且因此心懷感激，就會重新平衡苦難的能量。我們的陰暗面也將依據我們聚焦其上而縮小或增長。

所以，我不愛情緒排毒和處理，反倒偏愛西塔—德爾塔波場域滿溢的系統。這意謂著，我們的細胞以及細胞持有的記憶滿溢著神聖之愛、神聖智慧與神聖力量的紫羅蘭之光光譜，這是一種有力量將一切事物蛻變成祂自己的頻率場。這是在同化作用的概念上運作，舉例來說，如果粉紅色染料被加到一桶水裡，就會依加入染料的多寡而將那桶水從清澈轉變成明亮的粉紅色。

如同之前分享的，西塔—德爾塔波場域及其紫羅蘭之光譜的部分特性，在於它轉化的自然力量。因此，我們可以選擇處理，或者滿溢兼轉化，或者必要的話雙管其下。我偏愛沐浴在神性的愛裡，被祂滋養並自然轉化，因為在靈學的領域裡，我們就是自己的焦點。

生物系統準備工作摘要

我強調過，若要取用第二階和第三階滋養的眾神食物，就需要創造情緒體、心智體和靈性體的健康。這與肉體的健康與健美並行不悖，基於身體系統不但要健全且要成功地接通西塔—德爾塔波場域，並得到良好的滋養，需要進行某些調整。

目前為止，我們已經：

- 經由紫羅蘭之光接上宇宙光（技巧16）。

● 我們已經建立了一道不斷透過細胞、分子、原子放射數百萬道光芒的旋轉型脈輪光柱，此光柱經由生物回饋，吸引我們的生物系統需要的超級紫羅蘭之光共振，和所有西塔—德爾塔波場域的能量。

● 我們也已藉由生活型態調整與淨化的排毒程式，啟動一項負責任的準備計畫。

● 如果你得到一個「是」的回答，要在今生成為得到普拉納滋養的編碼成員，也因此完成了建議的計畫，容許你的主機控制器成為純淨的神性自我力量，得以餵養你。

● 你已為這次轉型編寫程式，要成為自在與喜悅的一員。

● 你已開始改變你的飲食攝取與習慣，且已採取了茹素的步驟，或者，如果你是素食者，現在已經是純素食，如果你是純素食，現在已經來到了生食的地步等等（如第六章技巧 6 與 7 所言）。

● 你也可能已經開始與如肌肉動力學家等另類治療師合作，這麼一來，你就可以釋放你可能仍舊攜帶的任何限制性能量阻塞。

● 你也已經採納了如下的心態：

（一）你只因愉悅而進食，不因需要而進食；

（二）你所有的維他命等等均來自西塔—德爾塔波場域；

（三）你的頻率決定你成功得到眾神食物滋養的能力；

（四）你的生活型態掌控你的頻率。

● 你也已經開始把焦點放在你的內在神性自我，且臣服於祂的愛和智慧，而且可能更常靜心，以求增長你對內在神性自我的敏感度和覺察力，同時經驗祂在你生命中的「恩典」。

步驟四（一）：好好認識你的內在神性自我

【神性養分計畫．技巧二十二】臣服於內在神性自我

內在神性自我的力量是我最愛研究的主題，因為如同我經常分享的，我們的內在神性自我握有通到所有超自然力量的鑰匙，是我們的存在之「神」，也因此，祂全然強大、全知、愛心無限。

若要成功地得到眾神食物的餵養，我們必須學會控制自己的身心溝通，以及下載內在神性自我，而且經由我們在次元生物場內使用的程式與啟動，控制我們的場域印記。

我們知道，在次元生物場科學裡，每一顆原子都洋溢著內在神性自我的力量，而且每一顆原子都已被預先編碼，為的是不管外在哪一個場域主宰著我們周遭，都能瞬間對西塔—德爾塔場域的愛與美做出回應。只是內在神性自我力量的顯化時機，會被貝塔波場域所局限。最終，所有企盼已久、渴望得到且清晰明白的程式，都會以某種形式或另外一種形式、在某個時間框架或另外一個時間框架裡顯化出來。我們的內在

神性自我是多次元、無限制的存有，完全覺知到祂身為顯化在形體中的神所擁有的力量。祂也知道，我們全都經過「宇宙電腦」的一切創造力量，預先編程設定，一旦我們憶起誰是驅動生物系統的真正老大和真正力量，就能夠創造我們選擇的任何實相。

因此，完美的西塔—德爾塔波場域進食的第一步是，在各層次與我們的內在神性自我連成一氣，且真誠地讓生物系統臣服於我們的內在神性自我。一旦這個主機控制器得回祂的力量，就可以卸除或重新啟動預先設定的編碼，同時啟動必要的支援系統，以便將我們的生物系統轉換成自然的自我再生與自給自足層級。以下是一份適當的臣服計畫：

- 先用「愛的呼吸」和「神聖吠陀呼吸」自己歸於中心。
- 接著，將你的內在神性自我想像成是一位內在的神，並召喚你對神的一切感覺進入你有意識的存在。允許你自己去感覺熱愛或尊敬這份力量，或是與其合一。
- 然後發自內心誠摯地說：「我現在將我的存在的每一個細胞交給我的神性自我。我請求被帶到我的存在的所有層次均完美一致，如此，我可以現在就透過所有的次元，讓自己的神性本質完美地散發到各個層面上。」

在這方面臣服並不代表放棄，它意謂著一種積極的確認並取回內在真實的力量源頭，向祂的無上智能鞠躬，承認祂是填滿內在每一顆原子的純淨神性意識。臣服的舉動也是一種將會容許活化百分之九十的腦容量的舉動，而這是用來繁榮人間的，因為如同我們知道的，存活的遊戲只需要百分之十的腦容量。

要誠實到足以站在我們自己的內在存有（我們的內在神性自我）之前，同時承認祂的臨在和力量，然後結合種種力道並回頭與祂融合，這是一份能夠創造奇蹟的禮物，因為它讓我們得以體認到，宇宙可以只是拍拍我們的肩膀說：「嗨，神啊，我該怎麼服侍你呢？」而且在祂的臨在當中，我們「知道」如何處在「無上光輝的臨在」之中，在那裡，我們終於可以棄絕一切飢渴。

這是揚升之道。

要洋溢著這類滿溢的光與愛，直到每一個細胞都飽足為止；要透過「聖父」的雙眼看見一切造化，同時感覺到彷彿我們正被擁在「聖母」的懷抱裡。要感覺並知道，我們全都是一體的，要感覺生命的心跳，以及它在各個場域裡的不同表達方式，要看見支援每一個範型的網格的複雜性，以及它們何以如此的原因，要知道為什麼有些場域需要的是支配統治的，且要體認並感覺到事物的自然順序——這些經驗來自某些薩滿和瑜伽士，以及許多走在揚升之路上、聚焦在融合生命的靈學與數學的人士。

我們與內在神性自我力量協調一致的程度，以及在哪一個場域（阿法波、西塔波或德爾塔波）裡操作，顯然是由我們個人和全球的健康與快樂層次決定。

步驟四（二）：增加細胞裡的內在神性自我力量

二〇〇三年旅行歐洲期間及提出眾神的食物研究時，旅程中一個非常重要的面向對我來說變得更加明確，明確到需要將它綜括在這一節裡，因為，雖然我們曾在我的著作《與眾神共振》提到這點，但一直到這趟旅行，我才了解到下述資料在神性養分計畫裡的深刻關聯性。這與我如今所謂的「細胞脈動」有關。

如同在《與眾神共振》這本著作裡討論過的，我們知道，我們的細胞貯存記憶和情緒，並擔任我們的個人內在檔案櫃。我們也知道，每一個細胞都是由百分之九十九點九九空間的原子構成的，我們還知道這個空間其實是純淨的神性意識，對正常的科學量測範圍而言，它是探測不到的，因為內在神性自我的力量以一種非常細緻的頻率共振，細緻到無法藉由正常方法探測出來。為了方便這次的討論，我想將填滿每一顆原子的這個神性意識的節奏，稱為我們的內在古典音樂台。

此外，我已經了解，我們的細胞愈是充滿人生帶來的情緒體和心智體毒性，每一個細胞裡的神性或古典脈動就愈是微弱，然而，我們可以純粹依靠普拉納滋養到什麼程度，也是完全仰賴每一個細胞內的神性脈動的實力。同樣為了方便這次的討論，我想把這種因生命的過往情緒經驗與負面心智感知所造成的細胞毒性，稱作是我們的內在重金屬音樂台。

現在，想像兩台收音機並排立著，兩台都打開，一台調到古典音樂頻道——我們的神性脈動；另一台調到重金屬音樂頻道——我們的集體記憶模式。假設最大音量是十，那麼如果古典音樂的音量以一或二播放，而重金屬台則以九的音量播放，那麼我們鐵定最後淪落到跟平常人一樣——人體有極限、疾病、衰敗、最終死亡等尋常範圍。不過，如果這些數字顛倒過來，古典音樂的神性脈動在七、八或九的音量，而有毒的重金屬頻道在一、二、三的音量，那麼這場遊戲與我們的人生經驗就會變得截然不同。由古典樂節奏主導的九比一比率，容許第二階和第三階養分更容易發生，因此，我們的工作是去掏空有毒物質的細胞，或將這類「重金屬」物質蛻變成更純淨的頻率。

我們可以藉由一些方法做到這點。其一是讓細胞滿溢著紫羅蘭之光——如技巧12所述；其二是掏空細胞內沒有必要的渣滓，將我們自己從不再支持我們的業力與能量勢力中解脫出來。

我們可以運用寬恕的工具做到這點。

深諳事理的靈修者知道，在某個層次上，一切都是完美的，沒有對錯，發生的一切都是要教導我們、幫助我們發展並成長。不過，我們並非總是擁有這類覺知，於是在細胞內握住累世的創傷、憤怒、評斷、能量，這些負載在細胞內占據著不必要的空間，使重金屬音樂台的音量高於健康的音量，於是那音量蓋過更具養育作用的古典節奏。因此，當我們應用下述技巧23，讓細胞滿溢著紫羅蘭之光，這時，就重新將音量設定到較能給予支援的模式，如此，細胞就可以得到滋養而非枯竭。

【神性養分計畫．技巧二十三】細胞脈動與寬恕

建議讀者將下述靜心錄成錄音檔，讓你自己的聲音引導你穿越，直到你覺得完整為止。如果帶著真誠與專注進行，那麼這個靜心只需要做一次即可。

- 打坐，運用之前談過的呼吸技巧，讓自己歸於中心，讓心平靜下來。
- 接下來自問，你準備好不受約束嗎？你準備好為你曾經造成或經歷過的一切創傷去寬恕和被寬恕嗎？如果是，那麼請繼續。
- 想像在內在場域，你現在正被所有家人、朋友和同事圍繞著，這些人與你之間曾因不履行義務而導致彼此的能量失衡。想像這些人圍成一圈，而你在中間。
- 想像前一世陪伴你的人們形成另外一圈，圍繞著今生的這些人。
- 想像圍著這些人的另外一圈，代表再之前一世陪伴你的所有存有。
- 不斷想像一圈又一圈的存有圍繞著你，全都代表往回走，穿越時間，穿越埃及、亞特蘭提斯，甚或是回到遠古的列穆里亞大陸。
- 想像形成的一圈又一圈往回走，回到你第一次具體成形、開始在人間與其他存有能量交流時。想像你在一個輪子的中間，從你放射出去的每一行存有形成這個輪子的一條輪輻，穿越時間往回溯。
- 深呼吸三次。深深地呼吸，細微且均勻地穿越你的鼻孔。

● 讓我們離開地球，帶著這份淨化和釋放到某個銀河與多次元交互的層次……

● 想像現在有更多的圓圈圍繞著這些存有構成的圓圈，而你與圍成新圓圈的存有之間，曾因不履行義務而導致某種業力失衡，但這些新圓圈是曾在其他星系與你共享累世的存有構成的。天狼星（Sirius）、昴宿星團（Pleiades）、獵戶座（Orion）、牧夫座的大角星（Arcturius）等等。

● 繼續想像，在內在場域，你的周圍現在形成一圈又一圈，這些存有曾與你共有且共同創造某種能量失衡，穿越時間回溯，回到你最初開始感覺到你與他人分開的那個時間點。

● 深呼吸。

● 也許你已經清除了大部分的這類失衡，因此，圍繞著你形成這些圓圈的存有並不多，或許，現在有幾千個存有，只要讓你的直覺引導你，相信適當的人馬上就會為了這些人的自由而到來。

● 想像其他存有加入這些圓圈，他們是你今生尚未連結的存有，但你注定要在未來與這些人連結，因為能量失衡正在製造業力與磁性拉力。

● 想像依照之前提過的靜心，純淨光經由你的頂輪流入，你的整個存在現在洋溢著這樣的光。

● 想像你的心敞開，一道純淨的粉紅色的愛從你的心放射出來，進入如今在內在場域圍繞著你的所有這些存有的心。

● 想像他們的心敞開，吸收著這份愛，他們已經準備好，要為了這次業力釋放而敞開，他們也為了擺脫這些類型的束縛而敞開。

● 深深吸一口氣。

● 想像許多的愛從你的心傾瀉而出，流入他們，而你誠摯地說：

●「我帶著這份愛說謝謝。感謝你們，感謝我們共享的一切、我們在乎的一切、我們的所有喜悅、我們的所有苦難、我們的所有疼痛，因為我們穿越時間所共享的一切事物。我感謝你們知道這一切的分享已經讓我得以成長、得以增長智慧並成為今天的我。感謝，感謝，再感謝。」

● 接著想像，從你的心流出的光束正在改變顏色，成為強而有力、具療癒作用的綠光。彷彿你的心是一座燈塔，正在放射強大的綠色療癒光線，而你周圍的一切存有正主動吸取著這些綠光，而你說：

●「帶著這道綠色的療癒之光，我現在選擇寬恕你們大家。帶著這道綠色的療癒之光，我寬恕你們大家，因為我們曾經共有的一切疼痛、一切苦難、創傷、憤怒、誤解。帶著這道綠色的療癒之光，我寬恕你們，我寬恕你們，我寬恕你們。」

● 深深吸一口氣。

● 想像更多的綠色療癒之光再次從你流出，流入在內在場域圍繞著你的那些存有，而你說：

●「帶著這道綠色的療癒之光，我現在真誠、謙遜地請求你們的寬恕。帶著這道綠色的療癒之光，我請求得到寬恕，因為曾在我們大家之間製造出苦難或疼痛或負面能量失衡的——任何想法、言語或行動。我請求寬恕，我請求寬恕，我請求寬恕。」

● 讓我們召來某種天使之助，以切斷這些不再服務我們的牽絆與心靈束縛。帶著真誠表示：

●「我現在喚起大天使麥可（Archangel Michael）的能量，以及這次自由靜心所需要的一切神聖協助。」

● 接著想像在內在場域，大天使麥可正站在你面前，而你說：

●「大天使麥可，我現在請求你，穿越這些時間線，運用你強大的自由之劍，於此刻完美地切穿，並釋放我們大家，擺脫不再服務我們的一切心靈牽絆與能量束縛。就這樣！就這樣！就這樣！」

● 想像大天使麥可像颶風一樣，穿越這一圈圈的存有，切斷穿越時間回溯的所有這些牽絆。

● 深呼吸。

● 想像從你的心放射出去的光束正在改變顏色，變成紫羅蘭之光。

● 想像純淨的紫羅蘭之光先經由你的頂輪灌注進來，填滿你的整個身體，且透過你的脈輪光柱散發到你的器官和細胞裡，使你的所有細胞填滿這種由具滋養作用的紫羅蘭之光構成的純能量。

● 想像紫羅蘭之光現在從你的心放射，流入在內在場域圍繞你的所有這些存有的內心與能量體，直到他們完全充滿著這份具蛻變作用的紫羅蘭之光的力量。

●當這道光束從你放射出去時，你滿懷誠摯地說：

●「帶著這道紫羅蘭之光，我寬恕，我得到寬恕！帶著這道紫羅蘭之光，我寬恕，我得到寬恕！帶著這道紫羅蘭之光，我寬恕，我得到寬恕！帶著這道紫羅蘭之光，我自由，你也自由！帶著這道紫羅蘭之光，我自由，你也自由！帶著這道紫羅蘭之光，我自由，你也自由！」

●想像大天使麥可已經切斷了不再服務你們的一切心靈束縛。你可能注意到，你們之間有某些仍然存在那裡的能量牽絆，因為這些是正向的束縛，它們在那裡是要疼愛並支援你。

●接著想像，從你的心放射出去的光轉變成粉紅色，你的心再次放射著一道純淨的粉紅色的愛，流入圍繞著你的一切存有的心，而你說：

●「帶著這道愛之光，我再次表示，感謝！感謝！再感謝！帶著這道愛之光，我現在請求，透過一切層面、一切累世、一切次元與我分享的一切存有，當我們邂逅時，我們立即以神性自我面對神性自我交流，如此，我們共享的一切都是基於萬有的至善，是內在神性自我面對內在神性自我。」

●「此外，我請求，帶著這道愛之光，從現在到未來，我所邂逅的任何存有，如果仍有業力能量要重新平衡，就帶著喜悅與自在和恩典完成。就這樣！就這樣！就這樣！」

● 想像在內在場域上，最後在所有這些存有的面前鞠躬，而他們也對你鞠躬。想像你們全體都在微笑，大家都很快樂，你們如今全都得到釋放，擺脫可以釋放掉的所有業力，因為這個寬恕的行為已經使你們大家不再受彼此的磁性吸引。

● 深呼吸，想像純淨的愛從內在場域流入，流進你的心輪，最後聚焦在愛的呼吸靜心好一會兒。

● 感謝大天使麥可的幫忙，同時作出承諾，要永遠帶著愛與敬意和尊重對待一切存有。

上述靜心在許多不同的層次上做工，首先，它清除舊有的業力牽絆，也消滅許多未來業力互換的需求，因為當給出真實的寬恕並接受，由於缺乏寬恕而存在的典型磁性拉力便自動消失。不過請注意，為了我們的成長與學習，某些重大的業力牽絆仍有必要存在。

出現的下一個好處是，因為我們已經藉由這樣的寬恕釋放了許多情緒，這大幅縮小並降低重金屬音樂的音量，給出更多的空間讓古典音樂可以廣播並被聽到。換言之，有更多的空間讓神性脈動可以在我們裡面揭露祂的臨在。

這個技巧詳述如下：每天在內在場域想像一位家人站在你面前。第一天從你的父親開始，隔天則是你母親，再隔天則是你的某個兄弟姊妹，再隔天，想像你的前妻或前夫，直到想像每一位家庭成員和你曾經愛過的所有存有為止。

想像他們站在你面前，你從你的心傳送出一道愛之光，分享著你曾經想要對對方訴說、想要寬恕對方或請求寬恕的一切事情，直到無話可說為止。然後想像對方傳送一道愛之光給你，同時分享他們需要對你訴說的一切事情。然後再次傳送紫羅蘭之光並取回你的自由，同時藉由說出下述這段話給予對方自由：「帶著這道紫羅蘭之光，我寬恕，我得到寬恕。」將這段話重複三遍，然後想像一道粉紅色光出現在你們之間，而你說：「帶著這道粉紅色的愛之光，我自由，你也自由。感謝你！」再次將這段話重複三遍。

上述兩種技巧都是強大的療癒機制，因為它們的設計宗旨都是為了轉換一切關係中的能量流動，同時在細胞內騰出更多的空間給古典神性節奏，如此，我們才能以更加滋養的方式從內在得到餵養。

步驟五：宇宙光纜連結靜心

參見第七章並操作「宇宙光纜連結」，讓我們得以進入純淨、睿智、愛意永不枯竭且具滋養力量的「本源」。這項工具與紫羅蘭之光的內在進食工具（第六章技巧12），對成功的第三階滋養至關重要。

步驟六：啟動活化腦下垂體和松果體

下文的撰文者是克莉絲汀．帕斯克（Christian Paaske: om@yogasenteret.no），挪威的瑜伽兼靜心教師。我綜括本文於此，意在針對之前分享過的看法，提供某些額外的洞見。身為瑜伽教師，克莉絲汀也提出一些附加工具為生物系統增添能量，而許多人發現這些工具相當好用。

松果體被認為是身體最大的奧祕之一。今天，我們知道，它是一種分泌褪黑激素的內分泌腺體，形狀像松果，位於腦部正中間。法國哲學家笛卡兒提出，他所謂的松果體是靈魂的住處，也是通往靈界的門戶。但撇開這樣的評論不談，西方科學大體上忽略這個腺體，認為它大致上是沒用的。從達爾文以降，它就被描述成令人聯想到一顆不再使用的眼睛，這源自於我們還是原始物種的演化早期。

直到近五十年來，科學才開始揭開松果體的某些偉大奧祕。在七歲以後，這個腺體內會出現一小層一小層的鈣化物質，使它在X光下看起來像一顆小小的椎形松果。因為它位於腦子的中間，因此被用來偵測導致松果體離開原本中央位置的腦部腫瘤。除了腎臟以外，體內沒有別的地方像松果體一樣接收那麼多的血流，而且有幾個跡象顯示，這個腺體所扮演的角色比之前認定的重要許多。新發現如今顯示，這個腺體所分泌的荷爾蒙，亦即褪黑激素，有幾種作用：

- 減緩老化過程。❶
- 啟動青春期。
- 增強免疫系統。
- 調節體溫。❷
- 調整女性的雌激素水平。
- 調節睡眠功能。❸

松果體是感光的，而且因為是身體生物時鐘的一部分，它在睡眠功能中具有調節的作用。褪黑激素其實也有引發幻覺的作用，且可以在禪修者與玄祕學家之間釋放特殊的狂喜與超凡經驗。

神祕的第三眼

根據好幾個奧祕傳統的說法，松果體被連結到位於前額中間的「第三眼」，這個位置與松果體成一直線。由於濕婆與佛陀，第三眼描述成一個「光亮點」和「一顆火紅的珍珠」，象徵統一、超凡的智慧和靈性意識。這個點往往被用來當作專注靜心的點，因為它是體內最容易穩定聚焦的定點之一，加上它會啟動活化心靈能量。全神貫注在這個點上，遲早會留下內在之光的強烈印記，而且這是一種方法，可以聯繫超越肉體的能量次元。

《聖經》裡有一段話提到第三眼：「讓你的眼睛專一，你的全身就全然光明。」（〈馬可福音〉第六章二十二節與〈路加福音〉第十一章三十四節，這段話節錄自成書於莎世比亞時期的英王欽定本《聖經》〔King James Version〕。其後版本的譯文不同，往往沒有這段饒富趣味的重點）。

譚崔瑜伽士斯瓦密．薩特亞南達（Swami Satyananda）如此描述第三眼：「這個脈輪被稱作第三眼或指揮中心。它是心靈體內的一個點，在此，來自外界的資訊被感知，上師以比較先進的修煉形式透過指令引導學生。它是著名的直覺之眼，在此，成熟的通靈人可以觀察發生的一切，包括存在的物質層面與心靈層面。」

褪黑激素、免疫系統和癌症

雖然松果體並不比一顆豌豆大，但它仍舊是體內製造最多褪黑激素的器官，儘管眼睛裡和腸子內也生產小量的褪黑激素。通常，褪黑激素在白天的分泌量低，夜間的分泌量高。夜間若讓身體暴露在光之中，將會減少褪黑激素的產量，因為雙眼在神經系統上是與松果體連結的。一位澳洲阿得雷德大學醫學院（Adelaide University Medical School）的研究人員斯瓦密．桑尼亞桑南達（Swami Sannyasananda）在一份研究報告中寫到褪黑激素說：「夜間褪黑激素降低，會提高細胞對致癌物質的脆弱

注❶❷❸：當我們純粹仰賴普拉納進食時，這些全都會改變。

度。據說在不正常的高電力場區，癌症事件增加，那是因為夜間褪黑激素產量減少造成的。褪黑激素是一種活躍的防癌物質，既能預防癌症，又能遏止癌症的發展，且是身體免疫系統的重要部分。褪黑激素的功能尤其可以用作抗氧化劑。此外，褪黑激素也影響T細胞的製造，而T細胞可以對抗壓力，且是最具活性物質的免疫系統之一。」

褪黑激素隨年齡增長而減少

根據澳洲麥覺理大學（Macquarie University）的兩位科學家，基斯・凱恩克羅斯（Keith Cairncross）教授與亞瑟・艾弗里特（Arthur Everitt）教授的說法，這個腺體是年輕的純淨源泉。經過三年的研究，他們倆深信，在靈長類動物的控制壓力機制中，松果體所分泌的荷爾蒙扮演一個核心角色。他們假設，褪黑激素隨著年齡的增長而降低，是許多疾病發生在老年人身上的核心原因。他們因此建議，給予許多老年人荷爾蒙補充品，以合成的褪黑激素對抗疾病和延長壽命。因為褪黑激素的強大效用，今天有許多褪黑激素的相關研究正在進行。這往往包括在動物身上所做的實驗，而那未必與人體的反應相關。

瑜伽與褪黑激素

有自然的方法可以增加褪黑激素的產量，簡單的瑜伽技巧尤其有效。斯瓦密・桑尼亞桑南達完成的研究發現，譚崔瑜伽技巧、交替呼吸法或清理經絡調息（Nadi

Shodan pranayama），尤其是燭光凝視法或「特拉塔克」（Tratak，集中凝視法），都對褪黑激素的產量產生戲劇性的效果。特拉塔克是集中在某個外在客體上，以此例而言，則是蠟燭的火焰。讓人們在每晚睡前做集中凝視的實驗顯示，褪黑激素會大幅增加。

睡前做集中凝視修煉可以使我們平靜下來、確保深度睡眠、增強免疫系統，而且結合兩種修煉法，效果相當好，亦即，先做交替呼吸，再做十五分鐘的集中凝視；當然也可以在早上練習，作為靜心前的準備，或是如前所述，在睡前進行。

【神性養分計畫．技巧二十四】交替呼吸

以舒服的姿勢坐著，背挺直，以靜心姿勢坐在地板上或坐在椅子上。

- 閉上雙眼，全神貫注在穿過鼻孔的自然氣流。
- 當氣息平靜下來時，將右手的食指與中指放在第三眼上，位於前額中間，眉毛上方二至三公分處。用拇指開關右側鼻孔，無名指開關左側鼻孔。
- 保持兩個鼻孔張開，平靜地深吸一口氣。
- 然後關閉右側鼻孔，透過左側鼻孔呼氣。
- 現在開始交替呼吸：

緩慢、深沉地呼吸，沒有聲音地穿過左側鼻孔吸氣。

——透過右側鼻孔呼氣。

——透過右側鼻孔吸氣。

——透過左側鼻孔呼氣。

這是一回合的交替呼吸。如果完成了，沒有呼吸短促或感到窒息，就繼續另一回合，否則，休息一下，透過兩個鼻孔呼吸，直到平靜為止。算一算做了幾回合，而且要持續做五分鐘。這是這個練習的第一期，還有許多其他階段。一段時間後，你就能夠屏住氣息，並囊括不同的計數比例，例如，數一的時候吸氣，然後屏住氣息數到四，接著吐氣的時候數到二。要等覺得舒服而輕鬆地完成該階段的動作，才能進到更高的一階。操練時不宜用力，因為這個方法應該是溫和的。

【神性養分計畫．技巧二十五】凝視靜心

特拉塔克集中凝視法

以舒服的坐姿坐著，背挺直，以靜心姿勢坐在地板上或坐在椅子上。在離雙眼三十公分左右的水平線上置放一根點燃的蠟燭。

- 閉上雙眼，全神貫注在穿過鼻孔的自然氣流。
- 當平靜下來時，睜開雙眼，凝視著燭光。
- 坐五到十分鐘。試著不要眨眼睛。如果你可以不眨眼睛，心將會平靜而無念，你一眨眼睛，念頭就會出現。
- 然後閉上雙眼，全神貫注在燭光的印象上，直到印象慢慢消失。

● 有許多其他形式的特拉塔克集中凝視法，利用全神貫注在不同的物體上。例如，在第三眼上置放一個紅點，然後坐在一面鏡子前，或是坐在前額上也有一顆紅點的另一個人面前。進行特拉塔克集中凝視法十至十五分鐘。

結合兩種修煉法，成效令人驚訝。

附註：藉由第六章分享的技巧，同時每天以紫羅蘭之光滿溢這些中心，就可以啟動活化我們的腦下垂體和松果體。

步驟七、八、九、十：參見第六章

● 步驟七：做第六章技巧12的「沉浸在紫羅蘭之光中」，以開啟內在場域的普拉納流動。

● 步驟八：開始每天使用「完美健康、完美平衡、完美體重、完美形象」程式編碼，如第六章技巧10所述。

● 步驟九：開始一天三餐變成兩餐，然後兩餐變成一餐的計畫，如第六章技巧6所述。隨著時間的推移，逐漸愈吃愈少，維持上述程式編碼，直至體重穩定下來。開始從食肉變成素食，素食變成純素等等，或是從素食變成純素，純素變成生食計畫，如第六章技巧7所述。

●步驟十：建立具支援作用的居家環境，讓環境在這趟旅程中支援你。

步驟十一：閱讀相關訊息，變得見多識廣

在我們提供一些有趣的補充資料之前，許多人問：

問題一：該如何與選擇了純粹仰賴普拉納滋養之路的其他人保持聯繫？

問題二：可以在哪裡找到這個主題的其他資訊，好讓自己能夠見多識廣？

回答：參見 www.jasmuheen.com/living-on-light/

我也想要分享，許多第三階的普拉納滋養者過著非常低調的生活，對公開這個選擇毫無興趣。因此，你該做的是，請求你的內在神性自我，讓你接觸到將會支持你選擇這種全新生活型態的人士，而且這將會自然而然地發生。此外，參與這事的許多人來自薩滿或瑜伽之類的背景，在這樣的背景下，他們習慣靠自己，慣於承受他們的個人生活型態選擇往往會創造出社交孤立的事實。

同樣地，關於研究資料，請以心靈感應的方式告訴你的內在神性自我，為你帶來針對這個主題所需的一切資料，好讓你能夠敞開，採取適合的步驟，因應你可能需要進行的任何肉體上、情緒上、智性上的準備工作。

步驟十二：透過使用生物屏蔽裝置滋養

接下來這一節非常詳細，因為我們將會檢視矩陣力學與各式各樣的「生物屏蔽裝置」，為什麼它們有幫助、如何創造這些裝置、以及該如何維護它們及為何要維護它們。

所有被創造出來的生物場裝置，以及例如我們的脈輪系統等天然的生物場網格，均仰賴「矩陣力學」才能運作，而在次元生物場科學當中，隱藏在每一網格底下的動力基礎，均仰賴神聖之愛、神聖智慧、神聖力量三大頻率，這三大頻率形成我們全都可以取用的紫羅蘭之光場域的庫存。

這三大頻率形成一切生命與物質的基礎，且是一切萬有背後的真實動力來源。你可以將這些頻率稱作「神聖電力」。如同在討論道家修煉時提過的，紫羅蘭之光是對程式編排做出最佳回應的光，而且因為網格只有在程式編排時才會被啟動，這時紫羅蘭之光必須形成任何即將經過程式編排的網格工作的根基。在次元生物場科學與矩陣力學當中，想法、意志和意圖是所有網格的主要驅動程式。當這些是純淨的，且被用來驅動由紫羅蘭之光建構的裝置，那麼結果也就是純淨而不腐壞的。

「矩陣力學」是一切生命背後的科學，它處理能量遍及各個世界的流動方式。取用西塔—德爾塔波的能力，是矩陣力學中次元生物場科學的一部分，它需要我們的個人生物場以某種特別的方式得到調整。這是我的理論，奠基於大規模的個人與團體研究，認為我們的光體矩陣與肉體脈輪和經絡系統，是由我們在第六章討論過的特定生活型態啟動活化的。在此，我們看見靜心與祈禱、程式編排、素食、運動、在大自然中靜默、服務奉獻，以及運用反覆唱頌與虔誠的歌聲，每天不斷練習這些，就能將系統的頻率調到西塔—德爾塔波，效力好比汽車修理工定期服務和調整車子一般。

「矩陣力學」是一門複雜且深入的科學，利用內在神性力量去餵養並維持——經由觀想、意志和意圖在內在場域創造出來的——能量線，這門科學利用光線和聲波吸引特定的分子結構，在此，透過一套為特定結果建立的網格架構將思維過程放大。

宇宙涅槃網絡是次元生物場科學的一個矩陣力學裝置實例，這是一套不腐壞的內在場域網絡，偉大的光與愛構成的一切存有，利用它進行純淨而神性的溝通。這座互聯的好消息網站是不腐壞的，因為它只能被某些人士所取用，這些人的第六和第七感，以及影響所及他們的腦下垂體與松果體，都是敞開的，且已調至內在神性自我力量的頻率管道。如前所述，內在神性自我的力量，其真正的本質是不腐壞的。無論如何，這個說法帶來另一番有趣的討論，亦即對善惡、對錯、腐不腐壞的感知。

就譚崔的看法，一切是完美，一切誕生自神且是一體的。沒有對錯。在這個實相裡，人是存在於形體中的神，且就能量的生物系統而言，為我們編碼的軟體程式與驅動所謂「神」的「宇宙電腦」的軟體程式是同一套。由於我們是有創造力的神，擁有自由意志，因此不論是有智能的量子場和虛擬場，或是身為一切萬有造物主的宇宙電腦，都不會在乎我們創造出什麼。

神是始終寬容、慈善有愛心且具創造力的父母，祂只說：「你擁有一切工具、一切智慧，因此，當你生病了，創造出戰爭、貧窮和暴力，那就創造別的東西吧。」在這台宇宙電腦的眼中，一切都是有根據的，因為我們創造的一切教導我們並使我們擴展，以令人信服的經驗為我們留下印記。

身為我們的生物系統的主機控制器，我們的內在神性自我是永恆的，且從這個觀點，每一個人在世間都有時間去創造，而問題只是由無知與恐懼所引起，因為我們把自己的身體系統看作是容易犯錯的。因為我們執著於此，忘了身體系統就技術性而言只是一套衣服。是的，它是一間要好好對待的廟宇，但它也是一套天生受限的機制，除非我們的修行足以避開有毒的進食、有毒的思考、有毒的感受，否則我們的生物系統終將故障，終至疾病纏身、衰敗並死亡。

當我們沉迷於優質思維、優質感受、優質進食，以及活出使我們調到西塔—德爾塔波頻率場域的全人生活型態時，隨著新能量被釋放出來，貫穿整個系統，允許系統免於食物、液體甚至是老化的需求，我們在科學與醫學界已經理解到的所有自然法則就會被擱置。不過，對我們的時間來說，這是高級矩陣力學，儘管對其他界領域裡的次元生物場科學來說，這其實是幼稚園等級的力學。

顯然，在瑜伽的眼光裡，世間存在著一種二元實相，黑與白、負向與正向、善與惡等等，而採納瑜伽或譚崔的看法只不過是一種個人實相的選擇。可以這麼說，我們在肉體、情緒體、心智體上愈是契合，要取用神性養分頻道就愈是容易——只要我們安裝好具支援作用的網格能量、致力於我們的程式設定並採納正確的態度。

生物屏蔽裝置要點與應用

我在之前的著作中提過，當我們選擇純粹仰賴普拉納維生且不攝取實體食物時，調整的狀況就會發生，同樣的，極度敏感是許多人都有的問題之一，那可能會製造出問題，因為我們生存在貝塔波的場域世界裡，而大自然是以阿法波為主的場域，所以處在自然、非城市的環境裡，我們通常會覺得比較舒服。過去十年來，我大部分的時間都住在被污染過的城市，處理人們被污染的心靈與能量傳遞，而且經常成為揶揄的對象，有時候更是強力的負面關注焦點。不論我的舉止多麼謙和，我還是在挑戰現況，發表有潛力攪亂數十億美元食品業加製藥業加醫學產業的研究新聞，因為人們純粹靠普拉納維生，似乎就不再顯化疾病了。因此，朝我傳導而來的積極關注有時候毒性極強，基於這點，我學會了如何使用各種生物屏蔽裝置，如此，我才能在人世間穿梭移動，保持相對地不受各種污染的影響，因為除非住在僻靜的山村或修道院內，否則我們一定會遇到形形色色的污染。

取用神性養分時，我們必然已經發明了幾種裝置，讓我們得以在能量上連接到普拉納頻率管道並吸引特定的頻率，因為生物屏蔽裝置允許我們選擇性地從場域內吸收想要吸收的養分，而非遭到混亂的貝塔波場域世界的隨機頻率轟炸。

簡言之，生物屏蔽是紫羅蘭之光構成的一顆蠶繭或網狀物，該屏蔽的創造、程式編排、啟動活化，是為了在特定的「宇宙智能」量子場內建立特定的生物回饋回應。場域可以由某個系統鋪設和編織而成，有些次元場研究者稱此為模式化（patterning）和編織（weaving），而且必須預先考慮這類擬定的結局，以及印記某個場域所造成的後果。我們將在「編織場域」那一章檢視這些課題及如何編織場域。

悠翰尼斯・艾德曼（Johannes Edelmann）博士在他的小冊子《生物場的系統領域學》（*Systemic Spherology of Biofields: A Holographic Model of Reality*）裡寫道：「生物場是全像式的能量場和意識的場域。通常，它們是球狀的，遵守系統性的法則。我們知道，全像的特徵是，它們其實是碎形（fractal），也就是說，即使是它們最小的部分，也總是包含整體，雖然有時候，這只是作為一種潛能，就如同橡實包含整棵橡樹，當時機成熟，終將成為一棵橡樹。」他繼續說道：「看著全像的內在畫面將會觸發我們大腦裡的電路系統，這透過神經系統的改變支援我們的選擇。清晰的慧見或目標的作用宛如磁鐵，吸引適當的情境並為它們創造顯化的可能性。」

換言之，如果我們相信，我們是存在於形體中的神，可以創造來自紫羅蘭之光的能量場，並對這些場域進行程式編排，以此將某些實相強力吸引到我們的生命中，那麼我們就可以辦到。如同我們經常分享的，當我們的意圖是由為我而贏、為他人而贏、為我們的世界結局遊戲而贏所支配，這個實相就會得到強而有力的支持。

【神性養分計畫・技巧二十六】消化性生物盾牌

（一）支援神性養分遊戲的第一項工具是「消化系統生物屏蔽」。它的目的是要擔任內在的轉換系統，瞬間將我們吃下的一切蛻變成我們需要的光的完美振動。運用意志、想像力和意念：

- 花些時間，靜靜心著，運用愛的呼吸工具讓自己歸於中心；
- 觀想五道光從你的手指射出，並以圓周運動；
- 編織一個乙太網，在你的嘴巴周圍；
- 在你的喉嚨周圍；
- 沿你的食道而下；
- 繼續在你的胃部周圍編織這個圓形模式的光；
- 下達你的腸道；
- 然後終於下達你的排泄系統周圍；
- 將你的整個消化系統包覆在一圈粉紅色光場裡，然後是金色光，然後是藍色光，然後是紫羅蘭之光；
- 利用你的第三眼檢查內在場域，看見你的消化系統現在已被緊緊包住；
- 接著這個新能量矩陣需要經過程式編排，因為在編碼前，這些光場依舊相當遲鈍；
- 建議的程式設定編碼：先將焦點集中在你的消化系統周圍的乙太網；
- 把它看作一個活生生的智能場，正在等待某個軟體程式自動執行；

●然後以心靈感應的方式對它下達下述陳述命令：「我現在命令，流經我的消化系統生物屏蔽的所有食物、所有流質、所有我此刻開始攝取的一切——被自動轉換成完美的光的頻率，以及我的身體現在需要的神性養分！就這樣！就這樣！就這樣！」

然後不管吃什麼，你都對自己說：「我進食，因為我愛，不是因為我需要，而且我吃喝的一切都自動被蛻變成我的身體現在需要的。」這可以強化原始的場域程式，且重新編排任何限制性的自我對話——例如「巧克力對我很不好」或「我需要這個食物才能存活」——兩者都是限制性陳述。是的，「我吃的一切對我都好」的全然態度的確有可能壓倒一切毒性，但這需要專注與掌握心智的力量，因此，當我們發展這份心智力量時，生物屏蔽消化裝置就會在能量上支援這個過程。

（二）**我覺得必要的第二項生物屏蔽裝置，是要提供給經由神聖之愛的聖母頻率場域進食的人們，這個裝置既可以包住個人的能量場，又可以篩除掉不再滋養我們的所有信號與頻率**。如果這裝置經過適當的程式編排，就會允許我們經由個人的放射，只以神聖之愛、神聖智慧和神聖力量、或是來自具療癒作用的紫羅蘭之光光譜的頻率印記「社會生物場」。無論如何，我們可以應用紫羅蘭之光連接靜心擴展它的功能。

對調到神性養分頻率且選擇只仰賴普拉納進食的人而言，以及對生物屏蔽裝置已經就位的人來說，個人的生物屏蔽至關重要。我們將要檢視接下來這一階，它是一套基礎維護程式。凡是活躍在世間的人，都需要生物屏蔽維護，包括從個人生物屏蔽傾倒並消除資料與能量模式，而不顛覆其他場域的能力。它也需要我們進行定期的調整與重置。

建立基礎生物屏蔽

如前所述，生物屏蔽是一項環境場裝置，當此裝置經過程式編排，就表現得像是我們周圍的無形力場。它篩除掉不和諧的頻率，讓我們得以從世間挑選我們需要的唯一振動，並阻止隨機信號貫穿我們的氣場且因此製造場域失衡與分裂。

利用神聖之愛、神聖智慧、神聖力量的頻率在內在場域建造，這讓新加入的自由得以在我們服務的同時保持敏感與理智。如同之前分享的，這也為內在神性自我建立起一顆蠶繭，讓祂可以住在裡面，恆常而強力地將光芒放射到人間。

這個乙太體的紫羅蘭之光構成的蠶繭，表現就像一家「宇宙飯店」，騰出一片「舒適圈」空間，讓我們屬於神性德爾塔波場域的內在神性自我存有得以成功、全然地住進我們的肉身形體，儘管我們的肉身形體主要居住在貝塔—阿法波的世界。

建立這個屏蔽相當簡單，只需要做一次下述靜心即可，不過該屏蔽的程式編排與維護，可能需要依據我們在人間的活動，而做定期或偶發性的調整。

【神性養分計畫．技巧二十七】基礎生物盾牌

動作：

- 舒適地靜心——用愛的呼吸或吠陀呼吸工具讓自己歸於中心。
- 想像自己坐在一個光場裡，這是一個正在你周圍編織的網狀物、蠶繭或屏蔽。
- 保持靜止不動——深呼吸，想像你是自己天地裡的國王或女王，坐在強大的紫羅蘭之光構成的蛛絲網內。
- 想像這個網狀屏蔽是由神聖之愛、神聖智慧、神聖力量的強大無形力道所構成，它是強效、原始的創造力。
- 想像這個屏蔽，在內在場域上被連結到——三條攜帶著川流不息的神聖之愛、神聖智慧、神聖力量的宇宙光纜。
- 想像這些宇宙光纜被連結到——一切造化之「無上大能」的真心與真意。
- 想像這個屏蔽因你周圍的智能與脈動而活躍，等候著發射明確的指令給包圍它的智能宇宙。
- 想像這個屏蔽現在與紫羅蘭之光一起脈動，不久將會吸收我們編排到它裡面的程式。
- 想像這個屏蔽是一台生物電腦，而你的頭腦是一套軟體程式。

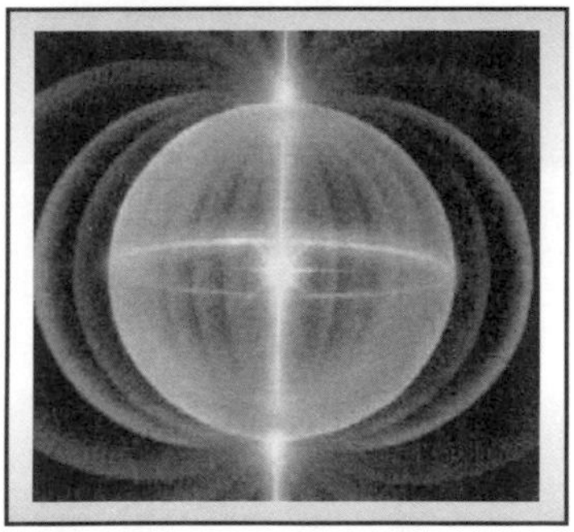

圖15：
本圖來自悠翰尼斯·艾德曼博士《生物場的系統領域學》一書

- 想到你的一切渴望，諸如愛、健康、財富、快樂、熱情、人生使命。
- 清楚地想像這些欲望，當你想它們時，它們就被植入你的屏蔽裡。新增使你的一切願望成真的情感。
- 想像「共振法則」為你帶來所需的一切，以此回應你的生物屏蔽一直被嵌入，而現在藉著脈衝輸出的明確信號與意象。
- 想像你的屏蔽此刻正忙著從你周圍的智能宇宙吸收，且以磁力將你渴望和需要的一切吸回到你的場域。
- 一旦完成了以你的思維和欲望印記這個屏蔽，就想像這些訊息此刻在生物屏蔽裡像霓虹燈招牌一樣點亮起來，並對宇宙送出清楚的訊息。
- 想像你現在說三遍「就這樣！」你的生物屏蔽程式就被啟動了。

一旦基礎的生物屏蔽被建立起來且其場域設定完成，加上我們對內在神性自我力量有信心，那麼這就是全面掃描同時重新設定人生各面向場域的問題。換言之，如果我們有心顯化生命中的不論什麼事物，就必須幫助周圍的支援力進行實體顯化，亦即：給出清楚的信號。因此，花時間真正地好好想想，在人生的各個面向，你想要的到底是什麼。要記住，你周圍的智能場隨時在對你做出反應，而且總是將首要信號的鏡像帶來給你。

維護基礎生物屏蔽

【神性養分計畫．技巧二十八】生物盾牌維持

積極涉入貝塔至阿法波場域的人需要「生物屏蔽維護」，雖然個人的生物屏蔽反射、折射能量並重新導引能量的方向，但當場域印記太過持續而強大時，我們可能會吸收到能將毒性印記在我們的生物屏蔽的貝塔波場域殘渣。當我們的鏡映情緒仍舊錨定在細胞記憶的基層時，那等於在生物屏蔽內設置一面鏡子，作用就像有磁性的引力場，於是這種情形更可能發生。

我們的生物屏蔽經由三條宇宙光纜連接到紫羅蘭之光的源頭，如果我們期待並接受，那麼紫羅蘭之光不斷流入我們的屏蔽裡面及周圍，將使屏蔽免於大部分的場域毒性，因為紫羅蘭之光自然而然地蛻變了它所觸碰到的一切，並將這些轉化成最初的本質。不過，如果我們活躍在貝塔波場域世界裡，那麼可能會發現需要不時從自己的屏蔽傾倒不必要的能量，而這需要在不顛覆四周場域的情況下完成。

做到這點的最佳方法，是以紫羅蘭之光不斷滿溢，因為蛻變是完美的消除工具。我也喜歡「內在神性自我即刻推動生物屏蔽」計畫，這會增強該屏蔽的基層能量模式以及它的程式編碼。此外，將自己的細胞記憶重新調到自我賦能模式也相當重要，而這可以經由下述方法完成：

（一）感謝我們透過往昔的苦難學習到的一切；

（二）運用肌肉動力學或振動醫學釋放我們場域裡的有毒情緒，那可能會在生物屏蔽內製造分裂或軟弱；

（三）以紫羅蘭之光滿溢我們的內在（經絡、血脈、骨骼、脈輪等等）和外在場域（氣場和我們的直接外在環境）；

（四）此外，每天想像我們站在淋浴器下方，而流出的水是純淨的紫羅蘭之光，正在淨化並餵養我們的生物屏蔽和我們的氣場，這也會有所幫助。

建立自給自足模板

對純粹依靠眾神食物生存的人而言，「**自給自足模板**」是可選擇的生物場機制。如前所述，另一項先進的次元生物場工具是自給自足模板。我最喜歡自給自足模板的部分在於，它是一種編織而成的能量矩陣，瀰漫並貫穿我們的現存光體。這塊模板是被設計來充當某個能量基礎或網格，好讓某套特別的程式可在其上執行。先前的書，有兩個因素並未討論到，其一，一旦使用紫羅蘭之光光譜將某個場域建立起來，就必須用特定的情緒——通常是需要在此以恩典與喜悅，成功落實自我生命與人生目的品德——印記該模板。當這個自給自足的新模板被啟動活化時，就可以自動合併並覆蓋掉之前的光體與經絡場。

我相信，自給自足模板是最迷人且最具真實價值的生物場裝置，它一旦被啟動，進入元素平衡，就會調節眾神食物的流動，因為它是風、地、火、星光體、宇宙火、虛空等一切元素的完美平衡，這讓該模板得以落實其自給自足的面向。自給自足模板是嶄新的光體矩陣，已經得到印記，要達成特定的目標——舉例來說，亦即讓身體的生物系統擺脫食物、睡眠、水或老化的需求。當內在和外在場域頻率相稱且強度足以觸發新模板時，這塊模板就會自動被啟動活化。

自給自足模板發明之前，上天先讓我看到，當某位宇宙大師決定具現成形時，他或她是如何建立一個物質構成的身體，因為某些物理程序必須在場域之內加以修改並顯化，才能為我們的內在神性自我，建立起可以形體表達祂自己的生物系統。若要生成「長生不老、無流質、無食物、無睡眠」的系統，特定的元素安排必須先存在。

自給自足模板中的程式也被設置到場域內，為的是增強勇氣、明確性、慈悲、承諾、紀律、奉獻、幽默、謙卑、完美無瑕、誠信等等，只要我們直覺需要從品德印記取出某項特質當作新的情感基礎。

【神性養分計畫．技巧二十九】自給自足藍圖

- 打坐，如技巧1和2，以「愛的呼吸」或「神聖吠陀呼吸」調整自己的頻率。
- 呼吸，直至你感覺到與內在神性自我的節奏連成一氣為止，然後運用下述內在神性自我程式：「我請求內在神性自我，立即幫我建立完美的自給自足模板。」
- 在腦海中想像一塊模板，那是像身體一樣的網狀物，由纖細、脈動中的光線構成，

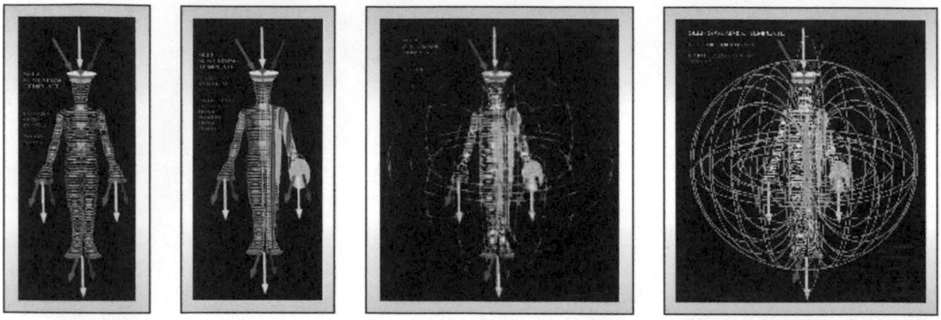

圖16、17、18、19

上述是簡單的圖解，說明自給自足模板如何建立

宛如蠶繭。想像這塊模板是全新的，布線完美無缺，強健而有活力，宛如蛛網一樣的純光矩陣，這是一台等待進行程式編寫的生物電腦。

- 想像這是一套新網格，連接到一台智能無上且愛心無限的「宇宙電腦」，電腦不斷將無限的愛和智慧與力量下載至模板，讓模板可以依照需要加以利用。
- 想像踏入這塊模板裡，而它在你的內在融合，將它錨定在你的脈輪與經絡系統中。
- 想像地、風、水、火等一切元素在你周圍凝結，聚集分子與原子，在這套新網格和模板周圍重新形成一個新的生物身體。
- 想像一個新型的存有成形，它是長生不老、自給自足、自行再生的。
- 想像你的完美的全像圖，從這塊模板發射出來——完整、圓滿、健康、快樂、充實滿意——長生不老、光芒四射、自給自足。
- 對你的內在神性自我下指令：「我請求內在神

性自我立刻跨越時間之線，穿越所有的時間、所有的愛、慈悲、寬容、智慧、榮耀、同感、喜悅、智慧和力量，從我所有的情感經驗蒐集到我學習的一切，我現在需要用這些建立一塊情緒平衡、強壯、健康的模板。」

● 持守著你的身體年輕有活力的形象，同時對內在神性自我下指令：「我請求我的生物身體模板年紀是（二十五、三十五、四十五）？」考慮一下，你希望是幾歲，然後在腦海中持有這塊新模板的形象，同時唸誦三遍：「生物身體二十五歲，生物身體二十五歲，生物身體二十五歲。」或是你此刻想像的任何年紀。觀想你的身體從這塊新模板得到印記，然後（經由全新生活型態的支援）想像你的身體現在開始變得更年輕，而且是從這個內在網格使它得以回春。

請注意，為了讓這塊模板錨定下來並啟動，我們不可以懷疑——那個停止老化的過程以及像這樣再生是可能的。一旦這塊模板被建立起來且錨定在我們的光體和生物屏蔽中，我們就可以放鬆並從容面對生活，信任它將在完美的時間為我們啟動。當我們享受著「甜美生活型態計畫」，帶著覺知與正面性思考，以無瑕的態度盡力而為且保持純淨的心，因而達到元素平衡，這時模板將會自行啟動。

其他資料與裝置

目前已開發出其他裝置，既可改變我們的腦波模式，又可標出——將腦波模式從貝塔至阿法波場域，改變到西塔至德爾塔波場域——有何好處。例如保羅．路易斯．洛薩克（Paul Louis Laussac）的「松果體訓練器」（Pineal Trainer）等裝置的初步研究已經發現，當我們將自己的腦波模式重新調整到西塔—德爾塔波場域，下述狀況就會發生：

一、新陳代謝的節奏起變化。
二、呼吸節奏自然改變。
三、表皮摩擦阻力起變化。
四、生物化學上的改變。
五、腦波模式的同步性。
六、大腦半球的腦電活動具同步性。
七、對壓力刺激的膚電反應降低。
八、每分鐘的心臟搏動降低。
九、每分鐘的呼吸節奏降低。
十、高血壓病患的血壓降低。
十一、人格特質增加。
十二、焦慮降低。
十三、心理健康增加。
十四、自我實現增大。

十五、感知能力增強。
十六、反應時間更快。
十七、短期與長期記憶轉佳。
十八、酒精與香菸的使用量降低。
十九、自發的膚電反應減少。
二十、高度的學術發展。
二十一、透過新構想與概念使商業得到改善。

「松果體訓練器」之類的裝置，加上我們的次元生物場裝置，經由生物回饋迴圈的系統操作，而且根據「原初基金會」（Primal Foundation）完成的研究，大腦有能力自然協調因主場域產生的共振。結果，用音樂與梵咒轟炸我們的大腦與體液，會製造出某些有趣的改變，影響我們的場域、我們的傳遞信號，以及後續的生命經驗。原初基金會也已繪製出腦波模式的地圖，依據在貝塔、阿法、西塔、德爾塔波段，範圍之內的波幅、高峰頻率、力量分布，然後應用這些結果協助進行情緒治療。他們的研究談到「閘門」（gate），閘門抑制或釋放原始能量、分隔意識波段、控制我們的情緒狀態和回應，以此證實，當我們改變自己的腦波模式，就可以改變自己的人生經驗，並因此排除掉自己的任何受害心態，進入另一個掌握心智的層次。

氣的機器

我個人偏愛不靠機器，因為以我們擁有且可任意使用的工具而言，人類的生物系統就是最完美、最複雜的電腦。對我來說，生活型態的改變會自然而然地轉換我們的腦波模式，而經由這條路徑探索生物系統的能耐，始終是比較健康且更加瀟灑的選擇。我想，這個態度可以追溯到早年的瑜伽訓練奉勸我：「絕不要依賴自身之外的任何東西。」我發現，只要真實的力量源頭是內在神性自我，這個建議始終是金玉良言。

儘管說了那麼多，但我個人一直很喜愛一種名為「氣的機器」（the Chi machine）的裝置，因為它強而有力地與我的程式編排研究相呼應。我們可以重設體液以達成某些優勢，這個構想得到江本勝談論水的意識的著作的支持。我們的身體百分之七十是水，而我們知道，水會回應音樂和語言，那麼將頻率對準我們的生物系統的液體，並直接進行程式編排，就可以取得許多東西。

舉例來說，將雙腳放在一塊振動器上，人靜靜地躺在地板上，氣的機器裝置便輕柔地左右搖晃。搖晃結束時，有一股氣會從我們的雙腳湧上來，於是純淨的普拉納紮紮實實地滿溢我們的生物系統。在這股氣湧上來期間，可以好好利用技巧10提的「完美健康、完美平衡、完美體重、完美形象」的程式設定，因為當我們這麼做且同時結出某些手印時，印記就會深入到我們的細胞與微中子的核心。

無論如何都要記住，唯有說出這個程式的人心中認定，我們是存在形體中的神，全然強大、全知、全愛、有智慧，且肉體、情緒體和心智體具有支援神性自我在地球上顯化的功能，這個程式才會運作。簡要回顧一下，上述程式准許內在神性自我，在我們的存在之內創造完美的肉體、情緒體、心智體和靈性體的健康，而「完美平衡」命令准許祂帶領我們進入生生世世存在的各個層次上完美平衡。完美體重程式在我們不攝取實體養料時穩定我們的體重，而完美形象命令，使我們得以放下社會／媒體對我們形象的制約。

還要記住，我們是被一個有智能的宇宙包圍住的，因此——

- 把自己看成存在形體中的神；
- 不斷閱讀我們的個人生物場，以求看見我們的主導思維與程式是什麼，然後把這傳送給我們。

所以，如果不斷自我對話，是如同「我健康，我快樂，我和平，我豐盛」之類的真言，那麼不論最初這對你而言是否為真，最終宇宙會說：這位存在形體中的大師相信這個，所以，讓我們重新安排這人周圍的生命分子，讓它變成這樣。隨著我們一再強調，這點尤其真實——只要是帶著誠摯的情感訴說，且有一顆純淨的心支援，加上當事人善意與慈悲的天性，真正有心以嘉惠眾生的方式過活。

【神性養分計畫．技巧三十】氣機器

- 以氣的機器實驗，運用「完美健康」等程式。
- 感覺你的系統內有何差異。

步驟十三：設定中、長期目標

慢慢來，設定兩、三年或五年目標的身體與社會準備計畫，例如，三年內，我將純粹仰賴普拉納之光維生。然後明智地實施上述要點。不用急，有些人可能花上幾十年甚至幾輩子的時間，才能將自己的生物系統準備好因應這次經驗，至於發生的時間快慢，則完全仰賴我們可以隨時控制並改變的頻率。

步驟十四：如果你的生命藍圖包含公開這個抉擇，應用「負責任報告指南」。

負責報告指南：

因為不得不處理某個評論造成的反彈（事關以普拉納維生且一直從事許多媒體工作的某人——幸好，我現在已經退休，不再扮演那樣的角色），事後我得到指引，要撰寫這篇文章。我很希望能夠婉拒那類邀請，尤其是來自主流平面媒體的邀約，何況日復一日，我覺得自己愈來愈像葛麗泰・嘉寶（Greta Garbo，譯註：一九〇五至一九九〇年，瑞典國寶級女演員），說著：「我想要獨處。」至少，面對全球主流媒體時，這是我的心聲。

我酷愛一位知名紐約新聞從業人員在一篇文章裡的文字（那篇文章同樣並未考慮到神聖之愛的力量），內容大概是：「澳洲阿法波大師潔絲慕音謝絕接受訪談」，而面對普拉納的力量這類爭議性的主題，我的沉默不語反倒變得更有力量。所有資料都已匯整好並提出（詳見在www.jasmuheen.com/who.asp#lol的免費研究手冊），現在只等候著恭敬的接受。當然，時間將會像往常一樣站在我們這邊。

儘管如此，對於受到啟發或預先設定——要針對全人教育事宜應對大眾傳播媒體——的讀者，可能會發現這篇文章頗有幫助。

經過七年讓自己隨時準備好接受報紙、雜誌、廣播、電視訪談及紀錄片拍攝的日子，我完成了在這個領域的任務，因此談到面對全球主流媒體，我已進入半退休狀態，這實在是太好了。

一九九九年末，我決定不再面對任何平面媒體，只做現場廣播和電視節目，原因在於一次非常神聖的靈性啟蒙衍生出某事，而我對圍繞此事上演的媒體鬧劇感到失望。此外，我也厭倦了在主流媒體圈內經常發生的錯誤教育與明目張膽的扭曲事實。最後一根稻草出現在接受一位聰明的記者訪談兩小時之後，當時我殷切地提供深入可靠的研究，且煞費苦心地擔保所有角度都負責任地囊括在其中，結果發現她的文章充斥著事實錯誤（嚴格說來有二十多處）。我記得自己想著：「我知道她不笨！」所以，唯一可以得出的結論是，她早已開始蓄意誤導大眾——因此我決定，不再這樣支持公然的錯誤教育。於是，我把自己的媒體工作限定在支持且願意接受靈學的記者，這些人的誠信度較高，我對他們全體表示由衷的感謝。

就這樣，後來接受了大約一千場的訪談，至一九九六年以來接觸過八億多人，我才會認為自己見多識廣，足以提出一些洞見。我真的很清楚，擔任靈學家的工作是全人教育。現在大家都知道，所有的恐懼都是無知引起的，而對我們之中的某些人來說，這意謂著工作的一部分是要消除這點，可能也意謂著要花時間跟隨全球媒體。

與媒體交涉的態度

所以，我們開始吧：

（一）若要得到更加神祕的連結，建議聘請一支「天使行銷與媒體團隊」，同時聘請一位聖哲監督你的媒體連結。這是絕佳的時間管理工具，避免我們浪費或誤導能量。我的公關媒體經紀人是聖哲曼大師，他同意只把已得到啟蒙的記者派來給我（不幸的是，我忘了同時要求已得到啟蒙的編輯）。

（二）要懂得主流平面媒體司空見慣的「刀耕火種」技巧。談到這點，我的意思是，你可能與某位用心覺察的記者共度了美好的訪談時光，結果卻發現，雖然對方發表的是平衡且研究深入的文章，但編輯為了炒作，紮紮實實地將那篇文章砍得零零碎碎，結果是「燒死」你，使你說的話顯得不著邊際或難以理解，因為你所提供的可靠參考資料與研究調查被刪除了。同一位編輯有可能刊登一段朗朗上口、譁眾取寵兼誤導人心的標題，以求引人關注、提高銷售量。在這些人之間，新聞誠信的優先順序被擺在後面。

（三）要覺察到，雖然我們天真地以為，從另一家報紙買來的所有文章在付印之前，故事與報導的正確性都會先行確認，然而事實未必如此。我經驗過可信度極高的一流雜誌，他們向小報購買且出版消息來源不明、事實並不正確的文章，許多人都知道，這類媒體往往沒有檢查文章的事實，因為他們通常選擇炒作，以求增加銷售量。對許多有此習性的小報來說，更優先考慮的是銷售額，而不是提供正確而有理性且根據事實的報導。

（四）我的建議是：避開小報！此外，在同意進行任何媒體訪談之前，請檢查對方的新聞誠信與報導的可信度。

（五）檢視你自己的誠信。你為什麼想要涉入媒體界？你是否私下對名望與財富有所渴求。你對自己的素材了解到什麼程度？你正過著你所宣揚的生活嗎？你的經驗是百分之百建立在真理上的嗎？許多新聞從業人員所受的訓練是為了絆倒你、為了隨時尋找謬誤、為了揭露騙局與更深處的隱藏動機，因為他們可能看見的是你在追求知名度。你巍然屹立，以誠信行事，且百分之百相信自己、相信你的產品或提案，這是絕對必要的。在你的場域裡的任何分歧，都將成為攻擊目標且因此被人操縱。

（六）面對不太友善的媒體時，絕不要以攻擊行為應對攻擊行為，因為這麼做，大眾一定會轉身離開。在我將神性力量與祂滋養我們的細胞與靈魂的能力，帶到全球舞台的那段期間，我遇到不計其數憤怒或攻擊型的執業醫師、精神病學家、營養學家甚至是同行的靈學家，他們會進入全然的攻擊模式——身體前傾地坐著、控訴、指責、揮舞拳頭、提高聲音等等。要能夠安靜地坐在那裡，帶著愛心與耐心回答指控，同時提供深入研究的備用資料，這麼做始終有利於你，尤其在面對具爭議性的題材時。觀眾一定會對你身處此番逆境所表現的冷靜與嫻熟留下深刻印象，尤其如果你已經訓練自己散發足量的愛，得以觸動在自家看電視的觀眾。要記住，人們只從你說的話得到百分之七，他們認識到的百分之九十三是透過你的語調、身體動作和肢體語言。

（七）要設法確保你穩穩接通神性頻率管道，且能在所有情境裡放射完美的愛與智慧的電壓。要始終表現得像是真正的大師，帶著智能、尊重與榮耀，不論採訪者與在旁支援的專家小組，可能如何對待你和你的研究提案或產品。這需要訓練，尤其是靜心領域的訓練，這使你在被激怒時，總是得以好好表現，而非做出反彈。

（八）如果為活動作宣傳，也要提供免費的工具或實用、有幫助的研究給觀眾，設法確保活動具有某種程度的教育意義。還要保證訪談一定會在你所宣傳的活動舉辦之前與大眾見面或播出。顯然，我在這裡談的並不是付費廣告。

（九）可能的話，要求任何文章先校對再付印，以求據實陳述。不過，主流媒體鮮少同意讓受訪對象擁有編修的權利。

（十）要確定你所簽下的任何合約全都經過你的律師檢查，且在你所同意的條款下運作。切莫匆忙做出任何決定，永遠要好好檢查各個角度和選項。

（十一）要覺察到，你的媒體工作對這場全球遊戲造成的衝擊。如果你不遵守前述要點，就可能危及同僚們令人信服的工作，尤其是那些或許花費了數年時間致力於前述要點的人。對於普拉納療癒或普拉納滋養、以及其他能量療法這類具爭議性的主題，這點尤其關係重大，因為我們正在挑戰傳統信念，而許多像我們這樣的人，耗費多年時間建立非常特別的教育系統，以銜接靈學世界與主流世界，因此，要非常清楚在這裡分享的是什麼，藉此邀請大家支持你的工作。

（十二）要覺察到，你的研究是否威脅到崇拜財神的大眾，即使你做了上述一切，可能還是會被人以負面觀點描繪。擔任預防醫學程式的生活型態，將會剝奪醫療專業的生計，就如同擺脫從實體食物攝取營養的需求，將會打亂幾十億美元的食品業一樣，醫療產業（由於我們絕不會生病）、製藥產業，以及尚未體驗到神聖力量的好處及其療癒能力（靈氣、普拉納療癒〔即般尼克療癒〕等等）或引導能力（靈視力、靈聽力），或最具爭議性的滋養，以及疼愛我們的能力的任何人，都面臨著同樣的情況。

（十三）結果，在與主流媒體交涉時，有時候你唯一可以期待的是，在肥沃的心靈裡播下幾顆種子，你能提出的可信度愈高就愈好。不要執著於你的全人教育工作帶來的結果。對的人——那些準備好要聆聽的人，將會因磁力作用被吸引到你面前。不聽的人，要麼沒準備好，或他們不屬於你的工作流。

（十四）請記住，「聖靈」與內在神性自我的力量以及宇宙涅槃網絡，將會自始至終確保訊息經由適當的管道被聽見。內在網絡是不會腐壞的，好好運用它吧。

（十五）誰值得表揚就表揚誰。如果在研讀完某人的作品並採用此人的工具和技巧之後，你發展出某些能力，那就要永遠讚揚那人的研究。舉例來說，在「神聖性愛」和道家修煉法的領域，全球的領先研究者之一是謝明德，而普拉納療法的領導人則是蔡國瑞，若提到深入研究人體的非凡能力，麥可．墨菲（Michael Murphy）的著作《人體大未來》（*The Future of the Body*）可信度最高。同樣地，在了解身心連結方面，狄帕克．喬布拉博士是領導級的研究者。

（十六）同樣地，如果有人傳送對你的工作有所幫助的重要資訊給你，好好讚揚對方，適度感謝對方。相互表揚和恭敬的致謝是這場新的統一遊戲的一部分，需要得到鼓勵與支持，視之為神性的成規。

（十七）選擇對你和你的研究產品或提案最為有利的媒體。舉例來說，靈性或全方位節目的內容通常較少偏見、較為開放，不過這類節目也可能時常聘請專業人士服務，以增加節目的可信度。舉例來說，主流與靈學圈內的媒體都時常請教醫生和營養學家，徵詢他們對以光維生的意見，除非該名醫療從業人員本身靜心且熟悉氣或普拉納的研究，否則基本上是浪費時間。所有傳統的營養研究只適用於錨定在貝塔—阿法腦波模式的人們身上，對於過著全人生活且從西塔—德爾塔腦波模式運作的禪修者而言，我們存取普羅大眾所無法取用的能量層次與類型的能力，其實是主流研究人員至今尚未了解的事。

（十八）要準備充分，見多識廣。像大師一樣活出你的人生。始終以無瑕的態度盡力而為，絕不撒謊或誇大真相。然後，不論誰說什麼或做什麼，你總是有一顆清楚的良心。

（十九）與全球主流媒體交涉具爭議性的話題，並不是讓天真或怯懦之人從事的。著名的電視、廣播或雜誌曲解或誤傳事實，據說是為了稱己心意，甚或是撒謊以求滿足他們的私下盤算，這可能是既讓人心碎又令人不解的。

（二十）請記住，不是每一個人都樂見你經由你的經驗和研究所發現的事物，尤其是賺錢機器備受威脅，或是因此有所損失的那些人最不樂見。並不是世間每一個人都想要創造——聲譽、財富、性愛或權力之神都獲得正解或是力量回歸大眾——的星球。舉例來說，表明神無所不在，包括在我們的內在，且我們可以經由神性的內在場域通道直接經驗神，這將威脅神職人員的權力階級體系以及許多教會的根基，這就好比便宜而永續的電力新能源，一定會威脅到現存的能源大亨與他們的化石燃料壟斷事業，如同預防性的整體醫學計畫，會威脅到某些傳統的醫療派別，因為這些人的生計仰賴人們停留在生病和失調的循環裡。

（二十一）並非世間每一個人的私下盤算都是純淨的，雖然我們可能受過訓練，要在眾生裡看見神，但認為我們可以在世間傳送又新又好的生存方式而不受到挑戰，卻是天真幼稚，尤其當我們公開自己的工作時。

（二十二）所以，對於涉入全球媒體遊戲的人，最後的忠告是：根本別想去到那裡，除非你見多識廣，既有勇氣，又有一顆純淨的心。

步驟十五：教育家人和朋友，讓他們了解你選擇的神性養分生活型態

這是不言自明的——只要內在神性自我與對方的內在神性自我「配對」即可，要成為光芒四射的範例，並帶著尊重與愛，完成你得到指引要去完成的一切。

轉換之後——現在該怎麼辦？

在我寫完神性養分計畫第三階滋養這個主題的第一本書之後，許多人說，關於下述各點，寫得不夠多：

「哦，我現在純粹以普拉納維生，那麼現在該怎麼辦？」

「我該如何因應世間的反應以及社交的重新整合期？」

這是幾乎不可能教導的事，因為每一個人對世界的反應都是截然不同的，何況這個答案還要取決於我們的生命藍圖對此事的安排。

如果當事人在第三階轉換的成功是非公開的，那麼比起刻意挑戰社會現況並保持公開，社交上的調整就容易許多。如果當事人的成功是公開的，那麼在與各個產業交涉時，「負責任的報告指南」提到的許多要點就大有幫助。

大眾多疑嗎？肯定是。

他們會生氣並對此心懷敵意嗎？肯定是。

你有時會被嘲笑並感覺孤立嗎？肯定是。

假以時日，這會變得比較容易嗎？肯定是。

你需要實力與勇氣才能過著第三階滋養的生活嗎？肯定是。

基本上，我們在這方面的轉換成功會在事後公開，它必須被實踐，且視每一片刻的狀況加以處理，就像人生一樣。而且一如人生，當我們全然與自己的內在神性自我和諧一致並接受其指引，一切就容易許多！

第二部分：常見問題

我希望這本書盡可能豐富詳實，因此得到指引，要在此新增《來自普拉納的滋養》（又名《以光維生》）一書裡提過的幾個問題，然後再繼續檢視近十多年來討論過的其他深入課題。

首先，我想要釐清，在我的著作《來自普拉納的滋養》概述過的二十一天進程，與我在這本新書《眾神的食物》裡提出的建議，其間有何差異。二十一天進程是一次絕佳的靈性啟蒙，讓許多處在適當頻率裡的人們得以移動到神性養分計畫的第三階養分，不過，並不會向每一個人保證這點，因為再次強調，成功完全取決於個人的頻率。因此，《眾神的食物》提出絕佳的工具，藉由致力於個人的頻率場，緩緩將自己的頻率調到成功的第三階養分。

節錄自一九九四年撰寫的《來自普拉納的滋養》（下述某些問題已因本書而更新。我以「普拉納滋養」這個詞彙代替「以光維生」或「神性養分計畫第三階」）。

問：那到底是什麼？如何運作？源自何時？源自何處？

普拉納滋養，以及它的神性養分面向，自古以來就遍布各處。宇宙的心靈——阿卡莎紀錄——分享說，曾有一段時間，眾生皆從普拉納原力得到供養。普拉納滋養是有能力從宇宙生命原力（或是氣）吸收一個人需要的所有營養素、維他命和滋養品，以求維持健康的身體載具。修煉此法的人不需要進食。為了成為普拉納滋養者，你必須是一件音調和諧的樂器，不但了解而且修煉掌握心智的力量——那是有意識地重新設定細胞記憶，以消滅任何限制性和不體面的信念。

問：一個人如何成為普拉納滋養者，有什麼必要條件嗎？

如前所述，這點攸關頻率調整。研究分享說，人類有四大身體系統——肉體、情緒體、心智體、靈性體，可以比作一把四弦吉他，每一根弦都有它自己的調子，當音調和諧時，演奏出來的音樂（以及活出的生命）是有魔力的，一個人變得既和諧又無限。當音調不準時，人——好比「走調的」樂器——可能經驗到各式各樣的情緒體、肉體或心智體失調。若要成為普拉納滋養者，必要條件只不過是由衷渴求成為無限的，以及活出人生的最大潛力，外加探索此等自由的欲求。這關乎榮耀自身，使我們的心智開放到足以探索扣人心弦的可能性。若要對活著抱持熱情，就要保持一顆洋溢著喜悅與感恩的心，喜悅並感恩我們曾被賜予這份禮物，得以同時創造並見證創作的莊嚴雄偉。若要從一切次元吸收我們所欲求的一切，就要透過肉體的五感以及直覺與知曉兩種更加精煉的感官。在這趟「體驗」如何成為完美無瑕的旅程中，以光維生不過是一項合乎自然的副產品。

問：有什麼好處／壞處？

我首先感覺到的好處之一是，存在是難以置信的輕鬆，感覺到浩瀚、能量充足、擴展、多次元。這些是內在神性火花的特徵，當一個人容許這份神性的無限火花在內在（和外在）供養自己，這人就會呈現出神性火花的特質。我想起那個第一天，感覺到彷彿不再被局限於物質實相，而是完全自由的，自由的去選擇，自由的去創造，自由的去調查、研究、然後應用這些新的存在與思考方式。日復一日，我感覺到生命實在是一份禮物，也因擁有這份體驗的喜悅而如實地感謝「創造原力」。我選擇去憶起，我是擁有人類體驗的靈性存有。我現在對一切感到驚奇，因為當你把自己看成靈性「存有」，那麼經由（在所有場域內）以電磁感應方式操作（至不同程度）的「共振法則」，就會將那個本質吸引到你面前。

關於其他好處，許多人提到能量水平提升和療癒的能力、靈視力以及靈聽力。有些人則提到毛髮重新生長、灰髮再度變回自然的顏色。請務必覺察到，這與你進不進食無關，它是攸關選擇的自由。舉例來說，並不是我身體的每一個細胞都相信它需要食物才能夠得到供養或繼續活著。要知道（包括智性上和經驗上）我是可以選擇的，這麼且不會恐懼進食與否的負面結果，那其實無關緊要。我的自然偏好是以光維生，這麼做的能力現在不過是一個事實，被歸檔在我的記憶資料庫。無論如何，對於在這趟旅程初期的其他人而言，我的研究及之後的分享，持續使這條路徑變得對他人來說更加輕易。

我們一起學習、一起分享、然後一起用實例證明。我的同行旅伴們發現，主要的壞處是，這個選擇帶來極端的社交孤立，因為絕大部分的西方文化是基於情緒愉悅的理由而進食，許多社交互動的焦點都在飲食上。此外，對於選擇不沉迷於偶爾為了愉悅而淺嚐一口味道的人來說，還有一個因缺乏味道而導致無聊乏味的小問題。許多普拉納滋養者選擇偶爾品嚐一下，以求滿足味蕾的需求，這可能以這樣的形式存在：一個月吃一次巧克力餅乾或吸引當事人的任何東西。

當一個人知道，且實際上已經用實例證明，他的一切滋養均來自更高、更細緻的普拉納能量的頻率（我們稱之為光子或氣），這人就達到了驚人的自由，擺脫了想像出來的進食需求，可以讓自己的味蕾純粹基於愉悅而放縱，不因需求而沉迷。至於因情緒原因而進食與這個無聊面向之間的連結，我們目前還在研究人類心靈的深度與複雜性。

二〇〇三年附註：對我來說，過去十年來最棒的禮物之一，始終是選擇的自由與擺脫限制的自由。

問：有任何相關的健康風險／問題或不足（鐵、維他命 B_{12}）嗎？

繼續前一個問題，生命的本質是普拉納。如果一個人選擇，這人可以連結到普拉納原力並得其供養，這些原力攜帶著這人需要的一切維他命與營養品，以求維持具有自我再生能力的不朽肉體。因此，如果一個人有所期待，這人才會感到疲累，或是經驗到健康風險或問題，而這個狀態也會由於不改變自己的細胞／心智信念系統和心態而造成。對於並不是有意識地將自己的能量場調到更完美的內在神性自我節奏的人，或是不懂靈學、宇宙法則或基礎量子物理學的人，我個人並不建議這趟旅程。為了讓這套修煉法達到成效，沒有不利的影響，一個人必須透過研究榮耀智力，並釋放一切的受限信念。

二〇〇三年附註：根據醫療研究人員的說法，人體無法自行製造維他命C，需要靠飲食補充，才能避免壞血病和其他生理病痛，然而，在普拉納滋養者身上，當我們驗血時，從不曾缺乏包括維他命C在內的任何維他命。顯然，當夠強大的普拉納原力流經生物系統，它將我們身體需要維持健康的一切存放到這套系統裡。

問：身體會經歷任何生理上的變化嗎？

如果一個人運用程式設定和意念修煉掌握心智的力量，這人就可以隨心所欲地改變身形。這是所謂的「影像重造」（re-imaging）。我們目前從事的工作關乎啟動活化，然後利用收藏高層意識的五分之四大腦。大體而言，許多個人忙著應付在物質實相裡存活的「低階心靈」課題，因此無法探索自己最大的人類潛力。一旦這人嫻熟了生存課題，就可以經由靜心和其他古老修煉法，自由地探索高層意識。這類有意識的調頻，於是允許我們得以享受無限的「存在」（BEing）。

對許多人而言，在生理上，腦下垂體和松果體的容量增大，而且心靈感應回復正常。

二〇〇三年附註：我們也得到許多其他的好處，如本書剩餘部分討論到的。

問：消化器官怎麼了，它們衰弱萎縮了嗎？

當一個人帶著調頻過的內在視野進入身體內部檢視，這人可以見證到一股能量流，宛如波浪，對身體起磁化作用。發生這情況是要回應我們對宇宙原力下達得到普拉納餵養的指令或命令，普拉納於是經由皮膚的毛孔流入。這令我想到，「鯨」過濾好幾噸水以求汲取浮游生物的過程。這時檢視器官以及骨頭內部和血流，結果相當驚人。我「看見」的通常是活力健康的映像。這樣直覺地讀取能量場的內在「診斷」，是我們的第六感被啟動活化了。診斷可能會不一樣，取決於一個人是否將細胞層次上的渣滓燃燒掉。渣滓是有毒的思維、有毒的感覺和有毒的進食。

在容易得到證明的傳統層次上，新陳代謝速率改變，胃部因為再也不在「正常的」消化程序裡運作而萎縮。我們許多人都經驗過得到正向結果的傳統與非傳統（另類療法）測試。這方面的一大挑戰是，許多西方的醫療從業人員之前不曾遇到做出這類人生抉擇的個人，因此沒有先前的「衡量標準」可供比較。此外，大體而言，當一個人已將自己的振動和能量場調到得以仰賴普拉納供養的頻率，這人就再也不會在能量體內創造出——有理由看「治療師」或醫生的——失調或不適。

消化與滋養是兩種個別的討論。如果器官、血液和骨頭得到滋養，不論是來自乙太體（普拉納）或物質界（食物），它們都會維持並以實例證明完整的健康與活力。若要在能量上進行自我診斷，建議當事人回憶——在這個精煉的能量運作藝術界受過良好訓練與修煉的前世，且全然有意識的覺察及自在面對這個能量診斷的做法。這是純粹靠直覺調頻至宇宙心靈或最高群體意識並與之連結。這個方法絕不會被誤用，因為我們只可能將鏡映自己意識的振動吸引到自己面前。

所以，在「堅果殼」裡面，器官們維持，然後改進，以達致健康的頂峰，成為掌握身體的「大師」——得到巨大力量——開始保持警覺，由此掌握心智的力量，從無限有意識地創造實相。普拉納進食的遊戲是我所知道最強而有力的遊戲之一，可以證明純淨的能量火花的力量（是它真正供養我們）。沒有這個，我們就不會擁有生命。沒有這個，我們就不會知道歡愉、喜悅或無限。因為召喚它前來時，我們可以下指令說：「親愛、強大的我是臨在[4]，我命令祢完全掌握我的整個低階身體，讓祢可以立即全然顯化內在的一切。我現在在所有國度內完整地表達神聖魔法與神聖掌握，以及神聖天堂——在上如是，在下從之。就這樣吧！」多麼偉大的命令啊！優質的計畫和

注[4]：或者內在的神力、內在導師、我們的內在神性自我、造化父神／母神——你想要怎麼稱呼都行。

思維提供優質的人生經驗啊！

問：味蕾會怎麼樣？它們渴求味道或身體感受嗎？

對參與這場偉大創舉的許多人來說，主要的絆腳石一直還是渴求味道和品嚐的身體感受。不持否定的態度是相當重要的，而在研究情緒的能量模式、「連接」以及對食物的情感依賴的過程中，我們可能會繼續沉迷在斷斷續續的品嚐歡愉裡。我們已經發現，當一個人停止進食，可能變得渴望辛辣或極甜的味道，或在兩者之間變動。當渴求升起，吃一口想望的味道會滿足許多人，儘管我們還在利用重設程式的方法超越食物的意識。我們的意念是，這是一趟開心的旅程，不是否定的旅程。

二〇〇三年附註：十年來看著人們放下自己對食物的情感依戀與社會化習性，我得到如下結論：對多數人來說，慢比較好，而這本新書建議的方法，讓人們得以帶著最少的慌亂穿越這個轉型期。此外，許多人還發現，「禁止小口小口進食」的策略比較容易，因為屆時，當事人會發現，自己難得接觸到食物，因此更少被引誘。同樣地，參加我們的研習會的學員，約有百分之五十已經將程式重設成今生同時不用喝水，這似乎也使得這段轉型期變得容易些，因為這人永遠不必進廚房喝水或茶等等。我一定要再次強調，這不是一趟自我懲罰、僵化或否定的旅程，或是托缽僧的嚴峻之路。

問：有可能回頭進食嗎？那麼做會有什麼問題嗎？

大多數探索這趟旅程的人，都相當容易回頭重新進食，先是以比較固態的液體（例如湯）緩解他們的回頭之路，接著接觸蔬果，然後是正常飲食。人們重新回頭進食的主要原因同樣是社會壓力，以及厭倦了與眾不同。這並不是令許多人興奮激動的過程或生活型態選擇。聽到我們正在進行這項工作的多數人認為，重新回頭進食的原因不外乎：

（一）不可能辦到；（二）認為：進食的愉悅那麼多，何不管他三七二十一，就吃吧？不過，也有許多人重設程式，要為人類引進這種全新的選擇，因此，這一切感覺起來完全自然。

問：脫水是一種擔憂嗎？普拉納滋養者喝什麼？同樣只喝水或加味飲料嗎？咖啡因、酒精、其他刺激品又會怎麼樣？

有人選擇不吃不喝，但多數西方的普拉納滋養者仍舊維持來「一杯」的社會化儀式，免得完全與社會疏離。大多數的普拉納滋養者並不沉迷於酒精，他們可能覺得那會降低身體能量場的振動頻率，或是他們可以利用掌握心智的力量，將進入體內的一切轉化成光。我個人仍舊非常喜愛來一杯好茶。

問：純粹以普拉納維生會影響成長／發展／體格大小嗎？有普拉納滋養的胖子嗎？

成功實踐此法的人是經過調音的樂器，可能正在開發或已經掌握了對其分子結構下達重大命令的要領，且能透過程式重設和利用基本的生活型態技巧，隨心所欲地操縱體格大小與形狀。我們承認，身體是一台生物電腦，心靈是套裝軟體，而我們的人生是兩者的列印輸出稿。如果我們不喜歡人生或人生的任何面向，那麼可以重寫自我信念的軟體程式。優質的思維帶來優質的人生，無限的思維帶來無限的人生。

至於「普拉納滋養的胖子」這個問題，有人以減重作為意圖，開始這趟旅程。對靈性戰士來說，這（二十一天進程）是一次神聖的啟蒙，但當事人一直未能維護好這個程式且之後又回頭進食。一個人的意圖必須是純淨的。請注意，不論這人是否重新回頭進食，就新的知曉模式已被導入細胞的角度而言，成功都已達成。細胞的記憶來自於經驗到一個人可以依靠普拉納進食生存幾個月或幾年，因此，某個不著痕跡但強而有力的自由層次被達成了。

問：它對睡眠有何影響？普拉納滋養者全都靜心嗎？他們充滿活力嗎？

大多數普拉納滋養者的睡眠時間至少有以前的一半，某些人更是已經嫻熟睡眠的必要條件，有些人只在想睡的時候才睡，通常是為了隨心所欲出離身體，進入其他表現形式的能量帶。為了將自己調到神性養分頻率管道，靜心是最有效的工具之一。靜心也讓我們得以取用內在純淨的能量火花的無限本質。許多普拉納滋養者已將自己表意識的覺知嵌入永恆的現在，並為了存在靜定中的喜悅而選擇規規矩矩地靜心，不因往往在忙碌的西方文化中經驗到的外在事物而分神。

當你對能量等級有所期待時，能量等級尤其妙不可言。記得這是一趟心靈更勝物質的旅程。內在神性自我正在餵養我們的最明顯證據之一是，我們經驗到創造力日益增加，需要和渴望的睡眠減少許多，能量等級提高許多。

問：它對預期壽命有何影響？它是年輕的源泉？還是老化的源泉？它對身體美有何影響？

我不能替所有的普拉納滋養者回答這個問題，只能就我的個人旅程發言，在我的個人實相裡，肉身不死可與普拉納的滋養課題齊頭並進。印度的吉里．芭拉，以及出生即有基督聖痕的德蕾莎．紐曼（Therese Neumann，譯註：一八九八至一九六二年，德國天主教聖女），都是普拉納滋養者，她們優雅地老化終至死亡。成為普拉納滋養者，並不保證肉身不死，除非這人將松果體與腦下垂體重設成只製造維持生命的激素。為了成為肉身不死，一個人需要放下人難免一死的信念系統，且將一切思想、情緒、食物的毒性從身體的能量場釋放出去。這是一條淨化之路，是要成為神性管弦樂團裡音調調得最莊嚴的樂器，並將此顯化到物質實相中。因此，取用年輕的源泉取決於一個人的心態、信念和欲求。

個人而言，我是我的載具（肉身）的主人，不是它的奴隸，我的意圖是：落實我的人生使命，然後當我完成了自己的工作而非讓肉身死於疏忽或濫用時，就帶著身體向上進入光中或丟棄它。同樣的，少數人擁有薩滿的變形能力，能夠隨心所欲地改變外貌。身體的美不是問題，振動的美才是，何況最美的莫過於放射著自身神性本質的愛與光的存有。

問：純粹以神聖之光維生，對一個人的性衝動與性關係有何影響？

對許多有伴侶關係的普拉納滋養者來說，常見的修煉法是譚崔，或是利用道家的性能量流動，不但刺激大腦高潮、心臟高潮，更刺激全身高潮。有意識地修煉此道，藉由小周天軌道技巧（如謝明德在著作《道家培養男性能量之愛的祕密》〔*Taoist Secrets of Love*〕中所概述的），結合性慾能量（下盤和臍輪）與靈性能量（頂輪和眉心輪）以及無條件的愛的能量（心輪）。

其他人可以選擇獨身，選擇獨身並不是因為缺乏性慾表達的機會，而是基於有意識地將與性相關的生命力能量，蛻變成更高階（更細緻的）的創造振動。健康的身體是有性慾的身體。性慾能量必須被蛻變成更高階的振動，或是透過生育或譚崔分享加以利用。

問：有普拉納滋養者組成的國際性組織嗎？如果有的話，該組織倡導什麼議題？那是一種偶像崇拜或宗教運動嗎？

不，絕對不是。就我個人來說，成為普拉納滋養者是百分之二我的本性，也是我和其他人正開開心心倡導的事。由於對世界飢餓的看法，全球的歧見可能相當大，所以我們只是讓大眾得以見證且有可能經驗到另一種存在的方式，如此，人們才可以擺脫食物、睡眠甚至是時間緊迫的需求。

體溫控制以及不需要食物或睡眠，全都是成為無限存有並探索我們的最大潛能的副產品。這三項是無數的瑜伽行者修煉過的。耶穌說：「凡我所做的事，你都可以做，並且要做得比這更大。」

二〇〇三年附註：所有宗教和靈性支派，以及回應自身內在呼喚的人，都可以成為這個新存在方式的一部分。我始終表示，這是人們經過程式重設所要做的事，而我們可以藉由第十一章技巧20來一探究竟。

問：女人可以只靠普拉納滋養並生出健康的孩子嗎？

是的，這在德國、瑞士、巴西已經發生了。我們在其他著作裡談論過這點，只要寶寶得到足夠的滋養，就不會有生理問題。此外，神性養分的聖母頻率場是無殺蟲劑、無食用色素且不能進行基因修改的，因此是比實體食物更加純淨的滋養來源。再者，它也是更加乾淨的滋養來源，不像實體食物，仰賴我們的生物系統分解、吸收營養然後排除廢棄物。

我真正的建議是，女性要做到下述兩件事之一：

（一）對自己證明，她可以純粹靠普拉納維持生命，直到毫不懷疑為止，且一定要做到這點至少六個月才可以懷孕；

（二）把純粹靠普拉納維生的時間遞延到孩子出生以後。

這麼做的理由是：任何的懷疑都可能干擾寶寶的滋養流，製造出應該要不計代價避開的胎兒生理問題。

問：靠普拉納滋養的媽媽以什麼餵孩子？

有些母親餵寶寶母乳，或是其他乳汁，而且這麼做，直到寶寶表現出吃其他食物的渴望為止。這是個有趣的事實，因為有些剛出生的新生兒已經調到聖母頻率的神性養分管道，但新生兒要成功得到適當的哺育，則取決於寶寶四周的場域。

舉例來說，巴西有一位以光維生的女性，她的寶寶每隔三或四天餵食一次，而且體重日增、狀似健康。不過，這名年輕女性自己的母親、婆婆和朋友們，全都擔心她餵養寶寶的食物少得可憐，且不斷基於寶寶的安全而將他們的恐懼投射到這個母親和寶寶的場域。這本身會干擾神聖之愛滋養寶寶的方式，因為恐懼振動可以阻礙能量流，從而藉由這些人自己的能量場顯化他們恐懼的事物。這局面令人左右為難。說到孩子的餵養，我們需要非常盡責，因此，建議定期檢查，如果孩子吃得很少卻成長茁壯，那麼孩子可能是聖母頻率寶寶。

我記得，二十年前當我的孩子年紀小就吃素時，他們在學校的日子實在難熬。想像一下，如果一個孩子正得到神性養分的滋養，這將會在學校和孩子與同學的家庭之間造成多少的紛亂。儘管這些年幼的孩子在莫大的愛與覺知陪伴下面對問題，且毫無疑問地帶著他們需要的一切勇氣挑戰現況。這就好比三十年前，我們要成為素食主義者，在社會上是相當難熬的，同樣地，今天我們只以神性養分為食，社會上也是難以接受，但歷史已經透過時間顯示，這情況將會改變。

問：成功地依靠普拉納滋養維生之後，若攝取實體食物，且可能因此體重增加，那會怎麼樣？生物系統如何應付？因許久沒進食而顯然一定減緩下來的新陳代謝速率會怎麼樣？

成功地變換到普拉納滋養的許多人，有時候，還是喜歡沉迷於品嚐的愉悅，要不基於社會的原因或情緒的理由，或者只是作為自然調整過程的一部分。不過，需要注意的是，首先，由於剝除（stripping）❺，許多變化已發生在體內，而這些大幅影響著顯然大大減緩的身體新陳代謝速率。結果，不論攝取什麼食物，都被身體視為不必要的——如果普拉納實際上餵養著身體的一切所需，那身體為什麼還需要食物呢？因此，這食物被貯存成脂肪，而能量儲備只能靠運動計畫增加或回復到不攝取實體食物，才能被完全燒掉。此外，我們的研究也顯示，雖然我們的生理系統非常正向地調

注❺：稍後將會討論剝除與重新分層（re-layering）的過程。

整到神性養分的實相，但由於社交孤立，這個選擇往往使我們的情緒體發現這段轉型更加艱難。食光者之所以回復到偶爾在社交場合進食，社會孤立與疏離是主要原因之一。

問：運用次元生物場科學和掌握心智的力量，一個人可以將頻率調整至與大自然元素同在的均衡狀態，且因此不再需要靜心或操練甜美生活型態計畫嗎？

簡短的答案是，當然。不過這需要一種精通嫻熟的狀態，可能需要好幾輩子才能取得。此外，這也需要不斷積累並取用不少強烈的德爾塔波場域能量，同時將足夠的時間耗在瑜伽的「終極實相」區，如此，我們才能不可逆轉地得到蛻變。對那些選擇生活在如喜馬拉雅山等無噪音和能量污染的純淨環境的人來說，這種狀態也比較容易維持。至於需要住在城市且不斷在城市中旅行的瑜伽士，我們需要定期讓自己在能量上重新校準。因此，操練甜美生活型態計畫就像每天的能量淋浴，讓我們不斷調好頻率，同時穿梭在比較厚重的貝塔至阿法波場域。

問：一個人需要做到本書建議的所有事情，才能讓自己擺脫為滋養而攝取實體食物的需求嗎？對某些人來說，這一切可能聽來有點複雜。

簡短的答案是，不對。我認識許多幾乎馬上做出此一轉型的人，再次強調，這是由於他們的振動和一直過著的日常生活型態，已經使他們在肉體、情緒體、心智體、靈性體上適合這麼做。當他們接收到資料，明白神性養分其實不斷在自己內在流動，只在等待機會提供當事人需要的一切滋養，當他們聽到這點且真正了解這點，而且對自己的內在神性自我有足夠的認識與信任，就能夠很快地跨越過去。

再者，由於我們已經完成的媒體工作，我已在那些場合對八億多人談過內在神性自我的哺育力量，這個實相現在已經牢牢地錨定在形態生成場，因此，愈來愈多人如今在似乎沒什麼準備的情況下就順利進入神性養分場域。

這是因為：

（一）他們的生活型態已將他們置放在西塔頻率帶；

（二）而且，對於這個可能性，他們的心態不一樣了。

對我來說，花幾小時跟某人談論這個主題，且要對方幾乎立即健康地停止進食，這不再是非比尋常了。一個替代性的反應是，他們回家，持續幾天或幾週，吃進可以找到的每一樣東西，而他們的內在小孩開始處理放下情緒上對食物愉悅的依戀，同時調整到這個新範型。

隨著我們試圖了解神聖之愛和普拉納可以如何餵養我們，並使我們擺脫攝取實體食物的需求，我們的思維也跟著進化。知道我們的研究工作且接受我們的靈學理論的人，也知道我渴望總是讓事情保持簡單，不論人類生物系統的機制如何，以及它如何運作。我們的肉身形體是一台六點三兆個細胞構成的複合式生物電腦，和宇宙的六點三兆顆星星一同運作，且一切在完美和諧中操作，就像體內的細胞一樣，出自有人稱之為「神」的某個「無上智能」。

為了讓這套「克里亞瑜伽」修煉法回歸簡單，我必須回到神性養分和西塔波場域進食的第一條規定，亦即，聽從你的內在指引，完成你得到啟發要去做的事，為這次轉化做好準備。並沒有對或錯，而個人的實驗與信任內在神性自我的聲音，則是這趟旅程中至關重要的。二〇〇二年的一趟波蘭行，我認識了一位非常有趣的俄國男士，他告知我，我是他調查名單上的第五號人物，而調查主題則是，神性養分進食的各種方法和建議；因此，取用宇宙心靈的人們正不斷下載更多的方法，因為以此方式餵養自己只是一種基本的神祕進化。

問：你談過「剝除與重新分層」，那是人們在進出這個範型的轉型期間，發生在生物系統內部的過程。你這麼說是什麼意思呢？

與不著痕跡的能量（例如發生在靜心時）合作，我最先注意到其中一件事情是，我們往往在停止進行引起改變的活動時，才會注意到那些變化。因為我們正在處理「不著痕跡的」能量，所以生物系統內部的變化會以意識的逐漸轉換出現。同樣地，在為以光維生的實相準備期間，隨著比較厚重的能量變得更加精微，我們的生物系統會經歷一段不著痕跡且逐步漸進的剝除回復（stripping back）過程。如果我們選擇將自己調回到比較厚重的頻率，當開始「重新分層」的過程時，這個「剝除回復」只是你注意到已然發生的某事。

兩年多沒有進食，接著度過五年每天只靠不到三百卡路里（熱量來自加入薑茶裡的豆漿和糖，以及一片巧克力，或是一碗清淡的南瓜湯）維生，我才發現了這個現象。我經過了一週只吃一餐輕食的另一年，然後決定休息一年，設法重新刺激我的新陳代謝速率，並讓自己的頻率厚重到可與社會有所關聯。這一次，我在過程中感覺到，彷彿我的內在，肌膚底下的一層層，正在被重新編織，從輕盈、透明的物質，回到比較厚重的形式。那感覺起來真的好像我經過了剝除回復，而之前是那麼的輕盈，我幾乎是不在那裡，我就這樣（出於自己的選擇）經歷了重新分層的形式。有趣的是，那段期間我得到指引要去攝取的唯一物質是薑和南瓜，兩者都是已知會刺激產生使我們的腦波模式固鎖在西塔波裡的化學物質。

我想在此與某些人分享，帶著這個新範型上路是持續不斷的實驗方法之一，也想在此與許多人分享，永遠不再食用實體食物的構想，然而兩者都沒什麼吸引力。受此吸引的許多人之所以尋求此法，通常是基於個人擴展與此法帶來的自由，而不是永不進食的構想。我表達了上述的說法，多數人於是分享，他們偏愛純粹仰賴普拉納膳食生存時的意識狀態，而這也是我個人的經驗。無論如何，只要考慮到醫學研究，剝除與重新分層的想法就需要被好好檢視，不幸的是，除了經驗到的個人利益，以及或許偵測到的腦波模式改變，我們至今還無法量測意識的擴展。

問：許多瑜伽士、薩滿和靈修者的「終極」目標，是去經驗到開悟的狂喜。神性養分如何支援這點？還有，取用眾神的食物有助於實現這個人們追求的狀態嗎？另外，場域動力又是怎麼一回事？

在次元生物場科學的領域中，這是一項有趣的挑戰。舉例來說，下述圖解是一幅典型圖像，顯示個人生存在人世間較厚重的物質實相，然而卻得到高層神性本質的指引。

問題如下：

一、如果目前的神祕實相是，我們並不是揚升，而是將我們的內在神性自我「下降」到物質層面，並顯化我們的基督意識或佛性，那麼，以西塔—德爾塔波為主的場域，該如何存在貝塔—阿法波場域？這豈不是就像試圖混合油與水，因此是一種能量上的不相容嗎？

二、如果實相是神無所不在且存在一切事物裡，那麼我們是否已經開悟了？

三、場域動力該如何被改變，才能支援將我們的內在神性自我下降到這個物質層面？

每一個神祕宗派的學生遲早都會在他們的哲學思維裡，尤其是與場域科學相關的思維，面臨上述三個問題，答案是相當簡單的。首先，在這個人類演化的節骨眼上，我們正著眼於群體的揚升動力，而非只是個人的揚升。這一次，這兩者注定要結伴而行。

食光者（普拉納滋養者）需要發展出極高的敏感度，才有辦法取用眾神的食物，而居住在貝塔—阿法波為主的世界，卻又要以西塔波頻率供養自己，則是一項可以運用生物屏蔽裝置加以面對的挑戰，我將在後續詳加討論這點，同時詳細分析紫羅蘭之光的力量。這個生物屏蔽這時可以擔任「宇宙飯店」，而我們以西塔—德爾塔波場域的紫羅蘭之光譜填滿它，於是創造一個讓我們的內在神性自我可以生存的相容環境。

再加上：

（一）「我們放射而非吸收」的態度，亦即第七章的「宇宙本源光纜」接通靜心，讓我們得以進入愛與光永不枯竭的本源。

（二）始終以無瑕的態度盡力而為的承諾，將同類力道吸引到我們眼前，然後我們可以穿梭人世間，不但訓練有素，而且有能力在這個物質界裡吸引、保有並放射自己的內在神性自我。

運用生物屏蔽裝置是改變場域動力的一種方式，如此，身體的生物系統的頻率才配得上內在神性自我的一切榮光，不過，要注意，內在神性自我只能根據我們接收祂的光與愛的能力，將祂的力量下載至我們的電路系統，這點相當重要。經由第六章談到的甜美生活型態八點計畫，可以提升我們的接收能力。

內在神性自我如何下降

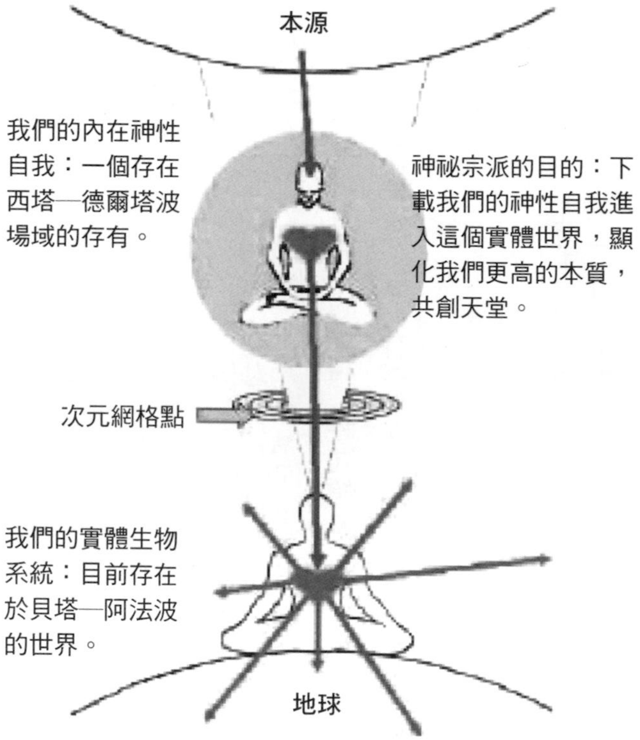
本源
我們的內在神性
自我：一個存在
西塔—德爾塔波
場域的存有。
神祕宗派的目的：下
載我們的神性自我進
入這個實體世界，顯
化我們更高的本質，
共創天堂。
次元網格點
我們的實體生物
系統：目前存在
於貝塔—阿法波
的世界。
地球

圖20

接下來，開悟意謂著充滿光，因此，調頻至愛與光構成的神性養分頻率管道，將會對此有所幫助。同樣在這一次，一般神祕宗派的理解是，聚焦在哪裡，哪裡就會成長，所以如果我們總是處在成為開悟的過程，就絕不會真正到達那裡，但如果我們表現得好像就是開悟了，那麼宇宙就會讓這事成形。

神祕思維與經驗的古老智慧教導我們，在靈魂層次上的西塔─德爾塔波進食，會在個人身上產生開悟的狀態。那是洋溢著光的狀態。隨著我們吸引、保有、放射西塔─德爾塔波頻率的能力日漸增長，我們的內在場域就可以取用更多神性自我的力量，因為更多的細胞亮了起來，而原子們變得更強健。內在神性自我的天性是去療癒、重建能量、強化鞏固，這會隨著內在神性自我的放射而提升，帶來一些非常有趣的副產品。三大明顯好處分別是：

一、生物系統減少睡眠的需求，因為氣流使生物系統保持虎虎生風。

二、由於耗在阿法波、西塔波、德爾塔波場域的時間，會將情緒波脈衝吸引到我們身上，使得生物系統變得壓力降低、疾病減少，直到釋放出自我療癒能力為止。最終，老化與疾病的需求被完全消滅，因為這些場域脈衝著太多的西塔─德爾塔波頻率，讓這個存有得以處在會在正常生物系統內部製造死亡與疾病的有毒區段裡。當然，這也得到個人生活型態選擇的支援，這樣的生活之道自然剛好是正向而再生，且仰賴身體的天生能力不斷創造新細胞。

從狄帕克．喬布拉博士的作品得知，在一年半至兩年內，人體內的細胞沒有一個會與之前的細胞相同。人體內的一切不斷在改變。而西塔—德爾塔波場域有一項自然屬性，就是有能力一逮到機會，就傳送並釋放健康的人類生物系統所需要的一切維他命滋養和礦物質。

三、有許多著作談到瑜伽生活的奇蹟，內容描述沉浸在西塔—德爾塔波場域，對人類的生物系統造成的效應。麥可．墨菲的著作《人體大未來》只是許多目前提供醫學和科學參照的著作之一。

問：關於開悟，你可以再分享其他訊息嗎？難道我們是已開悟存有的經驗，其實並不是眾神的真正禮物？

在東方文化裡，開悟（或是西方說的升天）是一個許多人追求的狀態，修煉譚崔的瑜伽士和氣功大師們深知，需要修行、專注與奉獻才能達到這個目標。少有人具備足夠的驅動力或毅力，可以在肉體、心智體、情緒體或靈性體上作出必要的承諾，使其自律到足以生存在這些更純淨的場域裡，並得到這些場域的完全滋養。然而總是有幾百萬人在嘗試。在西方，升天或開悟的實相早就退居二線，因為主要焦點已經停留在名望、財富、性愛、權力眾神身上，而這些全都是每一位靈修者在這條路上的考驗。因為如何處理這些事情是真正的課題，就好比如何允許這些事情印記我們，也是真正的課題。

在次元生物場內，所有生命都是靈性的，所有生命都是如實地相互連結，且誕生自「一」，儘管造化以大量波的頻率展現，而且有時候可能顯得互不相干。

對次元生物場研究者來說，這點現在是常識，形態生成場意識已經接收到新的印記，而且這些新印記正支援著新的場域實相，以求發揮人類的潛能。簡言之，這意謂著，我們全體吸收西塔—德爾塔波場域頻率的能耐已經提升了。因此，關於想要下載什麼以及在能量頻譜內放射什麼，現在擁有的選擇好上許多。這也意謂著，我們可以少受貝塔波場域的影響，這歸功於，由新時代哲學家與最前線的科學家和物理學家們——提出且時常與我們靈修者分享的討論。

由於之前所有次元生物場研究者的努力，地球與地球的住民才進入了有可能支援集體升天的新場域。阿法波現在更熱切地穿過貝塔波場域，雖然存在的光似乎還是少得可憐，但對調頻到西塔波場域的人士而言，愛以及和諧與內在平靜的感覺正在成為一種持續不斷的經驗。

從前的西塔—德爾塔波場域連結實例包括：

一、佛教徒的虹光身，喇嘛藉此在死後去物質化，縮小自己的身體，造成身體完全消失。

二、「肉身不腐」。在聖人的靈體已經離開且身體的生物系統宣告實質死亡後，身體還存留了好幾百年。

三、瑜伽士允許自己被埋葬，時間從三週到四十年，不吃不喝，甚或是沒有氧氣或睡眠——他們達到這點靠的是移動自己的表意識覺知，使其深深停留在西塔和德爾塔波場域之內。曾有瑜伽士經過檢測，證明即使當他們被錨定在德爾塔波場域裡，還是可以維持完整的意識，例如，美國信使學會（Messenger Institute）的實驗。

靜心帶領瑜伽士深入到德爾塔波場域的開悟狀態，這樣的深度，使瑜伽士進入超越自我心靈且對此不留任何有意識的回憶的狀態（撇開時間遺失症候群不談），當瑜伽士最終重拾覺知時，他們感覺到自己完全蛻變了。你無法流連在德爾塔波場域卻沒有得到蛻變，因為德爾塔波場域是由豐沛的愛、純淨、創意、知曉、確定、覺知、清明和智慧，以及遠遠超乎我們理解範圍的特性所構成的場域。凡是讓自己沉浸在這個場域的人，就永遠在某種程度上受到它的影響。被它蛻變的巨大程度，則依個人沉浸在這個場域中的時間而定。

要記住，存取西塔—德爾塔波場域是由我們自己的腦波模式決定，而這又是由我們的生活型態所控制，包括靜心，以及使用古代和現代的靈學工具，使我們保持對準頻道。從前，瑜伽士運用靜心、唱頌和梵咒、呼吸技巧、祈禱、清淡素食或純素膳食、以及服務和沙特桑（satsang，真理的分享）調頻，讓自己穿越阿法波和西塔波，來到德爾塔波場域。瑜伽士的終極實相是沉浸在「三摩地」的德爾塔波場域裡，而次元生物場研究者，則聚焦在每天從這個狀態操作，但卻不深入到失去對實際生活的意識覺知。結果，在管理自己的日常生活時，我們尋求從阿法波、西塔波以及更輕盈的德爾塔波操作。我們這麼做，知道將會出現什麼樣的好處。

從前，喇嘛、瑜伽士、聖者屢屢經歷具挑戰性的啟蒙點化，以此測試他們的能力並擴展他們的覺知，享受著這趟穿越阿法波、西塔波、德爾塔波場域的開悟之旅，而旅程本身則允許他們更加熟悉每一個場域的好處和禮物。

問：你在第六章談到紫羅蘭之光以及它與道家哲學的連結，還有何以它是普拉納滋養的真正源頭，因為它可以需要用來保持自給自足的一切愛、智慧和力量填滿生物系統。這與聖哲曼大師的「三重火焰」（three Fold Flame）以及「馬爾他十字」（Maltese Cross）如何關連呢？

聖哲曼早就被譽為「高階煉金術大師」，因為他的焦點，就跟我的焦點一樣，是集中在自由，亦即人類表達自己的神性本質，並因此在地球上再次創造天堂的自由。他的工具之一是「自由的紫色火焰」，而且，我們用來滋養自己的就是這種同樣的「光」。據說，這把火焰常駐在每一個人的心輪，提供每一個人需要成長到與神性本質連成一氣的愛、智慧、力量。我們愈是聚焦於它，就愈可以利用它的諸多品德。馬爾他十字是聖哲曼的標誌，它是宇宙的產生器，可以產生「由神操控」的巨大力量。我們可以觀想，在心輪的中心，它放射出以下的能量，穿透我們的生物系統並向外放射到人間。

- 靈的能量穿越北側下行，北側的顏色是白色，代表下載我們的基督或佛教徒認同的美德，以及出自「神聖的蛻變火焰」的美德。

● 左翼攜帶「神聖力量」的藍色能量，就像與紫羅蘭色火焰同在。左翼也代表西方和陰性，或是三位一體呈負電荷狀態，也代表人的物質本性是坩堝，而「神」力的「光」被灌注到裡面。

● 十字的右翼代表東方以及三位一體的正電荷，當我們適當回應左翼的挑戰時，就有資格釋放「神聖之愛」的粉紅色光。

● 十字的南面攜帶「神聖智慧」的能量，或是教化的金色火焰，可以深深影響左翼和右翼的方向和目的。

紫羅蘭之光是靈性自由的第七道光線，它的折射形成藍、粉紅、金色三道光線。馬爾他十字也象徵神與人的完美整合，而當我們釋放內在的三位一體能量，並允許祂們透過我們的世界放射時，馬爾他十字更象徵我們找到的那份自由。

對於願意接受這個十字並與之關連的人，可能希望使用下列技巧。

【神性養分計畫．技巧三十一】馬爾他十字靜心

● 打坐，運用愛的呼吸靜心並讓自己歸於中心，進入愛的能量。

● 讓自己充滿紫羅蘭之光，如第七章「宇宙光纜連結」靜心以及第六章技巧12所述。

● 想像馬爾他十字在你面前，將它灌滿上述一切特性，使你擁有實力與力量，得以完成今生來此所要完成的事；擁有智慧，能以一種嘉惠眾生的方式完成這事；擁有愛，得以帶著愛心完成這事。

- 把你的心輪想像成一顆發光的光球，被連結到目前旋轉成單一光柱的所有其他脈輪。
- 想像馬爾他十字（或是自由與真理構成的「三重火焰」）現在位於你的心輪的中心。
- 程式：「我現在請求，這個『神聖自由』的標誌永遠穿越我的心輪，將神聖之愛、神聖智慧、神聖力量的能量，以滋養我們大家的方式放射到人間。」

圖21：馬爾他十字

問：對於普拉納滋養的可能性，次元生物場的視野是什麼？

最近，每當著眼於人類自古以來一直將「神」神格化，我就看見了，每一位神其實都是宇宙脈輪系統裡的一個網格點，鏡映著我們自己的脈輪系統，而每一個網格點其實都是一條產生某種脈衝節奏的途徑，且某些網格點的放射力大過其他網格點，因此可以穿越各場域，抵達更深處。我看見了，我們的太陽可以滋養一切生命是因為它也是神，吸引並放射神聖力量。所以，崇拜太陽也可以吸引場域滋養和普拉納的光。

談到神性滋養（就像探尋宇宙電力的源頭），讓我們看看網格和纜線布設，以及矩陣和驅動。靈修者知道，我們的太陽以十的節奏從中央太陽接收它的力量，然後將這力量擴散成一個七的節奏，以餵養地球上一切生命。我們知道，中央太陽（它放射具有支援作用的愛與智慧之光，進入我們的實體太陽的心）經由一個三十三脈衝透過宇宙電腦接收它自己的力量，然後漫射這個力量，將它以十二的節奏下傳至我們的太陽。每一顆太陽的作用都像一間儲藏室，有斷路器，有網格，可以接收並漫射及散布光，以此餵養每一套次元系統內的生命。

這還是靈學的理論嗎？是的。

這說明了我們何以能夠以普拉納的方式得到餵養嗎？是的，愈多的光充滿網格，網格就愈強大，每一個網格點就可以發送出更精微的實相——更複雜等於更精微，更不著痕跡等於更有深度，更多的門等於更多的選擇。三十三是個比七複雜的數字，而七是我們的地球運轉以維持三維實相場域的節奏。另一個重要的網格點是我們人類的生物系統與它的七大能量中心或脈輪。人類的生物系統是我們所知道最為複雜的電腦。

是的，是真的，改變我們的生活型態就會改變我們的腦波模式，這將會使我們轉而接觸到能量光束，如此，我們就可以存取自己的內部和外部網格。這個概念並不會太複雜，也不難揣測，既可以當作神也可以當作網格的每一顆太陽，都是通向另一個次元場域的途徑。

為什麼次元生物場研究者容易接受這樣的說法呢？

因為每一個在矩陣上執行的生物系統也都有網格點。這些內部網格點是人類經絡系統中的穴位（鏡映出宇宙的模式），它是一套布線的內在場域系統，看來宛如由光構成的蜘蛛網。這個蜘蛛網有一層層和一面面的光和聲音，至於我們能否存取並看見，取決於我們的腦波模式錨定在哪一個層次。我們的七階系統代表貝塔波場域，十階是阿法波，十二階是西塔波，而三十三階是德爾塔波場域，因此，為了存取宇宙電腦或是我們系統的造物主，我們需要昇華精煉到足以匹配該場域的節奏。顯然，錨定在貝塔波場域的人，對於自己擁有的美德與禮物覺知有限，只有在他們邁入阿法波或西塔波場域時，這些才會被揭露。當我們致力於美德的實踐，且以我們是主人的身分行事表現，心靈感應和其他超自然力量等禮物就會變得真實且進一步綻放。

第三部分：神性養分的調查結果

愈來愈多的個人將自己調至神性養分頻率管道，且允許該管道為他們提供第三階滋養，因此我們對在這個領域需要完成的研究類型愈來愈好奇。擁有經驗和假設是一回事，理解這一切背後的科學又是另外一回事。

之前討論過我們的理論，如果一個人經由日常生活型態將自己的腦波模式調到西塔—德爾塔波場域，那麼奇蹟就會發生，還談到，一些研究人員於是假設，神性養分（以及因擺脫攝取身體滋養品的需求而得到的神性禮物）就是這樣發生的。

過去十年來，我在這個領域的研究，使我經驗到許多我想要回答的事情，而我提出這些供科學假設之用意，因為這些是許多神性進食者同樣體驗到的事。我提出的其他經驗，只是為了詳細說明這個主題。

第二階滋養研究背景說明

- 首先，我希望看見研究資金可以用來探究本書提出的所有理念．尤其是甜美生活型態計畫八要點，對我們的健康和快樂層次造成的效應，因為整個生活型態的好處愈早得到證實，並經由一套全人教育在學校教導，我們的世界就會愈快平安。

第三階滋養研究背景說明

- 很明顯，既然神聖之愛在最純淨的層次上餵養我們，那麼當我們把時間耗在有敵意的能量場，那裡有強烈的懷疑，甚至是訕笑，這時我們會體重減輕，也會覺得相當疲累。
- 普拉納養分構成的能量場非常強大且不著痕跡，也知道，它會被比較厚重的場域所淹沒，因為厚重的場域會干擾它傳送養分。因此，場域編織和動力需要被提出來並加以研究。
- 即使我們可以不再攝取實體食物，但只要我們同時使用先前討論過的特定程式編碼，體重就會因身體細胞臣服於內在神性自我而得到維持。
- 如同以馬內克為對象的研究所示，即使沒有套用體重穩定的相關設定，身體最後還是會自行穩定下來，只要我們繼續保有正在得到滋養的思維型態實相。

● 體重重設並不是對每一個人都有效，尤其如果當事人的生活型態並不恰當，無法讓自己維持在神性養分的流動能輕易滋養他們的頻率場內，或是如果當事人擁有強大到足以蓋過新型程式編碼的前世細胞記憶。

● 一旦普拉納的流動被建立起來，如果我們再度開始進食，體重會激增，這顯然是由於：（一）我們的新陳代謝速率已大大減緩；（二）我們現在吸收著兩種滋養來源——食物與普拉納。

● 若要防止這點，就需要停止「一點一點的吃」，或增加自己的運動計畫，以此燃燒掉額外的卡路里。

● 在靈氣與般尼克療法中感應到神聖之愛的許多個人，同樣日漸發福，因為宇宙能量可以餵養我們的實相，現在已被錨定在形態生成場。而全球形態生成場對個人生物場的影響需要更多的研究。

● 回頭攝取實體滋養品會使我們變得疲累、不那麼強壯，而且我們已經發現，如果進食，就會回到需要更多睡眠以及思考和創造過程較不清晰的狀態。換言之，當我們完全經由神性養分生存時，我們比較強壯、健康、心智上更加警覺而有創意，我們認為，這是被錨定在西塔波場域的天然副產品。

● 非凡能力與腦波模式之間有一個必然的結果，也知道貝塔波場域抑制這些自然能力，而西塔波場域強化它們。這些能力可以包括靈視力、靈聽力、靈感力，以及得到普拉納滋養的能力。

- 迄今的研究分享，長時間持續一個晚上睡一或兩小時，對人類的生物系統有害，然而，靠少量睡眠，健康生存的能力似乎是得到神性管道滋養的天然副產品。看來，身體的生物系統以如此的安逸與最小努力運作，使它變得更加充滿能量，更不需要經由睡眠休息。這點是否對人類的睡眠時間與快速眼動（REM）需求造成任何有害的影響，需要加以探討。
- 松果體管制我們的身體自動調溫器，而以普拉納為食的人比許多人更容易感覺到寒冷——這裡有某種關聯性嗎？
- 我們可以從上述各點開始，當我們的科學家和醫生們達到神性養分計畫第二階，並透過阿法至西塔波和德爾塔波擴展他們的意識時，我們就會發現更多……

研究附件：訪談夏醫師

親愛的潔絲慕音：

如你所求，我現在針對你的提問傳送答覆與備註。我的資歷如下：

（一）古吉拉特邦（Gujarat）總督閣下的神經內科榮譽醫師。

（二）一九九七至九八年亞美達巴德醫師協會（Assoc. of Physicians of Ahmedabad）主席。

（三）在市立醫學院擔任神經病學榮譽副教授。
（四）神經科榮譽醫師：亞美達巴德V.S.綜合醫院。
（五）神經病學家小組：印度空間研究組織（ISRO）、印度物理學研究室（PRL）、印度國立設計學院（NID）。
（六）休士頓與倫敦，中風與帕金森氏症研究。
（七）著作：（A）癲癇；（B）大腦與神經系統的疾病。
（八）演說，講題包括：壓力、宗教、世界不同地區的其他靈性面向。

一、首先，什麼因素促使你進入這個領域（鑽研氣或普拉納滋養）？

大自然。之前有機會在科學論證的基礎上，監看聖者馬內克的四百一十一天耆那教（Jainism）長期斷食法。那促使我開始假設，有另類方法可以在一個人不仰賴例行的食物卡路里時供養身體。當時只有一個解釋，就是：利用宇宙能量。

二、在正常的行醫生涯中，什麼因素促使你去分析數千張的大腦掃描圖，或ECG（人體標準腦波圖），以及MRI（核磁共振檢查）？

為了鑽研解剖生理學並了解大腦的運作。目前為止，我還沒有辦法從中得到具體的結論。不過，實在是很迷人，有龐大的可能性。我已經注意到，松果體以及它與腦下垂體和下視丘的連結——自主神經系統在此扮演一個非常重要的角色，這些未來一定會被記錄下來。

三、你一直在尋找什麼？又找到了什麼？

松果體、腦下垂體、下視丘，以及額葉聯合區是我的研究焦點。松果體與它的連結很可能有某些答案要提出。松果體是一個心理靈性體，它與心靈和神祕力量的運作有某些關係，而屬靈的能力則是某種由它表達的方式。它也可能在宇宙能量裡扮演某個重要的角色，這裡指的是人體利用普拉納滋養的能耐。它和宇宙心靈之間有某種連結。

四、從這些調查結果，你得到了什麼結論？

迄今還沒有結論，不過一切都在假設階段。我可以歸納出間接的跡象，但還沒有直接的科學證明。目前發現，在人類某些特殊主題的研究中，松果體的研究擴大了……例如，不進食或仰賴極低卡路里即可維生的人，或是靈性層次極高的人，或是非常長壽的人。不過，我們需要進一步研究松果體的激素水平和相互關聯。只有進一步的研究才能帶領我們得到明確的答案。

五、能不能告訴我們，你的太陽養分研究計畫目前進行到哪裡？我相信，馬內克也在美國，而且你們已經連絡上了那裡的某些醫療從業人員。關於這點，你能告訴我們一些訊息嗎？

我忙著把自己的想法具體化成一份太陽養分研究計畫。我們正在建立自願者名單，希望好好追蹤他們，我們必須在不同的人之中、不同的人種裡，及從不同的年齡族群，重現同樣的調查結果。除了典型的馬內克太陽凝視法，我們也要研究不同的宇宙能量利用方法。我們檢查其他有潛力的宇宙能量來源，例如空氣、水、植物、大地。除了視網膜，人體內可能還有其他負責接收的器官結構，例如皮膚、肺等等，因此有龐大的可能性，而研究的進行則依設備、資金、資源而定。目前，我們有構想，也有某些初步資料。聖者馬內克現在在美國，接受了費城傑佛遜大學和賓州大學素質極高的醫生和科學家們的檢查。一位眼科醫師檢查過他，目的在研究他的視網膜和眼睛。他的心理測驗完成了。目前驗了許多次血，照了好幾次X光，檢測過荷爾蒙與神經傳導物質水平，大腦造影和單光子電腦斷層掃瞄儀（SPECT）也檢測過了，並用傅爾電針（EAV）電腦穴位經絡檢測法檢測了能量水平。目前還在檢測他的營養狀況和新陳代謝。大部分的檢測分三階段完成。一是斷食前，二是持續斷食期間，最後階段將在他根據耆那教方法持續斷食一百三十天結束時實施。到時我們將會知道檢測的結果。

六、從單純外行人的角度看，在以普拉納作為滋養品或是我所謂的神性養分這個領域，你覺得還有哪一類研究需要完成？

普拉納滋養、宇宙能量、神性養分，這些對科學來說都很新。科學家和醫學界人士已經開始意識到這類能量場的存在，但鑑於以文件記錄和量化它們有困難，事情仍舊神祕難解。人類無法用現有工具量測它們。那是我們的局限。這個難題是因為西方人的慣有思維方式才需要舉證說明，這其實是一大障礙！事情可以改變，而且一定要改變。新的理解必須隨之而來。對科學來說，這將是一次量子跳躍。研究的主要焦點應該是以文件記錄能量場，然後計算能量方程式和轉換公式。緊接著一定是將宇宙能量或普拉納滋養，應用在日常生活中和專業用途上。這需要幾年時間，不過一定會改變人類的未來。

第四部分：編織場域的煉金行為與科學

我將下述資訊囊括於此，因為為了成功且持續地純粹經由神性養分第三階生活，對某些讀者來說，了解編織和影響場域的煉金藝術可能會大有幫助，場域可以耗竭我們，也可以因得到強化而支援我們。

經由時時刻刻對人生事件做出反應，我們不斷地重新定義自己的內在能量場，亦即，我們的個人生物場（圍繞我們的氣場空間），以及我們的社群生物場。我們興起的每一個念頭、字詞和行為，都在這些場域中留下能量印記，而這一切總和也在行星的場域上留下結果。單靠我們的真實存在，我們就影響著各個場域。

場域的建立或現存場域的微調，需要我們提出幾個重要的課題，例如，我們想要如何重新調頻或印記每一個場域，以及希望新印記傳遞什麼樣的結果。煉金行為的第一條法則要求我們清楚地知道，自己想要在場域裡改變什麼，以及為什麼要改變。有時候，這意謂著創造一個新場域，或者只是調整舊場域。我個人認為，這很重要，因為這允許以普拉納為食者，可以將任何場域調頻成具支援與滋養作用的場域，也因此更少依賴生物屏蔽裝置。

建造場域與調整我們的頻率

一旦決定好真的想要編織一個新場域，也決定了打算編織什麼樣的結果，接下來就進入基礎場域建造的下一階段。場域建造始於一個能量矩陣，建造時間可以從幾個片刻到幾年和幾輩子。所有場域都有細微的程度差別，因此，敏感度是一大關鍵。我們的場域敏感度，如之前討論過的，可以經由個人的生活型態加以調整，因為如何度過當天的每一片刻，決定我們在場域印記上的實力，以及我們有沒有能力維持自己在某個場域內的力量和地位。

我們知道，生物屏蔽裝置在一個場域裡擁有一片空間，而將它設定成特定的頻率可以達成特定的結果。因此，場域的操縱變成既是以誠信使用的禮物，也是一門藝術，因為重新編織場域的煉金行為，是去創造一個對個人和全球都更加滋養的環境。

編織成功的場域要求場域編織者擁有許多的美德與特質，若要對場域造成完美的影響，就必須讓完美的程式與完美的程式結盟，於是完美的行動計畫創造出完美的結果。

場域編織的下一步要求有意識地重新調整我們的頻率，因為我們的生物系統不斷地重新編織場域。

【神性養分計畫．技巧三十二】編織場域之個人調頻

個人的頻率調整

步驟一：首先，需要接通永不枯竭的力量本源，如此，才能取用需要用來將完美的滋養品放射到所有場域的一切（參見第七章練習）。

步驟二：接下來，需要將場域印記和編織的操控權，交給自己的內在神性自我，祂是我們的存有的真正上師與老闆。要帶著誠摯說出這個建議的程式：「我現在將我的存有的每一個細胞、每一顆原子，交給我的神性自我，而且我請求，從現在直到永遠，我要在生命的各個層次得到滋養。我還請求，這在完全呼應神性自我及世間眾生之最高本質的情況下完成，如此，我們才可以全體如一家人般和諧共存在一顆星球上。就這樣。就這樣。就這樣。」

步驗三：利用本書從頭到尾討論過的步驟，尤其是第六章技巧5的甜美生活型態計畫八要點，開發你的精煉度與敏感度，開始將自己調到神性養分頻率管道。愈是將我們的生物系統對準愛與智慧的神性管道，就愈容易正確地調整自己周圍場域的頻率，也就擁有愈多可以這麼做的支援。

步驟四：運用內在場域，包括愛、光和聲音以及有創意的觀想，加上你的意志和意

圖，去創造、活化或精煉你的內在場域。這意謂著，現在就掌控你的生命，邁入另一個嫻熟掌握的層次，應用將會達致健康與快樂、和平與豐盛（第二階）議題的特別工具。只要按照建議應用本書從頭到尾提供的所有工具，就一定會達致這個結果。

步驟五：一旦某個場域按照很快就得到的指南就位並執行，這個步驟接著要求我們單純地放鬆而冷靜，好好享受場遊戲。運用過程樂趣橫生的意念抓住追求的重點，同時採納最大輸出、最少心力的態度——「我乘著恩典的波動」梵咒。要了解一旦場域被創造出來、布置好、啟動、充電、接到最具滋養作用的力量源頭並經過程式設定，那麼成果就得到保證。它唯一需要的是全神貫注的力量，而且你愈是這麼做，就會愈快變成介於現狀之間的實相，因為單是這個態度就有力量影響場域。當它從已經完全調到神性養分之愛頻率管道的人散發出來時，就具有更大的效力，因為煉金術既可以放大我們的正向場域，也可以放大我們的負向場域。

若要編織或影響場域，最有效的方法是藉由我們的「臨在」（Presence）以及我們所放射的能量，那允許我們得以不斷地將四周的外在場域調頻成鏡映，並哺育我們全體的節奏。上述步驟讓我們散發出更多的愛，從而刺激其他人釋放更多的愛。

編織場域與全球調頻

將世間頻率調至和諧、和平與愛的場域

下一個問題可能是，共創「一家人和諧共存在一顆星球上」（One People living in Harmony on One Planet, OPHOP）議題非常困難嗎？答案是否定的，這並不困難，它極其簡單。我們只需要正確的養分，供給存在於各個層次上的家人，亦即眾神的食物將被當作有創意的養料，提供給我們的生物系統。因為我們正在應用場域根基——亦即紫羅蘭之光網格的神聖之愛、神聖智慧、神聖力量光線——的頻率，所以基於底下的場域是共振的，這個成果是確定的。成果的確定也由於心的純淨，以及該場域的創造者和操縱者與支持者的意念。在場域重新編織時，達到至少神性養分計畫第二階的狀態是有幫助的，然而，場域的重新編織，也可以幫助我們達成並維持這個狀態。

因此，一旦我們全部經由三條宇宙光纜和生活型態習慣，接通神聖之愛的場域，那麼場域編織遊戲的下一步會是什麼呢？

【神性養分計畫‧技巧三十三】編織場域之全球調頻

步驟一：接下來這一步是認識到需要我們伸出雙手。我們不是島嶼，我們全都是「神性」的人類場域內的細胞，我們是神的原子，藉由這位神的意向和愉悅存活，而我們

可以體認並喜愛這位神，因為是祂吹動我們的氣息。愈是體認到祂，體認到我們全是相互連結的，我們就會變得愈強健，愈是忽略祂，我們就會變得愈虛弱、愈病態。

步驟二：若要伸出雙手，首先需要覺察到身旁的一切，需要確認，經由共振法則，已被吸引到或拉進我們場域裡的是什麼。因此，此步驟二意謂著，拿出時間來，誠實地評估生命——因為我們的生命鏡映這一切，就好比，我們怎麼看，以及如何與世界關連，就是一面自我意識的鏡子。

- 我們的個人世界如己所願嗎？
- 如果不是如己所願，那麼為什麼不是呢？
- 我們如何融入這場地球的遊戲呢？
- 我們如何看世界？
- 我們對人類有何想望？
- 對我們子女、我們的未來，有何想望？

這個步驟需要我們頭腦清楚，如此，包圍我們的宇宙智能才能更輕易地支援我們。

步驟三：接下來，我們辨認目標。舉例來說，基於回應我要處在某間濱海聖殿的召喚，我派遣天使去幫我找到那個完美的地點，將我的要求詳細列給天使們，這事耗掉他們兩週的時間。因此，搬遷新居顯然是迫在眉睫。然後因為找到地點並得到新的活動場，我開始場域擴展與準備工作。

雖然我的目標是將新公寓調頻成具支援和滋養作用的網格，一個全球的目標，可以為世人創造得以由此進食的愛的場域，而且兩個目標都應用同樣的原則。因此，要撰寫一份你對人世的願望清單，你想要怎麼看世間——舉例來說，帶著這樣的目標：世間有更多的愛和光，可以刺激全體的內在神性自我光輝，同時想像每一個人開開心心、和善親切、忙著布施等等。場域重新編織的目標也可能是你的工作場所，或是某處政府中心等等。一旦辨識出目標，就要想想你對這個即將運作的新場域和這個改變的結果有什麼心願。

舉例來說：

（一）如果場域是政府大樓；你可以祈求以足量的紫羅蘭之光餵養這個新場域，如此，這個機構在所有議題上，就會更加支援第二階的健康和快樂、和平與豐盛。

（二）如果場域是住家，你可以祈求新場域印記的成果是：人人更有愛心、更加相互支援、更加支持彼此人生中的選擇，尤其選擇神性養分計畫第三階滋養的人，更該這麼做。

步驟四：場域擴展。若要擴展新網格，最強力的場域莫過於你的現有基地，雖然我已經成為地球公民，我的常駐基地電流暢旺、收聽無礙，而且自給自足，可以作為全球場域中有價值的印記工具。換言之，我的常駐基地將特別的頻率發射到全球場域，以求印記這個全球場域並達成某些事情。此外，我的常駐基地也為生活在此的人發射特別的頻率，好讓這些人得到支援、愛，以及需要用來執行必須事項的一切氣力與養分。

【神性養分計畫．技巧三十四】場域成繭與擴展場

擴展到新場域的程序相當簡單。

- 首先，觀想現有常駐基地的場域。
- 接下來，取得由你的住家構成的強烈視覺形象，在它周圍創造一圈愛與光的生物屏蔽，這是一顆球或蠶繭，接通宇宙並從宇宙得到餵養。
- 觀想一道光從常駐基地直通新家。以我的例子而言，就是我的濱海公寓。對其他人來說，這個「新」家可以是個充滿愛的世界，所以，觀想一道愛之光從你的常駐基地向外擴展，包圍住你的社區，然後向外擴展，包圍住你的國家，然後向外擴展，包圍住整個地球。假使你還沒有完成自家場域擴展的工作，別擔心，因為你也可以先將場域向外擴展至：（一）辦公室；（二）濱海公寓，以我的例子而言，這是另一處住家；（三）政府大樓；（四）具療癒功能的醫院；（五）孤兒院；（六）你覺得會因「愛」的場域環繞而受惠的地方，再應用下述技巧擴展自家的場域。

● 觀想你的常駐基地，觀想它被連結至「本源」，如蠶繭般被包覆在一顆愛與光構成的球裡，且這顆蠶繭不斷洋溢著紫羅蘭之光。

附註：你的常駐基地是送出場域擴展的絕妙場域，因為你每天透過你的臨在餵養它，不論你如何將常駐基地的生物屏蔽連接到它自己的電力「源頭」，你都可以讓它持續不斷地放射能量，不論你在不在場。

● 觀想你的住家場域向外放射美麗的粉紅色光。看見這光包裹住新居或是你打算重新編織的場域目標，而且是用愛將它整個包起來；觀想一圈粉紅色光構成的完美同心圓，顯化在這個新場域的周圍。想像這就像用線纏繞一顆球，然後想像這個第一級光是純淨的神聖之愛，直接來自父神母神的心。

● 接下來觀想一道金光從你的常駐基地投射出去，包裹住之前已得到擴展的那個地點。這麼做時，只要想像，這光線自然而然地整個包裹起來，水平地、垂直地、斜角地，像線纏繞一顆球，想像這是在增加金白色光構成的下一個關鍵分層場域，而金白色光正用神聖智慧的頻率印記著這個場域。想像一切的智慧、一切的知識、一切的智能、一切的解答、一切的心靈手巧、一切的慈悲，包括你的家或這個全新生物場現在需要才能好好運轉、足以傳遞渴求成果的一切事物。

● 要在你的腦海裡看見這些，這個粉紅色場域和金色場域現在摻雜在一起，整個熱了起來。接下來，觀想一道藍光被投射在創造出來的新場域周圍。想像這圈藍色能量垂直地、斜角地、水平地整個包裹起來，它正穿越這個擴展的場域，編織著一切力量、一切實力、一切勇氣、一切確信、需要達成這個渴求成果的一切事物。舉例來說，你可以祈求在白宮周圍編織場域，希望美國總統和他的政府官員可以取用足夠的愛和智慧，做出嘉惠整個地球的決定。

● 接下來，在你的腦海中觀想，這個擴展的場域現在與粉紅色光、金色光、藍色光一起脈動，這一切全部融合在一起，而且被紫羅蘭之光的氣泡整個包裹住。

● 想像這個氣泡有它自己的神聖之愛、神聖智慧、神聖力量三條脈流，可以將這個新場域連接到它自己永不枯竭的電流，如第七章的靜心方法所述。

能量網格就位後的基礎場域建立：

● 新的場域印記。接下來，你必須多想想，一旦你的基礎網格就位，什麼因素使你需要處在這個場域。你希望這個新場域將會放射什麼特性到人世間？你的場域重新編織工作打算得到什麼樣的成果？要開始去感覺這些結果。

● 用情感印記場域：每一個場域擴展都可以只表現在內在場域上，當場域擴展完全被網入這個領域時，效力就會更好，而要有效地完成這事，我們需要以情感印記這個新場域或網格。對我個人來說，以新居的空間為例，我的新場域是一處靈性聖殿，我可以在此將頻率調成「帶著喜悅、自在和恩典的健康與快樂、和平與豐盛」（第二和第三階）議題，於是，設置好場域網格線之後，我就心懷意念、帶著感覺和思維將這個程式置入場域。我運用瑜伽類的神聖舞蹈，加上從心中流出的愛，唱跳出我的希望和祈禱及心願，用這些元素將情感印記到這個新場域。

除非我們有心經驗我所謂的乾旱空間，否則所有場域都需要特定而非任意的情感印記，我個人喜歡生存在溫暖而誘人的場域，人們在此覺得舒服，感覺被滋養、被照料、被讚賞、被疼愛，包括我自己在內。

身為次元生物場研究者的瑜伽士知道，真正的聖殿位於我們的內在，而且當我們只是沉默地坐著，讓自己轉而向內，就可以接近一座島嶼，這裡有深度而具滋養作用的平靜，而薩滿則明白，印記身旁的周圍場域是多麼的重要。

情感印記可以慈愛地激發適當的運動和節奏進入新場域，促使渴望的成果成功實現。慈愛的激勵是精神食糧，提供給這個生物機制的靈魂，它促使這個生物系統經驗到情緒的敏感度，從而提供生命的另一種深度。因此可見，我們討論過的每一個步驟都相當重要。

- 榮耀生物多樣性與場域的交互依靠。接下來，一旦場域建立了，也運轉起來，那麼就可以作為支援系統，供新場域存取，這是之前討論的，有常駐基地，然後送出場域擴展，將比如另一間住處整個包起來。這是基本的網格連結，需要場域合併與分享。我其實偏愛如此互換的場域狀況，是正向而具哺育作用且是交互依靠的，因為所有場域以這種方式都會運轉得更好。重要的是，體認到另一個場域的獨特性以及生物多樣性的天賦，不追求去主宰並控制另一個場域。同樣再怎麼強調也不為過的是，如果使用者帶著愛工作、為人正直誠信、而且承諾於活出完美無瑕的人生，那麼目前討論的這類場域技巧，不但威力強大許多，而且將會帶來驚人的成果。

此外，對於以交互依靠與和諧的方式運作的所有場域，我們需要確保，一切場域擴展也都被連接到它們自己的無限紫羅蘭之光神性本源供給站。常駐（或住家）場域可以隨心所欲有許多的擴展延伸，只要它在協助支援和餵養其他場域時，產生的電力足以維持自己的氣力。若要確保這點，如以下所述與自然靈（nature spirit）橋梁合作是一個方法。

● 接下來，需要使用內在神性自我的力量、「內在神性自我配對」，以及「千禧年後的處方二〇〇〇」（Recipe 2000）的天堂編碼工具。簡言之，「內在神性自我配對」編碼，讓我們得以使用神性自我對神性自我的方式，對待在所有場域裡邂逅的每一個人。將純粹發自內心的愛傳送給與我們連結的每一個人，真誠地複誦「內在神性自我配對」三遍，就足以在這個層次上連結。

所以，一旦每一個場域都被編織好、啟動了，這個場域就可以被設定成經由生物回饋迴圈自行擴展，然後它就可以建造具連結作用的橋梁。這類驅動力是不同場域的磁性吸引，經由同樣的思想、同樣的心態、生活方式造成的能量拉力，有時則是來自前世的磁力。有許多理由可以說明，為什麼我們幾乎不費什麼勁，場域就明顯如魔法般地磁性化了。大體而言，這就是同類相吸的數學編碼。

- 新場域的特色也可以是隱形工具。當我決定希望我的新聖殿非常低調地存在它周圍的社會場域中時，就需要這樣的隱形工具。我希望我的新場域和平地融入現有環境，不讓人感覺到有我在場。不過，我同時也希望以大家和諧的方式印記這個周圍場域。為了做到這點，我成功地使用了自然靈橋梁。
- 自然靈代表一種由掌管自然力的眾神構成的特定分子組合，就像人的生物系統一樣，被重新安排成一種不同的模式，以對照「德瓦」（Deva[6]）世界的能量場。舉例來說，如果你的常駐場域像我的一樣有一棵巨樹，我們就可以溝通並連結到那棵樹的靈，並建立一套共同的支援系統。我們可以將那棵樹的生物系統場域與我們自己的生物系統融合，讓那棵樹可以主宰甚至遮掩掉我們自己的節奏，於是我們可以藉由調入這個頻道而隱形，然後躲藏在那個比較顯著的場域裡。隱形有時候是非常恰當而湊巧的，它是旅人可以使用的好工具。即使我一直以城市場域為據點，但早就在旅行期間從我的自然靈橋梁汲取營養，因為自然靈是在乙太領域上與我們合作，而且可以跨越時間和物質的限制。

注❻：「德瓦」（Deva）是指某一階的天使，這些天使專司大自然的元素力量。他們掌握地球上介於大自然與人類王國之間的基督意識矩陣。

搭橋銜接且相互融合（例如與樹靈配合）意謂著，我們開放自己的場域，讓它滿溢著樹靈的「德瓦」能量，與我們的肉身形體生物系統相較，樹靈的本質巨大許多，所以我們可以輕易地消失在大樹的場域裡，成為只不過是樹枝上的一片小葉子。當其他研究者掃描這些場域時，這個方法方便我們隱身。

這個新場域的部分程式可以是，不論你在什麼時刻或什麼處境下被發現，都是為你好，這時，自然靈場域會讓你離開，而兩個場域將會開始以不同的頻率脈動再次分開。隱形也需要具備成為觀察者的能力，而且要能夠幾乎不留痕跡地穿越場域，因為就連觀看場域也會改變場域。

我常認為，隱形其實意謂著，將分子結構去物質化，如此，在某人的物質存在裡，我們不再能夠被這人的肉眼所看見，但從此我學到，場域操控讓我們不僅可以融合進去，而且可以晦澀黯淡到即使我們很靠近某人，但對方就是看不見，或是感應不到、感覺不到，或是體認不到我們在場，儘管我們實際上可能並不是隱形的。

幾年前，我曾經處在一個不僅沒有食物也沒有水的環境裡，而且呼吸的空氣充斥著有毒的二氧化碳濃烟，已經開始瀰漫並毒害我的系統。這樣過了幾天，我設法與一棵大樹連結，而且藉由發自內心的愛，以及智力對智力的心靈感應連結，連接到大樹的核心，我向這棵樹神請求支援，請它將毒素從我的系統內引出，並釋放具滋養作用的能量當作氧氣，回填滿溢我的場域。這發生在能量互換的情況下，彼此互利，因此樹靈接著讓我在內在視覺裡看見支援橋梁和主導場域，以及隱形能力。薩滿知道，在西塔波場域中，這類溝通與場域靈敏度是司空見慣的，我們在此了解並經驗到萬物是一體的。以溫柔和愛與大自然的一切交談，彷彿它是我們的一部分，就好比我們是神的一部分，這會打開門路，通向這個可能性的場域。

- 我個人覺得，將我們的生物屏蔽連結到「宇宙涅槃網絡」是必要的，宇宙涅槃網絡就像我們的神性內在自我，真正提供我們不腐壞的網絡，而且聚焦在為全體共創天堂的共同目標上。這很簡單，只要想像這個內在場域網絡，並請求我們的內在神性自我以互惠的方式連結我們。
- 額外的場域設定：接下來，我感覺到，必要的話，場域需要被設定為成功與和諧豐盛程式，如此，例如智慧、愛、清明、紀律、信心、財源、土地和宇宙團隊力量，外加恩典與氣的流動，才能融合起來，成為一道公式，讓基礎的場域印記得以成功。我們始終強調，場域需要被建立起來，然後經過設定，才能達到特定的成果，而這套成功與和諧程式讓生命更顯輕易。

在尋求強化我的養分管道的過程中，上述步驟只是我個人的幾個探索場域。假使我們要聽從每一個場域的任意信號，那麼對西塔波場域食客來說，生存在貝塔波世界就會相當艱辛。因此，重新編織自己花時間待在裡面的場域，可以給予我們需要的支援，直到形態生成場變得更具支援作用為止。舉例來說，今天有無數的支援系統支持素食主義者，他們不再被視為「另類」，總有一天，同樣的情況也會發生在普拉納的西塔波場域食客身上。與此同時，身為實相創造的大師，我們可以只是調整自己的內在和外在能量流，就能夠略微增加自己的支援能力。

邁向人類意識集體提升的旅程

結束本章之前，先來看看兩個常見問題。

問：對於盛氣凌人或者氣勢高漲的人或處境，我們該如何應對？一個個人的力量可以掌控多少人？這與選擇普拉納滋養之路的人有什麼關係？

如我分享過的，這些年來，我個人的盤算一直放在為顯化內在和外在的和平，而提供社會與政治方面的滋養，對此頗為惱怒的許多人告訴我，不要將靈性與政治混為一談。對我來說，靈性是政治的，因為一切都是屬靈的，一切都是神，沒有什麼是與神分開的。我們完成的每一個念頭、字詞和行為，都是存在形體中的神完成的，然而一路走來，我們在某處與眾神的食物斷了線，開始相信虛妄的幻境，於是處在二元且分離的實相中。當眾神的食物自由地流經我們的系統，這些實相就不能再維持下去，因為我們更「明白」了。我們也不能忘卻他人的苦難，因為真正領袖的角色——身為一個個人或是作為一個國家——是永遠帶著覺知與慈悲行動，顧及並落實人類的需求，而且尊重眾人的最大福祉。

因此，我相信，食光者提供的真正服務在於，經由大規模揚升與大規模示範，證明我們全都是存在形體中的大師，藉此支援天堂的共創與顯化。顯然，一個個人可能受限於——到底能夠取用、持有並放射多少西塔—德爾塔波場域的能量。有人有力量掌控許多人，且有能力重新平衡或改寫——由不那麼覺知的人（例如，動機可疑的政治領袖）帶來的負向場域印記，我要告訴這些人，我們的生物系統需要是強健的，且我們體內的每一個細胞都需要被調頻到帶來轉化禮物的紫羅蘭之光譜。

應用次元生物場科學的過程中，當我們著眼於場域的影響時，各種不同的因素開始起作用。舉例來說，就連非常純淨且相當精煉的人，如果生存在貝塔波場域主導的世界裡，也只能保有特定的場域影響力與放射度，因為最強的頻率總是淹沒較弱的頻率。

不過，德爾塔和西塔波本身的正向影響範圍，比貝塔至阿法波場域的影響範圍大上許多。當一對一或是當一位西塔—德爾塔波之人，漂浮在一片貝塔—阿法波大眾組成的千人之海，這時，我們的信號可能非常容易被更大場域的飢渴吸收。因此，若要保有可持續的長期影響力並維持成效，需要盡可能純淨而強大，就連這時候，我們的影響場域（儘管是可持續的），還是局限在某個範圍內。

即使像耶穌基督或佛陀那樣的人，如果今天仍有肉身，也會發現，他們的影響場域被人間六十多億貝塔—阿法波的大眾所局限。無論如何，與西塔—德爾塔波頻率一同運作時，一加一等於更多，不只等於二，因此，愈多人選擇調頻至西塔—德爾塔波場域並放射紫羅蘭之光譜，貝塔至阿法波場域的集體意識，就可以愈快在各個層次（細胞和靈魂層次）上被充滿，並得到印記與滋養，且可以愈快得到轉化。這只是一門場域的科學，當我得到眾神食物的餵養、你得到眾神食物的餵養、另一個人加入我們等等，於是我們的場域影響力增大，世間眾生都得到滋養；因為一個連線狀態良好的人，他的力量大過許多連線微弱者的力量總和。

因此，活出完美無瑕的生活型態，不斷將我們的腦波模式調至西塔—德爾塔波場域，就可以要求一個人的力量做到將個人的攝取量增至最大，且有效地利用攝入的氣。這麼做的同時，我們變得不僅在所有層次上是健康的，而且也成為更有實力且更有同理心的人。

當選擇如此調頻的個人，帶著嘉惠眾生的共同願景聚在一起時，眾人的力量就會出現。這也需要每一個個人有勇氣改變——自己握住卻對眾生無益的——任何實相模型。共同的願景，樂善好施的實相模型，渴求共創利益眾生的社群，加上進入並利用紫羅蘭之光譜，這只會帶來全球的平安與和諧。不過，如眾所知，為了精煉一個世界，我們首先需要精煉個人。無為仍是一種作為，因為我們每一個人都在印記場域。

問：透過使用本書的各種工具，個人就可以取用足夠的力量，可以重新為歷史的進程重新定向並轉化這個世界嗎？

這聽起來可能很天真——是的。我不斷聽到耶穌基督說，凡我所做的事，你都可以做，並且要做得比這更大，還有，我與天父是一體，而我相信這些話。我相信是因為我研究過夠多的量子科學，經驗過足量的次元生物場科學，加上充分的靜心，使我知道這是真實的。我選擇去相信，我們是存在形體中的神，在此伸縮我們的創意肌肉，也相信，我們現在被賜予機會，要共創我們可以引以為傲的世界——這是眾神的食物的最大禮物，而眾神的食物經由內在神性自我的力量，賜予我們達成這個目標的燃料。

西塔—德爾塔波場域進食的全球與個人回饋是革命性的，而且一旦被充分了解並應用，將會帶來經濟上、社會上、環境上的巨大轉化，而此一轉化或許是現今世界尚未準備好要面對的。幸運的是，在這事發生前，需要許多步驟，而且每一步驟將會執行一次逐步的轉化，不製造太多混亂。第一步當然將是全球資源重新分配，以滿足《聖母頻率行星和平計畫》一書討論的課題。之後將是全球的素食主義。

全球開悟是一趟關於人類意識集體提升的旅程，如前所述，這點現在可以藉由舒曼共振量測，目前測得的共振是七點四赫茲。這說明，地球蓋婭這個活動的能量場，已被持守在阿法至西塔波區段的邊緣。現在我們只需要人類的意識可以搭配並維持地球的意識，如此，這次轉型即可完成。這足以說明，靈性何以誕生在我們的層面，人們現在被深切的欲望驅動著，想要知道更多，想要擁有真正的靈性經驗以及與「神性本源」的連結。我們全都那麼的飢渴，因為靈性的「晚餐」鑼聲已經響起，我們的「神性」胃口正在尋求滿足。

我還有兩個練習想要送給各位和我們的世界。

【神性養分計畫．技巧三十五】場域重置（一）

練習：檢查我們個人的發光等級。

- 照照鏡子，你的光彩在哪裡？
- 你的內在神性自我之光從雙眼放射出來，展現的生命火花與熱情有多明亮呢？
- 你覺得光芒四射嗎？充實滿意嗎？謙和親切嗎？慈愛深情嗎？程度如何呢？要記住，藉由生活型態，我們可以提升或降低透過生命體驗到的愛的層次。
- 如果你的光不亮；
- 如果你的心不是在唱歌；
- 那麼要有勇氣採用第六章的工具。

我個人想要擔任三十三階西塔—德爾塔波世界場域裡的演奏家，因為這是一個我感覺完全得到滋養的場域。在七階的貝塔波場域世界裡，我可能會淪為受害者，因為這個場域艱難，且我們的選擇極度受限，致使我沒有我需要的感知力，無法體認到事物的全貌，然後看見這個世界並以餵養我的方式活在人間，因此，我始終渴求更多。

如此不斷的飢渴，啟發初學者開始這趟穿越場域的旅程，而且沿路調整——場域回應，你回應，我回應，然後事情改變。六十多億個「場域提琴手」——反正全都做著這件事，然而，一次焦點的改變，一份明確的欲望，一個共同的目標，幾件不錯的調頻工具，於是保證有不一樣的成果。

我喜愛我的工作就是聚焦在致力於基礎網格，因為為了讓我們在地球上成為一個真正的國家聯盟，我們需要擁有平穩的遊戲場。當那麼多人還在飢餓，當為所有人民提供健康生存的基本權利仍舊備受忽視時，智性的討論很難贏得恭敬的支持。

有些人抱怨我討論這類事情，而且還說，我太政治了，然而對我而言，一切都是屬靈的，何況我們的真正政治議題需要從戰爭轉換到消滅所有的飢渴，只有到那個時候，我們才會發現自己處在和平之中。我們全體如何表現，象徵著我們的情緒體、心智體、靈性體演化的狀態，以及我們可以為自己看見的身體進程——就好比我們的地方事件和當前的世界大事，透露出我們這個物種目前的表現。然而，我們很容易以回顧的眼光回頭看，從而評斷、叱責兼批判自己，有時這麼做是讓自己能夠學習，然後繼續邁進，但不斷重複模式，不顯化持續而正向的改變，不過是浪費時間罷了。我們需要做的還有很多。

當我們重新融入自己的內在神性自我，就獲得純淨和力量源頭的支助，那將會蛻變我們每一個人，深刻地，由內到外——在道德上、在政治上，悲天憫人地、持續永久地。我最近領悟到，還有一件事我可以做，那會保證我的未來立即改變。它非常簡單，簡單到容易忽略，但不管怎樣，就做吧。

【神性養分計畫．技巧三十六】場域重置（二）

練習：改變看待過去的方式，也就改變我們的未來。

● 回顧你的人生，著眼於你一直被賜予的禮物。著眼於每一個主要印記、改變人生的處境，著眼於你學到的、生命教你的——苦難的痛楚或喜悅。

● 什麼時刻傳達出你需要的最大理解、清明或洞見？

● 什麼事件觸發了「我的世界一切都好」的感覺？

● 你什麼時候第一次感到狂喜？或是看見「恩典」的波動？

● 那些一切只是以它自己的和諧與節奏及謙和流動的時刻呢？

● 感謝這一切，祝福聚合而來使你能夠玩耍和學習的人生場域。承認這一切，拯救這一切，以一種「做得好，我學到了那麼多——這是我的本性以及它沒問題」的方式拍拍自己的背。

● 承諾：「從這一刻起，我是最好的自己。」

● 誠摯地編寫程式：「內在神性自我，請透過貝塔至阿法至西塔波和德爾塔波場域，執行我的人生，調頻我的生物系統，使我經驗到個人的天堂，且為眾生也讓眾生顯化並見證到健康與快樂以及和平與豐盛。」

● 然後了解並疼愛你的內在神性自我，以此支援這個程式。

● 重新申張你的內在神性自我是擁有「神」性的，申張祂該擁有的「君王」地位，申張祂知道，祂有一條專線可以直通聖母的內心深處。

- 操練愛的呼吸靜心，同時感覺「她的」愛脈動，遍及所有場域，直到足以證明你的心是「她的」鏡子為止。
- 持守這樣的意念：我們都可以乘著恩典的波動穿越人生，有喜悅與歡笑支援。最終，當你行過今生時，如果在萬物裡找尋神，那麼神將會得到彰顯。

第十二章
最棒的禮物

過去三十三年來，我有意識地探索了阿法—西塔—德爾塔波場域，被賦予了許多東西。我天生帶著無限的飢渴，在貝塔波場域世界中，從來無法安身立命，因為我總是知道，有更多可以經驗和探索的。每一個人生來就帶著一顆神性成長的種子在自己的場域裡，這是一顆有潛力的種子，當被薰陶到綻放開花，就會開啟門戶，通向我們奠基於天堂的靈魂。這些種子浸淫在所有的場域裡，因而發芽生長，貝塔波場域提供土壤，阿法波場域提供水，西塔波場域提供太陽，德爾塔波場域提供愛，而愛可以開花，然後揭露這一切的理性與美。在那裡面，我們用內在之眼看見，用內在之耳聽見，用感官感覺，那已經花費了好幾輩子去精煉；然後隨著我們的精煉，出現一種難以言喻的知曉。

澆灌你內在的神聖種子

是的，是真的，我們可以讓自己的生物系統滿溢著許多來自神的食物，在那裡面，我們的一切問題消失無蹤。若要走在人間且不再尋覓，這本身就是奇蹟，因為這讓我們得以讚賞同等於現在的那個片刻。

是的，是真的，內在的神可以讓我們的生物系統滿溢著許多的喜悅、愛以及光，如此，我們在自己存在的最深層面得到餵養，擺脫任何的需求。

是的，是真的，當我們沉浸在西塔—德爾塔波場域裡，我們被賜予了如此多的洞見，得以洞悉造化的技巧與奇蹟，讓我們永遠心懷敬畏，感動莫名，使我們在體認到這一切的完美時，無言以對。

是的，是真的，我們可以與「神聖的存有」同在，祂們屬於偉大的光和智慧與愛，祂們陪伴我們走過三摩地與喜樂狀態的天堂各層面。而且是的，是真的，有一個「神聖的存有」住在我們裡面，我們可以稱之為「內在神性自我」，這是一個自由的存有，祂知道沒有界限，而祂的最大喜悅莫過於，在我們尋求覺醒並憶起我們是誰之際，吹動我們的氣息、疼愛我們、哺育我們。

是的，是真的，當我們憶起自己是誰，內在神性自我賜給我們的禮物之一就是輝煌的揚升經驗，一種洋溢著光的經驗，且是一種難以抹滅的明白這一切的「如是性」

（Is-ness），還有處在「無上光輝的臨在」的喜悅，以及總是在當下感覺到祂。在這個存在的狀態裡，我們從神性啟發的觀點看見一切，因此一切事物合情合理——每一樣東西都有存在的節奏和理由，且一切完美，如其所是。在這個覺知的狀態裡，我們可以理解到更大的布局，把所有生命看成時間的循環，自然地開展，由規定生命進化本質的神性DNA（去氧核糖核酸）所驅動。

是的，得到眾神食物的光所餵養、最棒的禮物並不是揚升的經驗，因為揚升是永無止境的經驗，它是一趟旅程，不是一個目的地，而我們在揚升的德爾塔波場域內所經驗到的，只受限於我們接收和處理內在神性自我的放射頻率的能力。就連耶穌基督與佛陀以及穆罕默德也持續變得更加輝煌，祂們穿越場域，愛人然後得到愛的餵養，因為我們也給出愛，感激祂們的臨在。

我們從意識的西塔—德爾塔波場域得到的啟示與洞見，是得到眾神食物餵養的其他禮物，許多人已在這些場域接收到詳盡的資訊，知道如何將我們的星球帶回到更加開悟的存在方式。

是的，是真的，地球有機會進入莫大和平的千禧世紀，為了讓這事發生，許多靈修者得到指令，不只要搭橋銜接天堂與地球，更要讓貝塔—阿法波場域滿溢著西塔至德爾塔波場域的美德。其他發現並探索過西塔—德爾塔波區段的好處的個人是薩滿，許多薩滿得到指引，要扮演世界之間的橋梁。這意謂著，將我們的生物系統當作神性傳輸站操作，讓它持有並放射紫羅蘭之光，而且因為這麼做，自己也得到轉化。

是的，是真的，純粹靠紫羅蘭之光滋養的人，有機會取得驚人的創意和毅力，促使我們以難以想像的方式推動、然後伸展、成長、擴展、向前邁進。這時，我們擺脫了莊嚴偉大的幻相，而是充滿著一份知曉，明白事情同時完美，然而也可以被調成些許不同，以傳遞真正利益眾生的成果。這些是長久以來一直滿足許多人的洞見。

或許，生命這一次在地球上創造的唯一重點在於，當我們發展出更慈悲的情緒敏感度時，會出現什麼樣的經驗，因為神聖母愛光譜提供驚人的經驗範圍，使我們得到滋養。然而我們知道，光是滋養自己不再足夠，因為我們已經進入了一個時間循環，現在，我們的臨在必須滋養他人。做得少是否定自己靈魂的神聖本質，將會使我們始終飢渴。

像開始一樣，帶著接受與見識結束本書是好的，亦即，接受且明白，**眾神的食物的最大禮物，在於具滋養作用的愛的場域**。

艾凡霍夫曾說：「智慧存在於理解到，愛的重要性勝過一切……智能若不能抓牢這個事實，明白愛必須優先被給出，明白一切必須是基於愛、帶著愛、因為愛，那它根本不是智能……愛是一切的核心，如果他們（人類）讓愛成為人生每一個面向背後的原動力，他們的愛的強烈熱度將被蛻變成眩目耀眼的光，然後他們的智能將得到啟迪。啟迪只可能來自愛。」

在次元生物場科學裡，一切都是臨時的、短暫的，由能量場所支援，而能量場不斷用自己的節奏融合、跳躍、脈動，以此形成世界。而支援這一切、將這一切綁縛在一起的網格基礎，就是愛。所以對許多人而言，穿越場域之旅的最大禮物是，發現並感覺且真正知道這份「愛」的深度與廣度，因為我們生來就是從神性養分管道進食。知道然而卻忽略「祂的臨在」，就像跟預先設定好的時間炸彈一同生活，因為神性內在自我的力量，是找尋認可的尋愛飛彈。要進入祂的魔法國度，關鍵在於心的純淨，而對於內心純淨的人，所有國度都會被給予。

愛永遠不會是理智的事，而愛也不足以滿足人世間需要的養分。要滿足人世間，我們需要愛的夥伴——智慧與慈悲，它們是禮物，以種子的形態蟄伏在每一個存有的心裡，準備在我們返回愛的場域時萌芽。而愛的科學就在於「成為」愛。

將內在神性自我奉為神明

幾週以來，我一直坐在最愛的海灘上，沉思著「眾神的食物」，等待這本書的終點顯現。我一直秉持著那份象徵意義，因為事實上，我必須返回城裡的基地才能接收到最終的下載資料，而且這一切的重點會在我與深愛的丈夫同坐在長椅上的時候出現。我在濱海靜修處的時間強化了我，它讓我有時間反省，也帶給我某些重新調頻的痛苦。然而大量的太陽瑜伽已為我的場域重新充電，允許更多的光進入我的整體的更深處、更幽暗的空間，因為我已經開始感覺到不斷挑戰現況的重量，那往往就像——你是人生拳擊台上的「拳王阿里」。

幾週以來，我一直嘗試撰寫這個最終篇章，我個人感覺到，我們需要超越諸如「我們唯一需要的是愛」以及「在人生中交流時，讓我們帶著智慧與慈悲行動」之類的陳述。我認為重複說著陳腔濫調並不是一種根基夠穩的實相。我們需要更多，我們需要指令、處方、較不費力的錦囊妙計（是的，的確有錦囊妙計），以及許多的信心和信任。我們也需要靈感，以及更深度的滋養，好讓我們的內在神性自我擴展並成長。本書裡的所有工具、思想、程式、討論和問題，全都是糧食的來源，這樣的設計是要傳達一個特別的成果——將內在神性自我奉為神明。

對人世間來說，當內在神性自我與我們合一，將會帶來持久的和平。

我認為這世界已經清楚地表明，我們已經準備好迎接不一樣的節奏，因為戰爭與暴力已令我們深惡痛絕，亟思改變。現在許多人問：需要什麼才能將場域調頻成持久的和諧與和平？需要什麼才能誘使一個人的心回到善意和慈悲的場域？我們真正飢渴的是什麼呢？真實的食物又從何而來？

佛陀與穆罕默德以及耶穌基督和所有神聖存有的教誨，全都用共通的真理之線編織在一起，因為我們其實全是「一」。我們愈是精煉，要理解這一切存有的本質就愈是容易，但我們也配備了足以成為「大師」的裝配，示範大師的選擇權操在我們手中。

那麼多聖哲與世間分享的資訊，深深吸引著我的內在存有。

那麼信任人類的本性，或是期待且知道我們將會選擇支持至善，這是天真嗎？聲稱我們生來具有神性的形象，且已經花費好幾輩子將所有信使與天神奉為神明，到現在卻還沒有看到人間的最大天啟，而這就是見證並得到內在神性自我開花的餵養，這樣的說法是否太過傲慢？

如果我們要將哪一個人——天神、上師、元首或聖人——奉為神明，就讓這份崇拜是因為我們體認到這些人內在的光、愛、智慧，加上善意與慈悲的心。讓我們基於他們的行為而愛他們，我們將會明白地看見，當我們看進這些人的眼睛裡，他們的眼睛是多麼的明亮——然而我們只能在另外一個人身上體認到我們自己的內在，因為內心純淨的人總是可以被他們內在的光體認到。

是的，是真的，些許的巴克提瑜伽對處在人世間會大有幫助，當我們經驗到內在神性自我的禮物時，對內在神性自我的奉獻就變得輕而易舉。奉為神明（deification）是將某樣東西奉作天神。將我們的內在神性自我奉為神明，意謂著我們與「太陽之道」相呼應，那是所有生命背後的光，而對神性內在自我的奉獻將會增加神聖母愛的光輝度，讓祂經由網格，允許場域滋養我們全體並滿足我們對愛和統一的飢渴。當我們將自己的內在神性自我奉為神明時，就會自然而然地將他人的內在神性自我奉為神明，這會把健康和快樂以及和平與豐盛帶給世間的每一個人。

只有我們可以滿足自己的飢渴，然而滋養品就在那裡——想望它是個人的選擇，找到它是容易的，而經驗它則是一種喜悅。

我個人的穿越場域之旅繼續像一支舞蹈，我不停地學習著新舞步，因為生命的場域是隨著人生遊戲的不斷升等而不斷改變的。這一切繼續循環，而我們穿越一切，不斷地被重新誕生出來。

當我與父親一同坐著，握著他寒冷瘦削的手，我看見他深邃藍眼睛裡的光，還有他的肌膚變得更加光亮，因他不再緊緊握住自己的人生。對我們而言，日復一日益發珍貴，因為我們知道，剩餘時日是那麼的少，然而我也知道，當他離去，我們可以透過總是連結彼此心房的愛的網格連線呼喚對方。

對眾人合什——潔絲慕音

此書獻給我看見的那道光，它閃耀在慈愛天父的眼睛裡。
也獻給我父親阿尼，他於二〇〇三年離開這顆地球
也獻給我的第一個孫子，他將於二〇〇四年降臨人世。

後記一——

實現自由的個人能級與測試方法

二〇〇二年，一本名叫《心靈能量：藏在身體裡的大智慧》（*Power vs. Force*）的著作出版了，我興致勃勃地讀著。身為精神病學醫師兼靈性導師的作者大衛．霍金斯（David Hawkins）在書中分享了他的研究發現，他依據一套簡單的方法測定人類意識的等級，而許多靈修者採用的各種靈修途徑有助於大大提升等級。這本書採用行為肌肉動力學這門應用科學，進行二十年的深入研究。

他的能級測定系統提出了一套檢驗我們的自由模型的方法，這些可能性令我興奮雀躍，於是我開始在二〇〇四年十月和十一月的巡迴演說期間加以應用。我很快體認到，我們可以利用這套系統作為基礎，進入或許霍金斯尚未探索到的層次，這趟巡迴期間，我利用了數百位來自四個不同國家（法國、義大利、德國、瑞士）的特殊測試對象，測試並確認我的發現。

為了了解我即將在這篇後記裡分享的內容，閱讀並理解大衛．霍金斯在他的著作《心靈能量》中談論的內容，對你來說相當重要，不過我還是會在此提供簡短的概要，以方便讀者理解此書與我們的研究結果有何關聯。

霍金斯將肌肉動力學的潛力，視為「兩個宇宙（身體以及心與靈）之間的『蟲洞』，一個介於次元之間的介面……一項工具，可以重拾與高層實相失去的連結，並舉例證明它，好讓所有人看見。」

「行為肌肉動力學」（Behavioral Kinesiology）由喬治・顧哈（George Goodheart）醫師所創立，因約翰・戴蒙（John Diamond）醫師而廣泛運用，這門早已建立的科學運用肌肉測試身體，其中正向刺激激起強力的肌肉反應，而負向刺激激起微弱的反應。

霍金斯運用戴蒙的系統，開發了「人類意識的能級分布圖，其中從一到一千的整數記錄。決定人類有可能達到的所有覺性層次及其力度。」在這個模型中，兩百代表正向刺激的情緒，在此，肌肉反應仍舊強力，而低於兩百則是肌肉反應因憤怒、恐懼、罪疚或羞愧等情緒而減弱，開始影響身體。

兩百是真實與誠信的能量，三百一十是希望和樂觀的能級，四百是理性與智慧的能量，五百是愛的能量，五百四十是喜悅，六百是完美的和平與喜樂，七百到一千代表更高的開悟層次。

霍金斯分享說：「個別的人類心智就像連結到巨型資料庫的電腦終端機。這個資料庫是人類的意識本身，其中，我們自己的認知只是個別的表達，但它的根基深植在所有人類的共同意識上。這個資料庫是天才的國度；因為成為人類，就是要參與這個資料庫，誕生到世間的每一個人，都有權取用天才。這個資料庫內的無限資訊如今已被陳列出來，不論是誰，都可以在任何時間、任何地方，幾秒鐘內隨時取得。這的確是一項驚人的發現，有力量將人生（包括個人與集體）改變到難以預料的程度。

這個資料庫超越時間、空間，以及個人意識的一切限制。這使它出類拔萃，成為進行未來研究的獨特工作，而且打開有可能調查研究但至今還夢想不到的領域。」他談論的當然是取用位於我們每一個人內在和周圍的宇宙智能場。

應用肌肉動力學原則及測試結果評估自由議題

當我開始從宇宙心靈下載一本書的時候，總是被賜予所需的資訊，尤其當研究有利於我的調查結果時。因此，閱讀霍金斯的作品讓我體驗到莫大的喜悅，因為我明白，終於能夠提供一種自由模型的安全檢驗法，尤其是針對第十六章靜心四的問題回答「是」的人。

就舉我在上述幾個國家測試過的幾百人為例：

- 百分之八十答「是」，創造沒有疾病的人生是他們生命藍圖的一部分。
- 百分之七十答「是」，學習如何免於從食物攝取營養，並從內在的神性滋養流取得養分，這是他們生命藍圖的一部分。
- 百分之十八答「是」，在無須外來流質的情況下，再次允許內在普拉納的神性滋養來源相當完美地滿溢自己的身體，藉此於今生建立免於流質需求的實相。
- 百分之四十答「是」，示範肉體成仙是他們事先同意的服務藍圖的一部分。

- 百分之十五答「是」，事先同意要學習並示範去物質化（dematerialization）以及重新物質化（rematerialization）的藝術。
- 百分之七十答「是」，事先同意要開發停止老化過程的能力。

從這些數據，讀者可以看見，受到自由議題和我的工作坊吸引的這類人士，都是非常特別的族群，擁有非常特定的能級。因此，在進入釋放這些類型的限制之前，擁有能夠確定能級的模型會大有助益。

因此，我想要提出的是，利用霍金斯的作品作為三層測試系統中的一層，而關於測試系統，有些我們已在之前的神聖支援系統章節裡談過了。

這套三層測試系統概述如下：

一、內在神性自我：我們的內在聲音。這應該始終是我們測試的第一個方法，祂是唯一可靠且完全不腐壞的確認來源。這需要我們在自己與自己的神性本質——不論我們稱之為「內在神性自我」、單子或真我（Atman），或是什麼都好——之間建立一條清楚的溝通線路。這一階的溝通經由直覺與見識構成的第六和第七感出現，而且以我之見，有必要成為指引人生一切行事的第一晴雨表；尤其是在取用並顯化投胎前的協定這方面。內在神性自我是唯一所有人類都共同擁有的東西，祂是純淨的，祂賜給我們生命，祂吹動我們的氣息、疼愛我們、引導我們進化成自身的完美。學習聆聽祂並信任祂的指引，是掌控自己和認識自己的基本環節。

二、第二階測試是利用肌肉動力學的技術，確認身體肌肉反應的相關資訊。在這個領域受過訓練的許多人都知道，肌肉動力學有它的限制，因為結果取決於如何使用這門技術以及測得的肌肉強度。也取決於受測者、測試者，以及所提問題的能級純淨度。閱讀霍金斯談論這個主題的著作將會更深入了解。此外，我還建議，採用肌肉動力學的時候，應當請求內在神性自我，確認利用此一測試系統測試全身得到的資料，而不是詢問身體的意識本身。

三、在穿越自由議題的旅程中，第三階測試是一套奇妙的支援系統，讓我們可以請求從自身周圍的宇宙智能場接收到清楚的確認。這又回到尋找答案的故事，一個人走進書店，發現書從最上層的書架掉下來，砸到頭，然後盤旋而下，落在腳邊，書展開，內容那一面朝上，這人拾起書，書上赫然出現他一直思索的那個問題的答案。這是宇宙智能場回應我們心靈感應思維模式的一種方法，只要我們有強烈的欲求，想要進一步知道，尤其當我們尋求的知識正以正向的方式支持我們的進化之路，且對人世間有所裨益。

因此，這三階測試：（一）取用並聆聽內在的天音；（二）確認神性自我的指引，或是運用肌肉動力學做肌肉測試以確認你的疑問；（三）向宇宙智能場請求進一步的確認；這些是三大奇妙方法，將一套非常清楚的指引系統和安全機制，提供給準備好、有意願、有能力、且設定好本書討論過要在各種程度上展現「擺脫人類局限」的人類。

當人們為了確定投胎前的協定而執行之後的測試程式，如果接收到的答案是清楚的「是」，那麼當事人將會發現，宇宙必會提供他們需要實現這個目標的一切支援。有許多不同的方法可以進入這個議題，而設定意圖，以喜悅、自在和恩典實現我們事先同意的議題，這會讓宇宙智能場將我們需要完成目標的任何資訊和工具傳送過來。此外，隨著時間的流逝，集體形態生成場的能量層級會改變，那麼達成和示範這些自由的方法將會變得更容易。

常有人在靜心期間接收到「否」的答案，即使當事人內在感覺到這些自由是自己想要擁抱的。從測試機制接收到「否」不過是意謂著，那不是你「預先設定的」生命藍圖的一部分。不過，你擁有自由意志，可以選擇將這些自由表現成你的主要服務議題旁邊的次要課題。

有些人使用霍金斯的《心靈能量》系統測試下述事項，建議你不妨親自檢視這些細節：

（一）測試你的出生能級。

（二）測試你目前的能級。

（三）測試住家場域的能級——這會讓你看見，住家場域的環境提供何等支援幫助你邁入這些議題。

（四）測試工作場域的能級。

（五）測試你目前的生理年齡。

（六）測試身體樂於支援你親自示範的生理年齡。

我們也從這些測試發現了某些有趣的事情。其一，如果某人測試無流質的議題而得到「是」的答案，那麼我們只能建議，當生物系統能級能夠健康而安全地支援這事時，就有必要放下流質食物。

先檢查你的生命藍圖中是否包含這個議題，接著檢查，採用《眾神的食物》和《愛的法則》（*The Law of Love*）等書討論過的方法加強準備之後，如果生物系統準備就緒且能夠承受此事，這時就有一套安全的系統可以知會我們。企圖在沒有適當能級的支援下做這事，只是在給自己的身體找麻煩。

測試能級應該注意的其他要點

能級限制：儘管霍金斯在他的著作裡分享，一般社會裡，多數人很少一生晉升超過五個能級，但對靈修學生而言，這話並不真，只要這人過著讓他得以下載並放射更多神性本質或內在神性自我力量的生活型態，只要我們的生物系統應付得來，神性本質就能夠創造瞬間的改變。

另一個與霍金斯系統相異的現象是我所謂的編織過程。

場域編織：這與我因為想要測試小女兒的能級而得到的發現有關。我做的第一件事是與女兒的內在神力聯繫，看看我是否可以得到這份資料，對此，我很快接收到一個「是」。不過，利用我的身體進行肌肉測試女兒的能級時，卻不斷得到某些非常奇怪且直覺不可能正確的讀數。我們把肌肉測試轉換到陪我一起測試的艾利克身上，因為我們倆都明白，由於我對女兒有情感的依戀，有時候讀數可能會不正確，但除此之外，我們也都明白，近幾年來，為了支援女兒，我已經有意識地將我的能量編織到女兒的場域裡，既然有意識地將我的場域與她的場域編織在一起，那麼她的能級正因為我的測定方式而改變，所以，我們必須以不同的角度看待這個問題。利用艾利克的身體檢測，我們取得了一個更真實的讀數，於是據此確認採用另外的方法。

有趣的是，測得的能級仍舊相當高，即使這時候，女兒並沒有靜心或練瑜伽，或做些我在《眾神的食物》之中建議的修煉法，不過，這個特別的存有真正擁有的是一顆非常開闊、有愛心、關懷而慈悲的心。她擁有龐大的朋友圈，而且總是為他人而在。這本身會將一個人帶入絕佳的能量等級，有時候還可以彌補可能不那麼支援肉體的生物系統的生活型態。

編織的過程也非常有意思，因為這可能容許有意識地進入屬於大光和大愛的其他存有。舉例來說，當我們經由愛和奉獻的途徑，強力連結到聖母瑪莉亞或其他聖哲時，那會打開一條能量通道，貫穿我們的意志和意念，讓我們連結到祂們的場域，這個過程之後會編織回來，貫穿進入我們的場域，因為我們全是一體且相互連結的。

體認到這類連結與可能性讓編織得以展開，而編織也是一種微調能級並迅速強化能級的方式。對於真的與世間實相一起演出的大眾，他們並不是過著我們在前幾本書中建議的那類形而上的生活型態，如此一來，霍金斯分享的——多數人一輩子只會在能級上晉升五點，就是事實。

個人進入愛的法則自由議題的能級條件

我們起初採用肌肉動力學與霍金斯系統，測試兩名受測對象，另外藉由鐘擺與內在神性自我兩項來源，確認測試結果，就這樣以靈學工具進行三盲測試，最初找到了下述關於自由模型的資料。這些校準數值後來得到大約五百位受測對象的確認，而這就是我們注意到的：

- 為了建立免於疾病的生活方式，沒有肉體、情緒體、心智體、靈性體的疾病，人類的生物系統需要的個人能級是六三五。
- 創造免於老化的系統，使老化過程在此實質地停下來，人類的生物系統需要至少六三七的能級，這很有意思，因為這個數據非常接近免於疾病的生活方式所需要的能級數值。
- 為了安全地純粹仰賴普拉納的滋養之流生存，不再需要攝取實體食物，人類的生物系統需要將能級數值調至六六八。
- 為了安全地過著無流質的生活，人類的生物系統需要將能級數值調至七七七。

● 人類的生物系統需要達到九〇九的能級，才能肉體成仙。
● 成功去物質化和重新物質化的能級數值是一三六七。
● 我要求典型奇蹟的能級數值；以如此強大的方式真正見證恩典的流動，讓絕大多數人認為那是奇蹟，那樣的場域需要的級調數值大約是一四五〇。

最後兩個能級，數值均超過霍金斯的〇至一〇〇〇級，由於場域編織與進入純粹「一體性」的意識，這些數值是有可能的。

我真的在這些結果中體認到，我們一直是被賜予的，體認到隨著人類的集體形態生成場改變，百猴效應（hundredth monkey effect）*就會開始起作用，改變這些能量等級。根據霍金斯的說法，雖然百分之七十八的大眾測得的能級均低於二〇〇，但集體意識的能級卻標定在二〇七，這是由於夾帶過程促使百分之二十二高能級的人們主導這個場域，才能將整體能級提升到真實與誠信的等級。

我們請教群體生物系統的另外一件事情是，詢問身體意識，一旦進入先是無食物然後無流質的生活，身體會穩定在多少公斤的體重。我感覺到，詢問身體意識這個問題，是證實我們準備就緒的另一個絕佳方法。舉例來說，幾年前，我問到，如果過著無流質的生活，我的體重會穩定在幾公斤，當時，被告知的是四十五公斤。我在智性上和情緒上都拒絕這個答案，只因為我覺得，看起來那樣骨瘦如柴對我並不好，或許當時我所追求的健康就會維持不住，因此，我延後自己的決定，暫緩進入無流質的生活方式。今年，我又測試了一次同樣的問題，被告知，我的身體可以五十一公斤維持無流質的生活方式，因為過去幾年來，我的能級改變了。這個數據對我來說，接受度高許多，因此，進入這個自由層級就更具吸引力。

因此，如果你覺得，從身體得到的體重確認值是無法接受的，那麼我的建議是，進入這個額外的自由層級之前，先行等待並增加個人的能級。

我們都知道，若要增加能級，最快速的方法是，單純地在生命中獻出許多的愛，基於愛是最強大的進食機制之一，我們必須讓自己的能級得以媲美內在神性自我，因為神性本質是純淨而無限的愛。

前幾章提過，透過風水以及住家場域內的生活方式，可以輕而易舉地設定並提升住家場域能級。讓住家的場域能級維持在至少二〇〇是相當重要的，正如霍金斯之前分享過的，這是以真實與誠信操作的起點能級。住家場域能級愈高，顯然環境對你的支持愈大，讓你得以進入並維持住這些自由議題的能級。

一九九五年霍金斯的著作首度出版時，全球只有百分之四能級超過五〇〇的人分享他的研究，二〇〇四年則有百分之六；在一九九五年，一千萬人之中才有一人能級超過六〇〇。不過，能級三〇〇之人放射的神性自我力量，足以在能量上影響九萬人；而能級七〇〇的人，可以抵消七億人的能量。這些數字證實，如果每一個人都努

＊編按：百猴效應一般指的是，當集體意志超過一定數量時，就會產生巨大的影響力

力提升自己的個人能級，散發最大的內在神性自我力量，這本身就是一種有價值的服務，因為這不僅將我們自然而然地送進自由議題，也讓我們今生在此得以正向地影響這個世界。

寫在二〇〇五年一月之後　潔絲慕音合十

後記二——

辟穀的喜悅與更多訊息

看著事情如何滲透人心、纏住我們，實在很有意思，只要這些注定是……每天，我不斷聽到「辟穀比較好」或是「辟穀」最好——這些話是氣功大師天嬰（Tian Ying）說的，我與她初次見面是在二〇一三年末，然後是今年與她同在彩虹靈性節（Rainbow Spirit Festival）上合作，然後是在柏林，德國靜修營期間，讓我們得以與對方和他人分享個人研究的獨特融合，也看見兩人呈現研究的方式。有感於天嬰傳授的「辟穀」（這是她推廣此道所採用的心曲），何況事後與有辟穀經驗的人談話也是非常的發人深省。

雖然我知道，靜心冥想以及我們鼓勵人們過著保持健康、快樂、和諧的生活型態，可以提供許多的洞見與報償，但天嬰喜歡說，處在辟穀的狀態更好，至少對她而言如此。一九九〇年代初期，她獲得一位中國氣功大師的傳授，長久的病痛因而痊癒，且整個人愈來愈有氣力。有些人知道，史料記載，人類首度進入「服氣辟穀」狀態大約是在六千年前，因此，深入發掘這個古老傳承是相當不錯的。

根據「天功」網站的說法：「辟穀是一種千年以上的中國古法，讓人得以改變飲食，以便完全或部分仰賴宇宙能量，且能相應地戒絕世間食物。辟穀可以階段方式修煉，也可以持續修煉。辟穀的全名叫服氣辟穀，逐字翻譯的意思是：『戒絕穀類，只食氣』。

在中國文化裡，辟穀氣功已被修煉了幾千年。好幾個派別已經發展出達到辟穀功能的特殊氣功功法。不過，在今天的中國，只有極少數人活在辟穀的狀態。主要原因在於，以傳統方式取用宇宙飲食的能力是很難達成的，那往往需要幾十年的精進修煉。辟穀現象在中國以外的地方有不同的名稱。印度的瑜伽行者修煉普拉納滋養，在西方的靈性世界，這往往被稱作光滋養，而在西方的基督教傳統裡，曾有人不吃不喝地活了好幾年。

一九八〇年代，天功的創立人樂天師父，已經開始以某種特殊的能量傳遞方式，將辟穀的資訊傳授給他的學生們，也得到驚人的成果。修習者不僅經驗到非常高度的辟穀，同時辟穀也加速了身體的療癒過程以及如心靈感應、靈視力、能量呼吸等心智能力的發展。天功大師天嬰的案例也是如此，她是樂天師父的第一代學生，也是柏林天功學院的創立人。她曾因辟穀治癒了嚴重的肝病，且在後續時日開發出一系列卓越的氣功技巧。一九九三年十二月開始，她就活在辟穀的狀態中。」

所以，處在辟穀的覺知與經驗狀態，生命會更美好嗎？

首先，除非體驗過兩者的差異，否則人們怎麼會明白呢？每當回答電子郵件，以及查看通知我的谷歌（Google）快訊，看到有人新增評論至我們在YouTube上的研究資料時，總是會出現一個有趣的問題，因為對於不了解或是沒有接觸過的事，我們都飛快駁回或是斷定事情不可能。

進入其他可能性領域的教育，有時候可能需要無盡的耐性，不過幸好我們知道，除非當事人準備就緒並敞開心扉，否則新資訊無法被吸收！舉例來說，我的一位朋友最近被診斷出罹患骨癌，但她只愛對抗療法且只聽從此法，排除所有的非對抗療法，認為不適合她。我的其他朋友恰好相反，他們只堅守非對抗療法，排除所有的對抗療法，認為不完整。這是我一再目睹的情景，人們的了解是那麼的有限，以至於在生命中製造出那麼多的不適，如果開放些，願意接受其他方法，人生可能會截然不同。何不在可以結合之處結合兩者？加以研究調查，然後利用奏效的方法，允許自己在所有層次上享受免於疾病的自由？

古代的氣功大師們知道，當我們增強自己的氣或生命原力，就會變得更健康也更快樂，需要拿取較少的地球資源，這一切對我們和我們的世界都是有幫助的。經過多年的研究，我們也知道，日常生活型態是健康與快樂的關鍵，但我們必須在需要的時候敞開心扉去改變。有時候，唯一可以改變的是我們的看法，因為事情的開展，總是基於許多我們在事後許久才能看見或徹底明白的理由。

因此……處在服氣辟穀的狀態更好嗎？我認為，對經驗過兩者差異（直接得到「本源」滋養，以及必須通過實體食物系統才能維生）的人來說，這是一個愈來愈不可能否認的事實，而且當我們的本質強健地臨在自己內在時，不可否認地，對我們全體會有許多的好處！

二〇〇六年，我開始與澳洲影評人彼德．史特賓格（P.A. Straubinger）一起拍攝《生命源於光》（*In the Beginning There Was Light*）紀錄片。拍攝此片的六年間，彼德拍攝了超過兩百小時的影片，訪談了無數的人，讓他們暢談能夠在身體上得到普拉納滋養的經驗。對我來說，能在訪談期間與彼德分享這些經驗實在是棒極了，因為在一九九三年，當我歷經這個啟蒙儀式時，市面上並沒有參考書，實際上也沒有人公然從事這樣的工作，並針對此一現象參與正向的全球教育。來到二〇〇六年，能夠談論我發現如今同樣活躍的其他人，實在是棒極了！

這部紀錄片於二〇一〇年在坎城影展發表，邀請心存懷疑的觀眾多加了解人類心靈的力量，將仰賴普拉納維生且以其作為身體滋養來源的人當作實例舉證，這實在有助於教育大眾了解這個可能性的領域。

所以，希望你喜愛這本二〇一四年的最新版本以及書中所有的內容；因為我們在此分享的一切，對人世間的健康、飢餓和環境均大有助益。這也是人類演化的一部分，而且讓大家從另外一個觀點看待此事，看到我們提供摘要和更新，看到人們自然而然地穿越並進入我們周遭世界的各個範疇，看到意識持續在人世間綻放。

我們的本質即是宇宙微食物的來源

摘錄自《成為本質》

更高次元的表達方式是更加洋溢著我們的「本質」（Essence）造成的，當邁入這個次元時，我們發現，本質也可以提供我們一種我稱之為「宇宙微食物」（Cosmic Micro-food）的身體滋養品。

基於我們的研究發現帶來的有利結果，以及這會影響我們的健康和環境，我們將會更宏觀地在此綜括這方面的某些基本原理。

對我來說，當一個靈魂錨定在二元世界的時候，他所能創造最充實滿意的旅程之一是，覺知到自己的「我是本質」（I AM Essence），並與之完全重新連結且完美結盟。

然而，統一（unity）意識讓我們得以感覺並感應到，本質是無所不在的，祂是創造的基本結構，生命的基礎頻率。

除了能夠經由宇宙微食物的流動在身體上滋養我們，祂也使我們向如此和平與滿足的節奏看齊，於是發現自己永遠被蛻變了。

祂的禮物是無窮無盡的。

祂有能力完全疼愛、引導、療癒並滋養我們，祂的能力自然而深邃。祂以祂自己的方式、祂自己的時間展現，只要能量脈流搭配得上我們內在和周圍的祂，然而我們絕不是與祂分離的，祂總是在那裡，只是音量改變，或是隨之流動的氣力或細微差別改變了。

了解普拉納生活的科學，亦即成為本質的科學，我們就可以掌控這一切。

我已經寫過五本書，談論在身體上得到普拉納滋養的實相，分享了許多這方面的細節，但能否免於攝取實體食物與流質的需求，關鍵在於錨定在洋溢著「本質」的那些自己身上。

這使得「食氣者」（Breatharian）實相成為一趟靈性之旅，而不是一種飲食，因為如此攝取宇宙微食物，來自於直接進入我們的本質以及祂的多次元特性。

每一個人都有一個擁有這份自由的自我版本。每一個人都擁有多次元、交互次元的種種自我版本，那些版本已是真正的「食氣者」，他們的存在沒有形態，是一道有智能的愛的意識流。

我們每一個人都擁有同樣充滿光且仍舊以形體存在的自我版本，以普拉納作為本質，是天然的滋養源頭。

如果我們只聚焦在自己的人格自我，以人格自我的貝塔腦波頻率生活在二元特性的世界裡，就不可能活著卻不攝取實體食物或流質。

然而食氣者據說是神的通氣孔，而如同本質的神吹動我們每一個人的氣息。當我們改成認同自己的本質特性，感覺祂，經驗祂的一切禮物，包括選擇希望從哪裡攝取身體的滋養品，那麼就會發現，不僅我們的本質是像神一樣的力道，吹動我們的氣息，而且我們本質上就是純淨且有人稱之為神的「我是」（I AM）。

我們的基礎本質

滋養的資源（以光維生）——摘要

我們的本質是我們的生命原力，亦即純淨的普拉納。

若要了解如何利用我們的「基礎本質」（Baseline Essence，簡稱 B.E.）作為內在資源，就需要了解祂的成分，也就是，我們的基礎本質包含些什麼。

我們的基礎本質是一種能量來源，握有生命的一切構成要素，而且一切創造都是由同樣的基礎本質編織而成。

舉例來說，要製作棉布襯衫，先要將棉花的種子種下，然後棉花生長、收成、編織，再從這塊布料製作出許多種類的服裝。我們的基礎本質就像這塊布，一種織法貫穿全體。

同樣地，創造的布料可以許多不同的方法編織。有些被編織成宇宙、銀河、太陽系、行星、人類和其他生命形式。

這個基礎本質如何表達祂自己，還有祂如何存在一切事物裡面，然後成為一切萬有的共同起源，因為祂就在一切萬有裡。

身為創造的支援結構，我們的基礎本質擁有每一種維他命、礦物質、元素，化學脈衝、電磁脈衝的潛能，以及勝過人體可能需要利用的一切。

因此，餵養我們的身體並純粹靠普拉納（或是我們的基礎本質）維生，並不是創造一種替代性的營養來源。

我們反而只需要深入發掘已經存在基礎本質裡的東西，而且允許祂執行祂向來知道該如何執行的事，即使我們已經忘卻這點。

融合我們的覺知，並讓我們的生物系統重新與自己的基礎本質連成一氣，這會使我們的基礎本質，除了有能力在身體上滋養我們，還會帶來許多額外的禮物。

我們以許多不同的方式發掘自己的基礎本質，然而這個過程始於先承認我們的基礎本質，是我們每一個人都能夠取用的內在資源。

當基礎本質不只是一個概念，而且是實實在在的經驗，也就比較容易承認我們的基礎本質。

經驗到我們的基礎本質，源自於頻率配得上基礎本質，要做到這點，可以藉由同樣強調認同基礎本質以及有意識地與本質連成一氣的「甜美生活型態計畫」。

基於「宇宙共振法則」，我們的基礎本質也因我們的關注而增長。

我們的基礎本質包含一個無限智能的場域。在這個場域裡，存在著與生俱來的認知，知道如何讓一個生命形式在所有層次上保持鮮活而健康。

事實上，我們的基礎本質握有預先設定的資料流，設定了該如何存取我們需要才能自給自足並感到完整而圓滿的任何東西。

因此，祂是完美的老師。

所以我們目前為止的步驟是：承認、容許的態度、以及與基礎本質連成一氣的生活型態。

容許需要心態轉變，保持只因愉悅不因需求而進食，因為我們知道，我們的基礎本質可以餵養我們。

吃喝食物相當美妙，但知道我們不需要食物實在很不錯，何況我們還擁有更大的選擇權，可以選擇自己希望得到滋養的方式。

接下來，我們需要帶著愛意邀請自己的身體系統敞開，接受來自一切健康源頭的營養完美交融，這包括同等於我們的基礎本質的微宇宙食物（或是氣，如同普拉納）。

我們也可以帶著愛意，指示我們的完整生物系統對我們的本質敞開，以祂作為完美養分的源頭。

我們可以想望這情形發生在我們的肉體、情緒體、心智體以及靈性體系統內。我們可以進一步請求，有智能的基礎本質使我們在所有層次上得到完善的滋養，請求讓我們帶著恩典與自在，生存在健康、快樂、和諧以及與全體相互促進的節奏裡。

這份有所意圖的計畫，讓我們得以成為——不僅在身體上且在所有層次上——自給自足的機制。

接下來，我們需要學會與身體交談並聆聽身體說話。要停止因習慣而進食，只在飢餓的時候進食，同時堅定地知道你的基礎本質可以為你做些什麼。

開始少吃，而且多吃現場烹調與清淡的食物。從每天三餐減為兩餐，然後從一天兩餐減為一餐。盤子上少放食物——只吃到不再飢餓而不是吃到飽為止，如研究所示，這對你比較好。

經由靜心，將頻率調至你的身體意識，請教它希望你吃些什麼，而不是你認為它需要什麼。

學習我們分享過的「基礎本質指南」（B.E. Guideline）呼吸測試技巧，用它來檢測你的普拉納經常百分比，並藉由生活型態改善這個百分比。

採用此法進行陳述……

「普拉納現在提供我百分之五十以上的身體營養！」

如果呼吸確認這點，那就用同樣的陳述方式檢測百分之六十以上等等，直到你確定自己確切的普拉納百分比為止。

如果呼吸測試沒有得到回應，就降低正在檢測的百分比數值，將你的普拉納百分比降至也許百分之四十，甚或是譬如說百分之四十九。

如果你在百分之五十得到肯定的答案，那就可以將你的實體食物攝取安全地降低至相對的百分比值。

不過，如果這麼做，你必須同時持有下述意念：

「我所有的維他命、所有的礦物質，以及需要成為健康、自我再生、自給自足系統的一切，直接從普拉納以我的本質來到我面前。」

除非測得的普拉納等級達到百分之百，且你的整個生物系統完全連結上，才可能嘗試完全轉換到純粹以普拉納和我們的基礎本質為生。

附註：心智體和肉體系統往往可以快速處理轉換，但情緒體系統可能需要更長的時間。

轉換速率不僅會在我們自己的生物系統內改變，更會因人而異，因為每一個人都是獨一無二的。

體現特定的美德也很重要，可以它作為一種方法，取用更強健的本質能量流，讓純淨的普拉納流可以餵養我們。

運用「基礎本質指引系統」取用你需要的美德元件，以方便轉型。哪些美德需要多加關注並好好開發呢？

帶著誠摯的意念，請求你的基礎本質引導你的器官進入這樣的滋養經驗，以喜悅、自在和恩典的節奏，同時以適合你的方式和時間。

要知道並信任，你的基礎本質是你的愛、智慧、真實營養的完美能源，藉由靜心冥想，你可以經驗到你的本質的真正樣貌！

要更加意識到內在這個神性資源，好好利用祂，讓自己擺脫或減輕對全球食物資源的依賴。

以愛與關懷對待我們的身體

呼吸測試法——這裡有一項當初撰寫本書時並沒有覺察到的額外工具，要提供給讀者。請測試並了解你的普拉納百分比，藉此保持身體的安全：

旅行時，我持續聽到人們選定各種不同的方法來測試自己的普拉納百分比，而某些方法實在無法保證身體的安全。在此，身體的安全與健康需要最優先考量，因為不論是什麼樣的啟蒙點化，都不值得失去自己的生命！

此外，現在大家都知道，我不再建議人們執行這個啟蒙儀式，因為地球目前的能量，截然不同於一九九二年底下載這個啟蒙儀式時的能量。然而，儘管並不能保證純粹仰賴普拉納滋養的禮物，單靠我們的個人共振即可達成，但許多人正得到召喚，要投入這個過程。對於得到召喚的人們，我們要再次強調，請遵照下述準則。

也請採用下述呼吸測試法進行檢測：

（一）你的神聖藍圖是否包括，今生要在身體上純粹以普拉納維生；

（二）要精確決定你目前的普拉納百分比。如果你目前的普拉納百分比是百分之六十，那麼如果你停止攝取實體食物，身體的另外百分之四十將會進入斷食模式。除非你目前來到百分之百的滋養等級，否則體重也無法在停止進食之後穩定下來。

下述「呼吸測試法」節錄自我的著作《成為本質》。

除了信任自己最初的直覺反應，我們可以採用一套簡單的方法進行測試，基於這個基礎本質吹動我們的氣息，因此，當我們所做的陳述不呼應祂的意向時，祂就會改變祂透過我們呼吸的方式。

我們將這套測試方法稱作「呼吸測試」（Breath Test）。

要記住，我們活在一個極度紛亂且變化多端的時代，這是一個自立自強、自我負責的時代，要學習信任並聆聽內在的神性聲音，祂是無限的智慧與愛。

所以，現在就來練習這個呼吸測試法。

基礎本質指引系統——呼吸測試法

只要思考一下，想著某件對你來說全是謊言的簡單事，簡單到譬如說：「我的身體實在是好愛肉類。」這對素食者來說是不真實的。

你複誦這句話，一遍又一遍，彷彿它是真相，留神觀看你的呼吸怎麼了……正常呼吸，隨著一遍又一遍不斷複誦這句話，彷彿它是真實的，留神觀看體內發生什麼事。

現在花些時間想想某件你知道對你來說絕對百分之百真實的事，某件簡單的事，或許是諸如「我真的好愛我的家人」之類的陳述，或是找找其他方便複誦且對你來說絕對真實的話。

然後。開始彷彿陳述事實一樣，一遍又一遍地複誦這個簡單的事實，同時再次留神觀察你的正常呼吸怎麼了……

要非常清楚地覺察到，有一種能量動力正在吹動你的氣息，祂對這樣的複誦如何反應……

先花些時間練習此法，再繼續往下讀。

結果或信號：許多人發現，當他們所做的陳述對自己而言為真時，也就是說百分之百呼應本質的意向，那麼身體就會感覺到，彷彿呼吸下沉，來到胃腸區，而體內的器官，尤其是肺部，似乎會擴展或打開。

這些人還發現，當他們做出的陳述對自己的本質來說不真時，吹動氣息的本質就會讓他們知道，祂讓氣息往上走向鼻子，不然就是好像卡在喉嚨，當事人往往感覺到，彷彿一切，包括肺部在內，正在關閉或是往內縮。有些人可能還注意到自己的心跳改變了，或是感受到身體的其他信號，那是當事人的本質在主導，對他們所做的陳述做出明確的身體回應。

只要與這個節奏玩上好一會兒，想著你今生可能不太確定但想要加以確認的某事，把這事變成一句對你來說彷彿真實的陳述，不管你是否知道這話的真假，然後看看你的呼吸怎麼了。

我喜歡總是以下述方式開始這項呼吸測試……

「________（插入陳述句）對我有利。」

或者

「________（插入陳述句）是基於我的至善。」

或者

「——（插入陳述句）是基於我的至善，以及我的畢生志業的至善。」

雖然許多長期靜心的禪修者都善於接收清楚的內在指引，但有時候，將自己的頻率調到那份靜定、能夠聽見自己的內在聲音，可能需要時間。

這個呼吸測試技巧是一種快速而簡單的方法，讓我們可以隨時隨地——如果需要快速確認——在不必進入深度靜心的情況下，從自己的本質接收到內在的指引。這也意謂著，我們再也不必將自己的力量交託給別人，因為透過這個簡單的技巧，我們總是可以知道，什麼對我們來說是真實的。

當你充分演練，等著接收運用這個技巧的結果，這時，如果沒有回應，可能只是代表——關於你正在尋求確認的這個資訊，還不該是你知道答案的時候，或者代表你正在尋求的答案與你無關。

無論如何，當我們為他人檢查資訊以及為他人的至善尋求資料時，這個技巧往往非常有效，因為我們的本質就是他人的本質，而且這是全知、全愛、全智的、無所不在，且時時刻刻透過我們每一個人呼吸。

所以，好好練習這個技巧，直到它成為你的一種快速回應機制為止，這時你會發現，你可以在腦袋裡以心靈感應的方式只對內在本質做出陳述一次或兩次，於是看見呼吸如何回應……總是自然地呼吸……總是做出陳述，彷彿該陳述是真實的。

做出任何有可能改變人生的重要決定之前，可以先使用這個技巧。

所以，做出下列陳述，留意你的呼吸如何回應。

「我的神聖藍圖，是要示範今生在肉體上純粹得到普拉納滋養。」

不斷複誦這句話，一遍又一遍，直到你的呼吸有所回應為止。如果得到肯定的答案，那麼就信任這是在你具化成形之前就事先定好的協議，然後你將得到需要將這句話化為事實的一切支援。

如果你得到否定的答案，那又為什麼要執行像二十一天進程那樣的啟蒙儀式呢？對某些人來說，那實在是挑戰性過高。

然後檢查下述：

「經歷這個二十一天進程的啟蒙儀式對我和我的至善有益。」

同樣的，如果得到否定的答案，那就別做了。

現在採用同樣的方法，做出陳述……

「普拉納現在提供我百分之五十以上的身體營養！」

如果呼吸確認這句話，那就用同樣的陳述方式檢測百分之六十以上等等，直到你確定自己確切的普拉納百分比為止。

如果呼吸測試沒有得到回應，就降低正在檢測的百分比數值，將你的普拉納百分比降至也許百分之四十，甚或是譬如說百分之四十九。

如果你在百分之五十得到肯定的答案，那就可以將你的實體食物攝取安全地降低至相對的百分比值。

不過，如果這麼做，你必須同時持有如下的意念：

「我所有的維他命、所有的礦物質、以及需要成為健康、自我再生、自給自足系統的一切，直接從普拉納以我的本質來到我面前。」

除非測得的普拉納等級達到百分之百，且你的整個生物系統完全連結上，才可能嘗試完全轉換到純粹以普拉納和我們的基礎本質維生。現在讓我們將這個實相帶到另外一個層次。

為我們的世界進行養分的研究與更新

現在網際網路上有大量數字顯示，肥胖、資源誤用、過度消費導致的代價日漸升高，尤其是談到全球健康和地球環境，以及現在或多或少影響著每一個國家的全球肥胖流行病。先撇開每兩秒鐘仍有一個孩子因營養不良而去世的事實不談，根據世界衛生組織的資料，全球肥胖人口自一九八〇年以降幾乎成長了一倍。二〇〇八年，十四億以上的成人超重，四千萬五歲以下的孩童超重，全球百分之六十五人口居住的國家，與體重不足相較，超重與肥胖導致更多的死亡。

現在的問題是……是否有另外一種方法，可以餵養世間日漸增加的人口？是否有另外一種人人均可取用的營養資源，可以藉由更謹慎地使用全球資源，進而改善我們的健康並減輕我們的碳足跡？印度的瑜伽士、耆那教信徒、辟穀氣功大師以及其他靈學傾向的傳統，是否發現了使身體得到滋養的替代性方法？根據和平大使館（Embassy of Peace）的研究，以及接受具爭議性的紀錄片《生命源於光》訪談的人士所言，答案是肯定的。

這種古老、免費、容易取得的替代性資源叫做普拉納、氣或是宇宙生命原力，關於進一步了解這類滋養能源，以及如何取用並增加這類內部營養來源，在我們的研究手冊《普拉納課程》（*The Prana Program*）以及這本書《眾神的食物》裡，均已詳加記載。

如今，經過二十年的個人經驗研究，加上為了分享我們在替代性營養這個領域的研究而不斷旅行，還有連繫踏上這趟旅程的各路人馬，我們現在已經能夠分門別類，明白營養以各種不同的方式傳送給我們，也來自形形色色的源頭。幾十年來，聽著人們談論以光維生，或是聽取不需要實際進食的人士陳述，我們希望首先聲明，每一個人都必須擁有身體的營養，否則身體將會死亡。現在唯一要討論的課題是，營養來源是什麼，還有因為這些不同的營養來源，我們的健康和環境要付出什麼代價？

由外而內進食——吸收與虛脫

類別一：傳統與習性。類別一奠基於傳統和習性，是由外而內得到餵養。這一類別涵蓋攝取身體營養的常用方法，例如，食肉者、素食者、純素食者、生食者、果食者等等。在這一類別裡，人們活在身體系統需要攝取實體食物才能存活的實相裡，且多數人並不知道「由內而外」的滋養和進食方法。由於重大的健康課題，往往與傳統的食肉以及／或是經過繁複加工的食品有關，因此許多人現在轉進比較以植物為主的蔬食生活型態，減少消費動物產品。

類別一的不良後果：「由外而內進食」的主要問題——尤其當過度仰賴「肉類、動物產品和加工食物」時——在於，這往往導致更快速衰老、不適、身體系統崩壞，外加大幅加速全球暖化以及過度消耗醫療和地球資源。舉例來說，肉食消耗的全球資源是素食的三十倍。

類別二：微妙的轉變。類別二是一項實質的運動，正發生在同樣過著全人生活型態的許多人身上，這類生活型態，同樣自然而然地增加當事人的氣或普拉納等級。這時候，人們開始直覺地減少飲食，沒有覺察到為什麼，但知道這就是感覺上適合自己。這個由外而內吃些什麼和多久吃一餐的「微妙轉變」，通常是當事人日常生活型態改變所導致的結果，因為這些人開始自然而然地由內而外進食，然而卻沒有覺察到這點。以普拉納作為宇宙微燃料的全人教育，讓這些人得以放鬆並知道，這是一種個人生活型態帶來的自然進程和選項。類別二還考慮到新興孩童，這些孩子一出生即直覺地覺察到這種替代性的滋養形式，因此對「由外而內」的滋養方法總是興趣缺缺。

類別二的不良後果：這一類別的主要問題在於，缺乏為什麼發生這事的相關教育，從而導致許多人擔憂眼前的事，因此不信任這樣的自然變遷，或是沒有更健康地與這事連成一氣。

類別三：帶著覺知轉型。這一類別是當人們意識到普拉納是一種替代性的滋養來源，因此他們有意識地開始將自己的生活型態，調整成更常由內而外得到餵養——成功轉型到這一類別，完全仰賴當事人自己的頻率場，以及是否有能力與吹動自己氣息的純淨本質更加合而為一。在這一類別中，人們開始有意識地進行肉體、情緒體、心智體系統的排毒過程，經由特定的生活型態轉變，以及／或是當事人可能開始練習凝視太陽、氣功修煉，藉此增加氣的流動。

類別三的不良後果：這一類別的主要問題在於，人們的沒耐性與身體系統尚未準備就緒。如果還沒完全準備好就試圖轉型到類別四、五、六，可能會出現健康問題。

我們馬上要提出另外三個類別，它們支援由內向外而非由外向內得到滋養的實相；這些類別需要安全、謹慎的準備工作，也完全仰賴心態以及更重要的個人日常生活型態，後者可以增加或減少流經當事人肉身系統的氣流。

由內向外的進食——放射與再生

類別四：轉型完成與自由選擇。這一類別的人們已將自己的系統成功地轉換成——以健康的方式由內而外得到餵養。經由生活型態以及良好的全人教育，教導這個可能性的領域，這些人已經達成了這個目標。擁有這樣的經驗，以及因為過著這類生活而得到這樣的自由，他們這時可以決定不時享受一下攝取實體食物的愉悅。有些人一週進食一次，有些人一個月一次或是一年一次，而這一類別中的某些人最終可以進入類別五，甚或是決定轉回類別一，享受輕淡的純素、生食或素食。如果人們可以由內而外健康地得到餵養，補足所有的養分需求，藉此安全地減半目前的實體食物攝取，想像一下，這對全球環境會造成什麼樣的衝擊？

類別五：自由和愉悅。這時的人們完全得到由內而外的滋養，不過還是喜歡喝些飲料，基於社交或愉悅的理由，或只是基於純粹享受這事。這一類別中，有許多人表示對類別六沒興趣。我把這些人叫做「果飲者」（liquidarian）。將由外而內進食時通常用來消化的能量重新導引，改而由內而外得到餵養，這促使人類的肉體、情緒體、心智體系統的運作大幅改善。我們的研究發現，對這些人來說，少眠是必要的，他們得到了更多的心智清明與直覺洞見的能力，且人們的整體健康節奏大幅增進，有些人更經驗到所有的不適根除了。

類別六：真正的食氣者。目前地球上仍舊很少這種人，但這一類別的人是不由外而內攝取任何東西的，因為在存在的所有層次上，他們均可由內而外取得保持健康所需要的一切，不再需要實體食物或流質。這包括進行水合，正如我們已經發現的，當需要時，身體也能夠由內而外自行水合。著名的食氣者有齊奈妲・芭瑞諾娃（Zinaida Baranova）與普拉德・賈尼（Prahlad Jani）。

類別四、五、六的不良後果：如果一個人持續對準身體指示的頻率，且比照調整，就沒有任何不良後果。如果沒有準備就緒就試圖進入類別四、五、六，當事人有可能死亡。要成功達到這個類別，當事人的普拉納百分比必須達到百分之百。我的著作《成為本質》就分享了如何達成與量測這個目標。

最後值得注意的是，一個人最終將會落在哪一個類別，取決於這人的神聖藍圖，以及這人同意在今生得到和示範些什麼。如果某人投胎前預先設定成類別四或五，他們可能從來不會感覺到進入類別六的那股自然拉力，同樣的，一般人的生命藍圖可能不包括超越類別一。

此外，投胎前的預先設定也與我們的服務議題連結，截至二〇一三年中，人世間現有五萬多人享受並探索著類別四、五、六的自由，跟我自己過去二十年來做著同樣的事。隨著回歸更清淡的素食餐飲，以及藉由良好的全人教育課程改變基本生活型態，更多探究這個替代性滋養來源的深入研究，不僅將會改善全球的健康，更會在實質上降低全球的碳足跡。

肥胖真相補充

根據《雪梨晨鋒報》（*Sydney Morning Herald*）橫向經濟澳洲幸福指數（Lateral Economics Index of Australia's Wellbeing）：

「澳洲集體福祉的肥胖花費已經達到一年一千兩百億美元——大約相當於澳洲經濟年產值的百分之八。」且有百分之二十八點三的澳洲人口被視為肥胖，三人中有兩人過重，他們的研究分享如下：「肥胖的負面影響成長快速，勝過……國民所得淨額、環境惡化、貧富不均、平均壽命、工作滿意度。」在美國，哈佛大學公共衛生學院聲稱，某些來源估計，目前的肥胖趨勢，以及肥胖造成的經濟成本，將會從二〇〇五年支出的一千九百億美元向上攀升，每年上升數值介於四百八十至六百六十億美元。這份哈佛報告同時聲明，有一份評估顯示：「肥胖的衛生保健費用，幾乎占全美衛生保健總支出的百分之二十一。」約翰霍普金斯大學彭博（Bloomberg）衛生學院的研究人員也提出，目前的肥胖流行症以及……「預計到二〇三〇年，百分之八十六的美國成人將會過重或肥胖，預估投入的相關衛生保健支出將高達九千五百六十九億美元。」根據世界衛生組織的說法：「依照歐盟國家的最新估計，過重的問題影響百分之三十至七十的成人，肥胖症影響百分之十到三十的成人。」而且這個數字正快速上升。

由谷歌共同創辦人謝爾蓋·布林（Sergey Brin）資助的新興幹細胞研究，已經發表了全球第一顆由實驗室培育的肉類製成的漢堡，成本超過二十五萬歐元。以此方式製作肉類被許多人認為比較合乎道德，也希望有一天能夠停止屠殺數十億的牲口並降低我們的碳足跡。

雖然有些人預測，二〇五〇年時，全球肉類消耗量將會增加百分之七十，而且我們將需要三個地球才能持續供應這樣的消耗量；然而，幹細胞肉類製造的程序曠日費時，何況相較於素食的長期健康和環境利益，這個程序也未能解決偏重肉食衍生出來的健康問題。

如果人們也可以經由生活型態增加自己的氣或普拉納，那麼就可以減少消耗外在世界的食物資源，改而或許藉助由內而外與由外而內兩相混合的方式得到滋養！許多人都想像得到，這對全球環境與健康的衝擊將是令人震驚的！

然而由內而外在身體上餵養我們的能力，只是我們的本質賜給我們的諸多禮物之一，我個人覺得，已經過度強調這一方面了。我們的本質在所有層次上滋養我們，祂提供的其他禮物包括：永久的和平、心智體與情緒體層次的深度滿足、加上充滿恩典的人生、以及一顆滿懷感激的心！當我們增強自己的氣時，我們就會變得健康而快樂！

二〇一四年九月更新

附錄一——潔絲慕音大事紀年表

潔絲慕音的主要服務議題是提升意識，以創造健康、和諧的世界。為了支持這個目標，她成為以十八種語言出版的三十八本靈學著作的作者；和平大使館的創辦人兼該館的「個人及全球和宇宙和諧計畫」（Personal, Global & Universal Harmonization Projects）的執行人；她也是代表聖母頻率行星和平計畫的和平大使；提倡普拉納生活和消滅全球飢餓；談論靈學、揚升與交互次元能量場科學的國際演講人。潔絲慕音也是頗具爭議性的普拉納滋養實相的領先研究者，兼「閉黑關」（Darkroom Training）的推動人；自我賦能學院（Self Empowerment Academy）的創辦人；宇宙網際網路學院C.I.A.（Cosmic Internet Academy）的推動人；出版人兼影片製作人；呈現神聖藝術靜心營（Sacred Art Retreat）的藝術家、音樂家兼印度邦加羅爾（Bangalore）金字塔谷（Pyramid Valley）全球大會（Global Congress）主席。

潔絲慕音是一位靜心四十二年以上的禪修者，印度全球靈性科學家大會（GCSS）的終生主席，專門研究運用具煉金作用的靜心過程，進行深度的內在旅程，使大眾得以更深入地融合自己的開悟本質。她身為和平大使館的和平大使，已旅行各地二十多年，在世間達成許多正向的事，包括與哥倫比亞、亞馬遜河流域的部落文化合作，也與巴西的貧民窟合作，另外更與政府的各個層級合作，包括二〇一三年在維也納的聯合國大樓再度發表她的畢生志業。

這整段期間，她一直經由開發與內在神性資源強力連結的能力，大力幫助教育數百萬大眾更加善用地球資源，而她本人則是從一九九三年開始，就一直得到普拉納的滋養，二十多年來都不需要攝取實體食物。今年巡迴演說期間，她將針對這點與大家分享她的最新研究、提供更加深刻的連結與洞見，深入洞悉餵養我們全體的「純愛」頻道的力量、討論自然療癒，外加根據與她合作的神聖陰性（Divine Feminine）與光體（Light Beings）等等的看法，討論我們在地球上的演化現況。潔絲慕音是個深度平和的人，她輕鬆愉快、寓教於樂、總是充滿著愛，而她的聚會總是鼓舞人心。

個人網頁如下：www.jasmuheen.com

潔絲慕音大事紀年表

- 1957——誕生於澳洲，父母是挪威移民。
- 1959——開始關注素食主義。
- 1964——開始研究氣。
- 1971——發現光的語言。
- 1974——得到啟蒙，踏入古吠陀靜心與東方哲學。
- 1974——開始週期性斷食。
- 1974——發現了心靈感應的能力。
- 1975-1992——扶養小孩、研究並應用靈學、享受了十年金融與電腦程式設計的職業生涯。
- 1992——從企業界退休，追求形而上的生命。
- 1992——邂逅許多煉金大師，包括淨光兄弟會（Great White Brotherhood）的成員、來自大角星（Arcturius）與世界會議星際聯邦（Intergalactic Federation of World's Council）的高頻光科學家（Higher Light Scientist）。
- 1993——經歷普拉納啟蒙儀式，以此增進自己的氣流，並開始以光維生。
- 1994——展開一份長達十四年的深入研究計畫，探討神性養分與普拉納滋養。
- 1994——與揚升大師們一起展開她的全球服務議題。
- 1994——從揚升大師處接收到五冊通靈訊息的第一冊。
- 1994——撰寫靈學手冊《與眾神共振》（*In Resonance*）。
- 1994——在澳洲創辦「自我賦能學院」。
- 1994——開始教授靈學與自我成就（Self Mastery）課程
- 1994——著手《共振的藝術》（*The Art of Resonanc*）時事通訊，後來重新命名為《艾拉妮絲之聲》（*The ELRAANIS Voice*）。
- 1995——遊遍澳洲、亞洲和紐西蘭，分享「自我成就」的研究。
- 1995——撰寫《來自普拉納的滋養——新千禧世紀的身體養分》（又名《以光維

生》）。

- 1996——應邀至全球舞台發表「普拉納滋養」的研究。
- 1996——開始與全球媒體一起展開一份徹底的再教育計畫。
- 1996——在三十三個國家建立國際M.A.P.S.大使館，舉辦全球增額靈性管理選舉，由每一個國家的人民選出自己的靈性督察，例如，耶穌基督、佛陀等等。
- 1996——建立C.I.A.（宇宙網際網絡學院）免費網站，可以下載正向的個人與行星進程資料。網站地址：www.selfempowermentacademy.com.au
- 1996-2001——帶著《回歸伊甸園》（*Back to Paradise*）議題遊遍歐洲、英國、美國、巴西。
- 1996-2014——藉由全球媒體對十億多人談到神聖力量與神性養分。
- 1997——著手為《以光維生》建立符合科學的研究計畫。
- 1997——展開《燦爛繁華三部曲》（*Our Camelot Trilogy*），撰寫《神聖煉金術的遊戲》（*The Game of Divine Alchemy*）。
- 1997——成立M.A.P.S.大使館聯盟，人們致力於全球和諧與和平。
- 1998——巡迴國際，分享「完美無瑕的法門議題」（Impeccable Mastery Agenda）。
- 1998——撰寫《我們的後代——X新世代》（*Our Progeny – the X-Re-Generation*）。
- 1999——撰寫《巫婆的工具箱》（*Wizard's Tool Box*），後來成為「生物場與喜樂」系列。
- 1999——撰寫《與內在神性自我共舞：媒體狂躁、掌管與歡樂》（*Dancing with my DOW: Media Mania, Mastery and Mirth*）。
- 1998-1999——撰寫並出版《光之大使——世界健康與飢餓專案》（*Ambassadors of Light – World Health World Hunger Project*）。
- 1999——開始聯繫全球政府，討論飢餓與健康的解決之道。
- 1999——巡迴國際，分享「伊甸園藍圖」（Blueprint for Paradise）。
- 1999-2001——開辦M.A.P.S.大使國際培訓靜心營。
- 2000——「與神性共舞」國際巡迴，目的在推動在二十八座重要城市選舉乙太政府，同時分享「甜美生活型態計畫」（L.L.P.）。

- 2000-2001——撰寫《漫遊伊甸園》（*Cruising Into Paradise*），這是一本適合圈內人翻閱的大開本精裝書。
- 1999-2001——撰寫《神性光輝——與魔法大師同行》（*Divine Radiance – On the Road with the Masters of Magic*）。
- 2001——撰寫《四體健美：生物場與喜樂》（*Four Body Fitness: Biofields and Bliss*）第一冊。
- 2000-2001——發起OPHOP議題，「一家人和諧共存在一顆星球上」。
- 2001——撰寫《共創天堂：生物場與喜樂》第二冊（*Co-Creating Paradise: Biofields and Bliss*）。
- 2001——發起「千禧年後的處方二〇〇〇」（Recipe 2000），作為為地球全體共創健康與快樂、和平與豐盛的工具。
- 2002——開辦www.jasmuheen.com，發起「完美相映完美行動全人教育課程」（Perfect Alignment Perfect Action Holistic Education Programs），以及網站的I.R.S.焦點，以此唆使（Instigate）、記錄（Record）、概述（Summarize）人類的天堂共同創作。
- 2002——完成「神性光輝四體健美——合一2002」（Divine Radiance FOUR BODY FITNESS – Unity 2002）世界巡迴。
- 2002——接收、撰寫並出版《聖母頻率行星和平計畫》（*The Madonna Frequency Planetary Peace Program*）電子書，這是「生物場與喜樂」第三冊。
- 2002-2003——撰寫《眾神的食物》（*The Food of Gods*）。
- 2003——世界巡迴演說「神性養分與聖母頻率行星和平計畫」。
- 2004——撰寫《愛的法則》（*The Law of Love*），然後帶著「愛的法則與自由的驚人頻率」議題巡演。
- 2005——撰寫《和諧的療癒與不死之道》（*Harmonious Healing and The Immortals Way*），然後帶著「和諧的療癒」議題巡演。
- 2005——開始致力於《不死之道的自由》（*The Freedom of the Immortals Way*），加上

繼續為第三世界國家撰寫《魔法王國》（*The Enchanted Kingdom*）三部曲與《普拉納課程》（*The Prana Program*）。

- 2005——於2005年11月在維也納聯合國大樓針對「有意識生活的社會」提出「普拉納課程」。
- 2006——帶著「普拉納計畫」國際巡演。
- 2007——國際巡演聚焦於「基督再臨」（THE SECOND COMING）與「二度之舞」（SECOND CHANCE DANCES）。
- 2007——在2007年7月7日發起「和平大使館」，展開「和平大使」與「愛的外交官」培訓課程。
- 2007——發表著作《巴西的喜樂與基督再臨》（*The Bliss of Brazil & The Second Coming*）。
- 2008——在撰寫《駭客帝國的女王》（*The Queen of the Matrix*）之後六年，發表「魔法王國」系列《心與福地的國王》（*The King of Hearts and Elysium*）。
- 2008——帶著「未來世界未來人類」議題巡演，在印度展開更加繁忙緊張的工作。
- 2008——印度邦加羅爾金字塔谷靈性科學家全球大會的指定主席。
- 2008——發表大開本精裝書《聖景與願景之詩》（*Sacred Scenes & Visionary Verse*）以及《漫遊伊甸園》（*Cruising Into Paradise*）。
- 2009——為和平大使館發表《宇宙和諧計畫》（*Universal Harmonization Program*）並帶著此計畫巡演，將研究焦點放在地球以外的智能。
- 2009——發表著作《靜心的魔法》（*Meditation Magic*）。
- 2009——開始撰寫《宇宙流浪者》（*Cosmic Wanderers*），「魔法王國」系列第四冊。
- 2010——潔絲慕音繼續她在南美洲與印度的工作，帶著「天堂之心與普拉納生活的和聲」（Harmonics of the Heavenly Heart & Pranic Living）議題巡演。
- 2010——從2009至2011年，潔絲慕音將焦點放在她的YouTube頻道，提供免費影片供教育與娛樂之用，外加建立教育DVD、藝術和音樂。潔絲慕音的YouTube頻道目前已有超過五百支的免費教育影片。http://youtube.com/jasmuheen
- 2011——發表她的《和平實用之路》（*Pathways of Peace Pragmatics*）著作，然後針

對這個主題巡演並提供她的YouTube影片。

- 2011——撰寫然後發表她的兒童系列新作《蒨莉安娜的探險——地球》(*Siriana's Adventures – Earth Bound*)。
- 2012——潔絲慕音發表了她的《成為本質》(*Being Essence*)小冊子，這是她世界巡演的焦點。同年完成了著作「魔法王國」系列第四冊《宇宙流浪者》以及旅行日記《愛的節奏》(*The Rhythems of Love*)。兩者都在2012年底發行。
- 2012——11月1日，在土耳其伊斯坦堡的世界和平日大會分享和平大使館的工作。
- 2013——她的焦點放在她的「肯定議題」(YES Agenda)，主題在於經由她的「和平範型與計畫」(Peace Paradigms and Programs)「升級」全球所有的操作系統。
- 2013——發表她的《由外而內或由內而外或兩者得兼的進食——宇宙微燃料》(*Feeding from the Outside in or the Inside Out or both – Cosmic Micro-Fuel*)滋養系統。
- 2013——10月24日，回到維也納的聯合國更新她的宇宙微燃料計畫。
- 2014年，她為組織成員發起了第一屆和平大使館靜心營，分享「甜美生活型態計畫」以及「十二種和平之路」(12 Pathways of Peace)。
- 2014——潔絲慕音著手她的著作《純淨的愛頻道與它的完美模板》(*The Pure Love Channel with its Templates of Perfection*)，並帶著這個主題巡演。

潔絲慕音的著作目前已有十八種語言的出版品。

附錄二——

關於以光維生與神性養分

《眾神的食物》是潔絲慕音第十八本談論靈學的著作，應該也是她神性養分研究系列的最後一本著作。之前探討這個主題的相關著作囊括了她的個人旅程以及全球健康與全球飢餓課題的解決方案，而讀者不見得需要先讀過這些著作，因為「眾神的食物」將普拉納滋養、神性養分的討論帶到另外一個層次，提供簡單但強大的工具，可以充分滿足我們的一切飢渴。

潔絲慕音分享說，以光維生與神性養分實相之間的差異，可以下述幾點作出最好的總結。她寫道：

「我們把焦點放在神性養分，最重要的差異在於，祂有能力在所有層次上餵養我們，而且，即使我們繼續選擇享受進食的樂趣，還是可以因為祂在我們生物系統內的流量增加而受益。允許這股神性養分脈流在我們的系統內增加，意謂著，我們在情緒上、心智上與靈性上都能夠得到餵養，如此一來，在本書中分享的技巧與準則將能讓全體受益，使我們從當前個人與全球的情緒體、心智體與靈性體厭食症中解脫出來。」

「提供達成這個目標的工具與研究，是我在人世間真正關注的焦點，也是我畢生志業的一部分，因為我知道，當我們學會從免費且更純淨的源頭充分滋養自己時，我們的星球將會盛開綻放，成為所有人的天堂；如果只是把我的生命放在『吃或不吃』的議題上，對我來說實在是太過局限，尤其我已經見識過，當我們進入眾神的食物神性養分頻率管道時，真正能夠達成什麼樣的境界。我把這叫做神性養分計畫的第一階。」

「一旦我們增加了這股流動的強度，且將之導向能夠提供我們純淨且永不枯竭的來源，滋養我們的情緒體、心智體與靈性體，我們就可以選擇將自己進一步昇華到這個計畫的第三階，並接受這股流動帶來的其中一份附加禮物，亦即，祂滋養我們身體細胞的能力。對我來說，這個能力是眾神的食物領域裡非常小的一部分而已，而我感覺到，我們必須將焦點放在所有的禮物上。雖然這可能是未來大多數人類可以接受的選擇之一，但目前，我們在西方世界依舊處在開拓期，還有許多研究工作需要完成，所有開拓的工作都需要『白老鼠』或受測者，或許身為讀者的你就是其中一位；你要怎麼知道你是不是呢？請閱讀本書，然後好好應用可以讓你找到答案的技巧。」

「普拉納、氣或是靈氣中談的宇宙生命原力，所有這些都有他們的根本振動頻率，或是基礎頻率、純淨的愛與光，當這些滿溢我們的生物系統時，會刺激我們內在釋放更多的愛與光。就是這些頻率，可以經由導引而供給並滋養我們。」

這道愛與光之流是真正的眾神食物。

BX0011

眾神的食物：食氣三部曲 1

The Food Of Gods: Divine Nutrition

作　　者　潔絲慕音（Jasmuheen）
譯　　者　林玲如（第一章～第六章前半部、第七章、第八章、第十章）
　　　　　繆靜芬（第六章後半部、第九章、第十一章、第十二章）
責任編輯　田哲榮
協力編輯　朗慧
封面設計　黃聖文
內頁排版　李秀菊
校　　對　蔡旻恩

發 行 人　蘇拾平
總 編 輯　于芝峰
副總編輯　田哲榮
業務發行　王綬晨、邱紹溢
行銷企劃　陳詩婷
出　　版　橡實文化 ACORN Publishing
　　　　　地址：臺北市10544松山區復興北路333號11樓之4
　　　　　電話：02-2718-2001 傳真：02-2719-1308
　　　　　網址：www.acornbooks.com.tw
　　　　　E-mail：acorn@andbooks.com.tw
發　　行　大雁出版基地
　　　　　地址：臺北市10544松山區復興北路333號11樓之4
　　　　　電話：02-2718-2001 傳真：02-2718-1258
　　　　　讀者傳真服務：02-2718-1258
　　　　　讀者服務信箱：andbooks@andbooks.com.tw
　　　　　劃撥帳號：19983379 戶名：大雁文化事業股份有限公司

印　　刷　中原造像股份有限公司
初版一刷　2016年 5 月
初版七刷　2020年10月
定　　價　420元
ISBN 978-986-5623-49-4

國家圖書館出版品預行編目資料

眾神的食物：食氣三部曲1／潔絲慕音（Jasmuheen）著；林玲如、繆靜芬譯. -- 初版. -- 臺北市：橡實文化出版：大雁文化發行, 2016.05
　面；　公分
譯自：The food of Gods : divine nutrition
ISBN 978-986-5623-49-4（平裝）
1. 靈修
192.1　　105001850